JN050190

ビジネスマンなら知っておきたい

教養としての近代経済史

狂気と陰謀の世界大恐慌

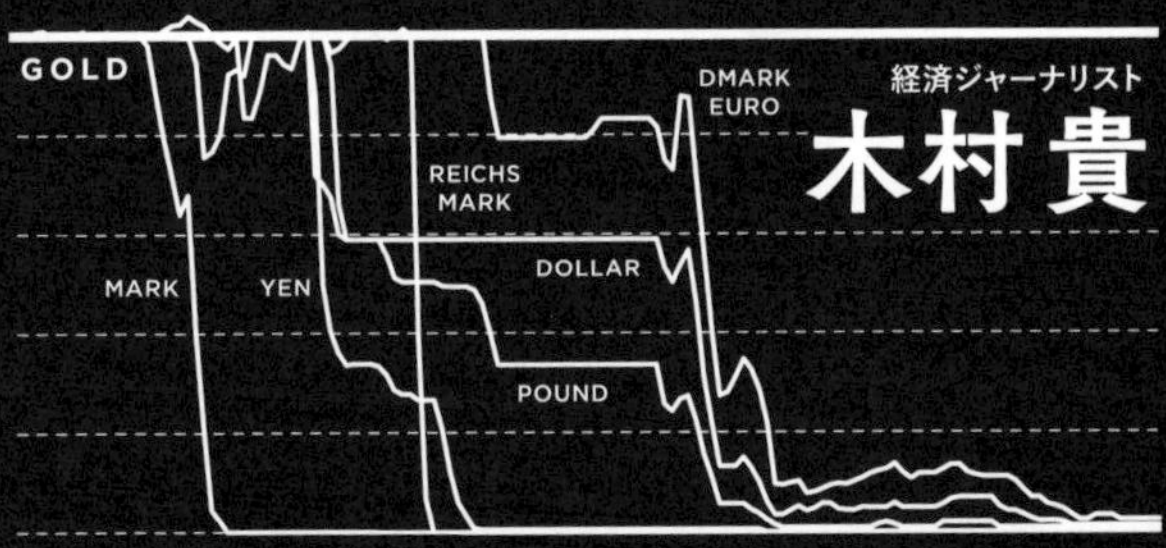

経済ジャーナリスト
木村貴

徳間書店

教養としての近代経済史　狂気と陰謀の世界大恐慌

目次

序章

忍び寄る、世界恐慌の再来 009

第二章

政府のお節介な「経済対策」が恐慌をもたらす

第三章

経済危機を悪化させた「ニューディール政策」　135

第四章

昭和恐慌も「政府の失敗」だった　201

第五章

世界恐慌を生き抜くには
近未来経済予測 255

序　章

忍び寄る、世界恐慌の再来

百年ぶりの危機が襲う日

✣――マネーの減少という予兆

東京株式市場は二〇二三年初夏、強気ムードが広がっている。日経平均株価は三万三〇〇〇円台に上昇し、一九九〇年代のバブル経済崩壊後の高値を更新中だ。こんなときに恐慌に関する書籍を出版するなんて、見当外れもいいところだと思うかもしれない。だが、そうではない。こんなときだからこそ、新たなバブル経済崩壊に備え、世界恐慌の歴史を学んでおく必要がある。

世界恐慌（大恐慌ともいう）とは、一九二九年十月二十四日（**暗黒の木曜日**）のニューヨーク株式相場の大暴落に端を発し、一九三〇年代に資本主義諸国に波及した未曾有の経済恐慌を指す。各国は対策に奔走し、米国は**ニューディール政策**、英国は**ブロック経**

暗黒の木曜日：別名「ブラックサーズデー」。一九二九年十月二十四日、世界恐慌の始まった日。その日のニューヨーク株式取引所で空前の株価大暴落が発生。その後の十月二十八日（月）と十月二十九日（火）にも壊滅的な大暴落が起こり、暴落は約一カ月間続いた。米国だけでなく世界の株式市場まで大きく揺るがすことになった。

ニューディール政策：一九三〇年代にアメリカ合衆国大統領フランクリン・ルーズベルトが世界恐慌を克服するために行った一連の経済政策。具体的には「緊急銀行救済法」「TVA（テネシー川流域開発公社）などの公共事業」「CCC（市民保全部隊）による大規模雇用」「AAA（農業調整法）による生産量の調整」「ワグナー法による労働者の権利拡大」など。

済政策、日本・ドイツ・イタリアは準戦時体制をとった。これら陣営の対立が第二次世界大戦の原因となっていく――。

その世界恐慌の再来が今、不気味な兆しとともに現実味を帯び始めている。その兆しとは、お金の量を示す**通貨供給量**の減少である。

米国の通貨供給量（M2）は二〇二二年十二月、前年同月比一・四%減少した。月次ベースで前年比の減少は遡れる一九六〇年以降で初めてとなる。

さらに二〇二三年に入り、二%の減少を記録した。不動産アナリストのニック・ジェリルは三月十四日、交流サイト（SNS）のツイッターに通貨供給量の変化率を示す長期のグラフを載せ、こうコメントした。

「通貨供給量が収縮すると、銀行が崩壊し始め

米通貨供給量（M2）の前年比増減率

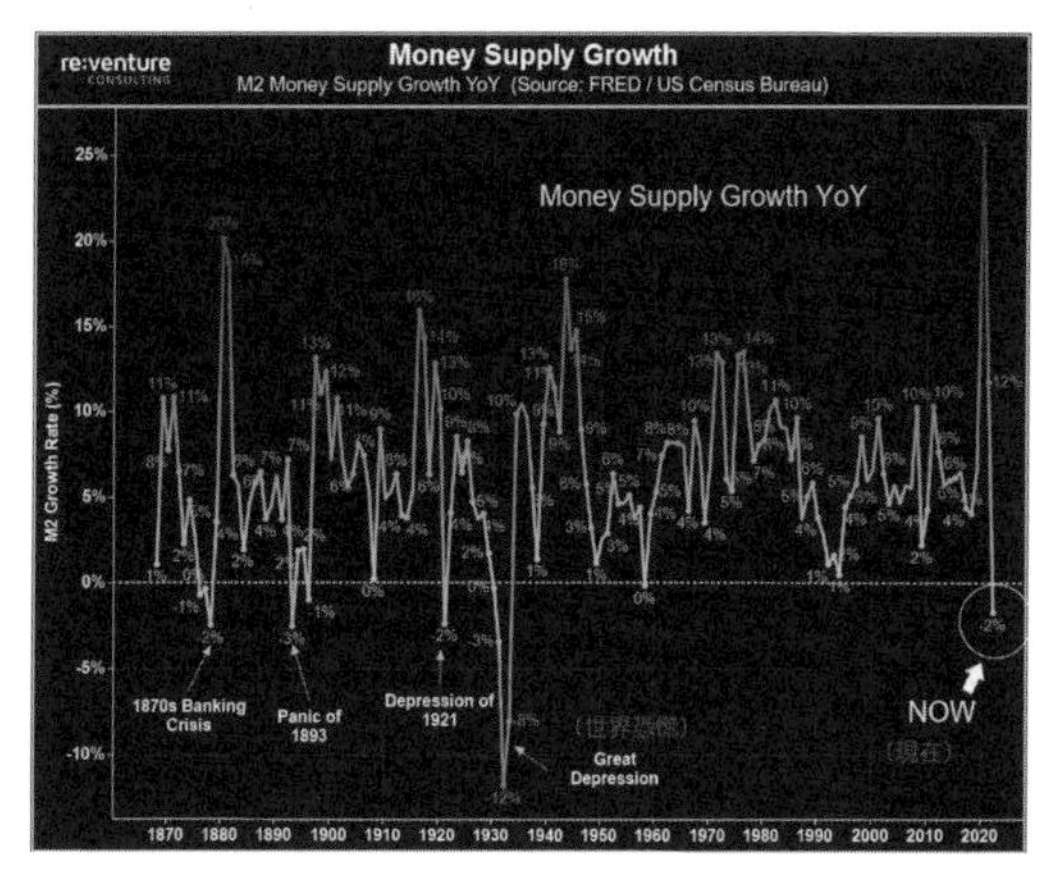

ニック・ジェリルのツイッター（@nickgerli1）より

る。この傾向は非常に予測しやすい。過去百五十年間、通貨供給量が収縮するたびに、銀行危機が起きている。M2は前年比二%減。百年ぶりのことだ。注意しよう」

ジェリルがこのツイートをする数日前、**米地銀のシリコンバレーバンク（SVB）、シグネチャー・バンクが相次いで経営破綻**していた。また同時期に欧州ではスイスの金融大手**クレディ・スイス**が経営危機に陥り、同じスイスの金融大手UBSに買収されることになった。

さらに五月には、再び米国で地銀のファースト・リパブリック・バンク（FRC）が経営破綻した。「通貨供給量が収縮すると、銀行が崩壊し始める」というジェリルの警告が的中した形だ。その後も米地銀の経営状態に対する不安はくすぶっている。

米国でマネーの量が収縮した背景は、中央銀行である**連邦準備理事会（FRB）**が記録的なインフレを抑え込むため、金融を引き締めているためだ。FRBは二〇二二年三月、コロナ感染症拡大を受け、二年間続けてきたゼロ金利政策を解除し、金融の引き締

ブロック経済政策：資本主義諸国が恐慌の克服のために、自国を中心に植民地や従属国と形成する経済圏において行った排他的経済政策。ブロック内の国々の経済的利益を守るため、対外的に障壁をつくって自由な経済交流を妨げる一方、ブロック内では特恵関税などを設けて相互の経済関係を強めるようにした。

通貨供給量：市場に流通している通貨の量（マネーサプライ）のこと。金融機関以外の法人や個人、地方公共団体が保有する通貨の量で、毎月日銀が発表している。主に景気がよいときは通貨量は増加、不景気のときには減少する。

米地銀のシリコンバレーバンク（SVB）、シグネチャー・バンクが相次いで経営破綻：二〇二三年三月九日、アメリカの中堅銀行のシリコンバレーバンク（SVB）が破綻した。その三日後の三月十二日、アメリカニューヨーク州のシグネチャー・バンクが経営破綻した。SVBの破綻は史上2位の規模で、シグネチャー・バンクの破綻はこれに次ぐ3位。インフレ抑制のため、米国では大幅利上げが進み、金融機関が保有する資産に「含み損」が発生、それに預金流出が重なり、経営が行き詰まった。

クレディ・スイスの経営危機：スイス第2の大手銀行であるクレディ・スイス

めへと転換。その後、急ピッチで政策金利を引き上げてきた。**米国の消費者物価指数（CPI）**は前年同月比の上昇率が二〇二二年六月の九・一％をピークに鈍化しているものの、インフレ圧力はなお強い。米国民の間にはインフレに対する不満が募(つの)っている。

FRBは二〇二三年六月、前年一月以来の利上げを見送ったものの、年内に二回の追加利上げの含みを残している。インフレを抑え込むために再び金融を引き締めれば、企業はまた資金繰りが苦しくなって銀行から預金を下ろす。それが銀行自身の資金繰り悪化を招き、経営破綻につながる。金融引き締めや銀行の破綻は景気を冷やして企業の経営を圧迫し、さらなる資金繰りの悪化と銀行危機という悪循環をもたらしかねない。これは一九三〇年代米国の大恐慌でも起こった現象だ。

金融引き締めでインフレを抑える

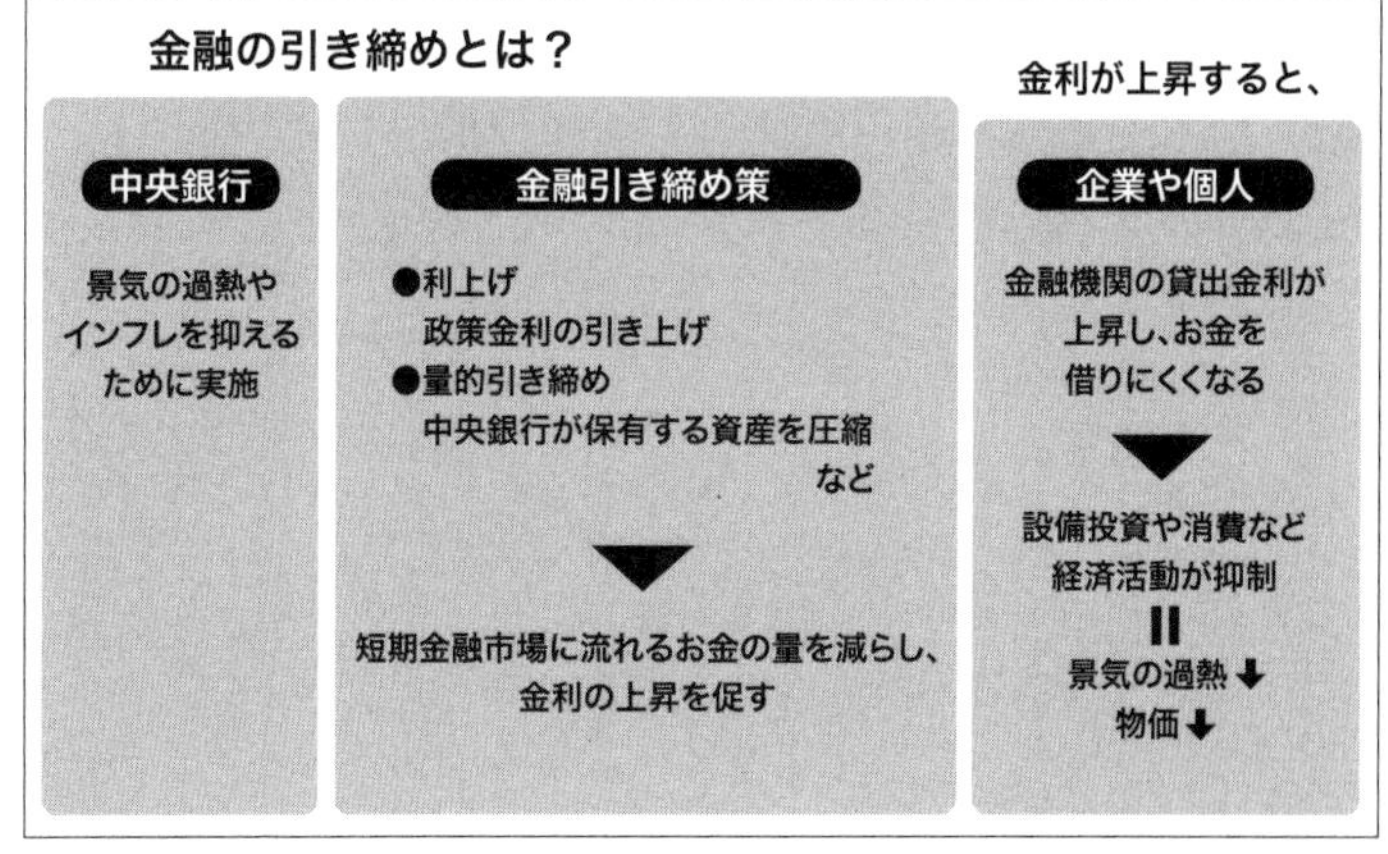

✧――日本も決して対岸の火事ではない

一方、現在の日本はまだ、米国とは違い、金融機関の経営破綻は起こっていない。だが、危うい状況にあることに変わりはない。

地方銀行が保有する国債など国内債の含み損益が急激に悪化している。日本経済新聞の二〇二三年二月十八日記事によれば、地銀が抱える含み損は二〇二二年十二月末時点で計一兆四千六百億円。二二年九月末からの三カ月で倍増した。

株式や債券などの有価証券には評価損益がある。時価が取得時の原価を上回る場合に含み益、下回る場合には含み損という。含み損はただちに現実の損とはならないが、自己資本比率の低下や、収益性が低い運用資金の固定化などで経営の重荷となる。最近の株高で保有株に含み益が出ているのはプラス要因だが、地銀が債権の損を埋め合わすために保有株を売却すれば、株式相場の下落圧力となる。

さらに地銀は、債券に投資した際の元本を利息収入や償還金で

は、マネーロンダリングや顧客情報の漏洩問題、取引での巨額損失損失の積み上がり、富裕層顧客の流出、銀行の信用の急速な失墜という事態に陥り、経営危機に陥った。これに対して、スイスの金融機関最大手UBSがクレディ・スイス・グループの買収を発表、破綻を回避した。

連邦準備理事会（FRB）：FRB（The Federal Reserve Boardの略）は、米国の中央銀行制度の最高意思決定機関。一九一三年に発足し、ワシントンの本部と全米十二の地区連銀で構成。本部にいる七人の理事は大統領が指名し、上院が承認する。政策金利や通貨供給量の変更を通じて、物価の安定と雇用の最大化を目的としている。

消費者物価指数（CPI）：全国の世帯が購入する家計に係る財及びサービスの価格等を総合した物価の変動を時系列的に測定するもの。家計の消費構造を一定のものに固定し、これに要する費用が物価の変動によって、どう変化するかを指数値で示したものでる。総務省が毎月発表している。

回収するのに要する平均期間が大手行に比べて長期化している。期間が長ければ長いほど金利が変動した際に債券価格の変化も大きく、一時的に大幅な損失を計上すれば個別行や金融システムに対する信認の低下につながる恐れもある。

中央銀行である**日本銀行**は、米国とは違い、まだ金融引き締めに動いてはいない。大規模な金融緩和を続けてきた黒田東彦総裁が二〇二三年四月八日に退任し、経済学者の**植田和男**が九日、後任に就いたが、今のところ金融緩和の路線に変化はない。植田総裁の就任後、初めて開いた四月二十八日の金融政策決定会合では、大規模な金融緩和政策を継続することを決めた。植田総裁は会合後の記者会見で、目標とする二%の物価上昇に向けて「もう少し辛抱して粘り強く金融緩和を続けたい」と語った。続く六月十六日の会合でも大規模な金融緩和策の維持を決めた。

しかし市民への影響の大きい食品や生活用品はすでに大きく値上がりし始めている。二〇二二年度の消費者物価指数は生鮮食品を除いた指数が前年度から三・〇%上昇し、四十一年ぶりの水準

日本銀行：日本の中央銀行。物価の安定と金融システムの安定を目的とする。財務省が所管。主な業務としては、銀行券（お札）の発行・流通・管理、決済に関するサービスの提供、金融政策の運営、金融システムの安定に向けた取り組み、国庫金（国の資金）の出納・計理など。

植田和男日銀総裁：一九五一年九月二十日、静岡県出身。第三十二代日本銀

だった。円安再燃の気配もあり、食品を中心に価格上昇は今後も続きそうだ。日銀がインフレ抑制のために金融引き締めに動き出せば、米国と同様、銀行の経営不安が表面化する可能性がある。

株価の上昇に加え、首都圏で新築マンション一戸あたりの平均発売価格が一億円を突破するなど、資産価格の高騰もかつての世界恐慌や一九八〇年代日本のバブル経済を思わせる危うい兆候だ。

二〇二三年五月十一〜十三日に新潟市で開いた**主要七カ国（G7）**財務相・中央銀行総裁会議は共同声明で、米地銀の破綻をきっかけに広がる金融不安に対し、現状の金融システムは二〇〇八年の**リーマン・ショック**後に導入された金融規制に支えられており、「強靭であることを再確認する」と記した。だが本書で説明するように、大恐慌の米国で多数の銀行が倒産したのは、むしろ金融規制のせいだった。いずれにしろ、現在の金融システムが本当に「強靭」かどうかは今後、インフレを背景に各国で金融引き締めの圧力が高まるなかで、いやでも明らかになっていくだろう。

しかも今は、世界恐慌の時代にはなかった不透明要因もある。政

行総裁。日本銀行政策委員会審議委員、東京大学大学院経済学研究科長、共立女子大学ビジネス学部ビジネス学科教授などを歴任。専門はマクロ経済学、金融論。東京大学名誉教授。

主要七カ国（G7）：フランス、アメリカ、イギリス、ドイツ、日本、イタリア、カナダ（議長国順）の七カ国のこと。G7とは「Group of Seven」の略。G7サミット（主要国会議）が、主要七カ国と欧州連合（EU）の首脳が参加して毎年開催されている。

リーマン・ショック：二〇〇八年九月に米国の投資銀行大手リーマン・ブラザーズが負債総額六〇〇〇億ドル超となる史上最大級の規模で倒産したことを契機として発生した世界的な金融・経済危機。リーマン・ブラザーズは米国第4位の投資銀行だったが、サブプライム・ローンを証券化した商品を大量に抱え込んだため、住宅バブル崩壊で損失が膨らみ破綻した。

国内総生産（GDP）：「Gross Domestic Product」の略。一定期間内に国内で産出された付加価値の総額で、国の経済活動状況を示す。付加価値とは、サービスや商品などを販売したときの価値から、原材料や流通費用などを差し引いた価値のこと。

府の抱える巨額の債務だ。米国では政府の債務上限問題が注目されている。政府債務に三十一兆四千億ドル（約四千四百兆円）の上限を設けているが、二〇二三年一月に上限に達した。六月初め、バイデン政権と野党・共和党の合意により、米議会は債務上限を二〇二五年一月まで停止する法律を超党派で成立させ、ひとまず急場をしのいだ。しかし、盛り込まれた歳出削減策は小粒で、財政悪化は今後も続く見通し。もし、米国債が債務不履行（デフォルト）に陥れば、世界経済への悪影響は計り知れない。

日本の財政悪化も深刻だ。財務省によれば、国債と借入金、政府短期証券を合計した「国の借金」は二〇二三年三月末時点で約千二百七十兆円となり、七年連続で過去最大を更新した。新型コロナウイルス対策や物価高対応で国債の発行額が膨らんだ。国の借金は国内総生産（ＧＤＰ）の二倍を超し、主要先進国中で最悪だ。

日米ともさらに財政が悪化すれば、政府の信用力の低下から金利に上昇圧力がかかる可能性がある。そうなれば景気が冷え込み、銀行経営は一段と苦しくなり、金融危機から恐慌に発展する恐れが強まる。二〇二三年に入り、国内では飲食チェーンのダイナミクス、高齢者向けスマートフォン「らくらくホン」を手がけるＦＣＮＴ、海外では医療関連サービスの米エンビジョン・ヘルスケアなど、ファンド投資先の破綻が相次いでいる。利払い負担の増加が背景にあり、よくない兆候だ。

✢——世界恐慌を予言した「オーストリア学派」

恐慌直前の世界経済は好景気に沸き、米国は利上げに転じていた。だが、ほとんどの専門家は不況を事前に予測できなかった。たとえば米エール大学教授の経済学者アービング・フィッシャーは、ニューヨーク株暴落がわずか十日足らず後に迫っていた一九二九年十月十五日、講演で「株価は永久に高い水準に保たれる」と高らかに宣言し、恥をかくことになった。英国の有名な経済学者で熱心な個人投資家でもあったジョン・メイナード・ケインズは一九二七年、「我々の時代には、もう暴落などあるまい」と語った。

だが一部には早くから経済危機のリスクを察知し、警鐘を鳴らした人々がいた。その出身国にちなみ「**オーストリア学派**」と呼ばれる経済学者たちだ。

その一人は、のちにノーベル経済学賞を受賞する**フリードリヒ・ハイエク**である。一九二九年初め、オーストリア景気研究所の所長を務めていたハイエクは、研究所の月報に発表したいくつかの論文で、米景気は数カ月以内に崩壊するだろうと警告した。長期の金融緩和で景気を過熱させてしまった米連邦準備理事会（ＦＲＢ）が、もはや手遅れになってようやく引き締めに転じると決定したからである。

ハイエクは一九七五年のインタビューで当時をこう振り返る。

「私の確固たる経済理論をもって確信したことは、インフレ景気を維持することは不可能であることである。そういった一過性の景気はいわゆる見せかけの仕事を生み出し、しばらく人は仕事にありつけるが、遅かれ早かれその景気は急落してしまうものだ」

恐慌前、FRBは金融緩和の大義名分として、物価の下落を食い止めることを掲げた。今風にいえばデフレとの戦いである。これに対しハイエクは、物価下落を防ぐためのマネー注入こそがバブルとその反動による恐慌をもたらすと批判した。

ハイエクの先生である**ルートヴィヒ・フォン・ミーゼス**は早くも一九二四年の段階で、オーストリアの大銀行が経済危機で破綻することを予見する。毎週水曜日の午後、教え子とウィーンの街を散策し、クレジット・アンシュタルトという大手銀行の前を通り過ぎるたび、「そのうちにひどい破滅がやってくる」と話した。ミーゼスは一九二八年に公表した論文でも「経済危機が遅かれ早かれやって来るのは明らかである」と述べた。

一九二九年の夏、ミーゼスはそのクレジット・アンシュタルト

オーストリア学派：ローザンヌ学派，ケンブリッジ学派と並ぶ限界革命以後の近代経済学系の三大学派の一つ。カール・メンガーを始祖とし，ウィーン大学を中心に形成されたところからウィーン学派とも呼ぶ。

フリードリヒ・ハイエク：一八九九年五月八日～一九九二年三月二十三日。オーストリア・ウィーン生まれ。オーストリア学派の代表的経済学者の一人。貨幣的景気理論を展開。資本理論を純化させ、自由主義経済政策を主張した。一九七四年、ノーベル経済学賞受賞。

から高い地位を提供したいと打診されるが、断った。理由を尋ねる妻にミーゼスはこう答えた。

「破滅の時は近い。どんな形であれ、私の名前が破局と関連づけられることを望まない」

事実、同年秋のニューヨーク株暴落の影響が海外に波及した結果、クレジット・アンシュタルトはミーゼスの予言どおり、一九三一年に倒産する。オーストリアの金融不安はただちに隣国ドイツに飛び火し、多くの銀行が取り付け騒ぎに見舞われた。

ハイエクと同じくミーゼスの弟子だったフェリックス・ソマリーも、経済危機に警鐘を鳴らした。スイスのチューリヒで投資銀行家になったソマリーは一九二六年九月十日、ウィーンで講演を行う。当時景気は絶好調だったが、ソマリーは好景気が銀行の崩壊を伴って収束を迎えるだろうと予測し、的中させる。

こうしたオーストリア学派の警告はその後、経済学会の中でも評価された。米国がすでに恐慌に突入した一九三二年、シカゴ大学で開いた会議で、ある経済学者はオーストリア学派が一九二〇

ルートヴィヒ・フォン・ミーゼス：一八八一年九月二十九日〜一九七三年十月十日。米国の経済学者。ウィーン大学でベーム・バヴェルクやフィリポヴィッチに経済学を学び、同大学教授を経て、ジュネーブ高等国際研究所教授を務める。その後、ニューヨークの国立経済研究所所員、メキシコ国立大学教授を歴任し、ニューヨーク大学客員教授に就任。一九四六年アメリカに帰化。貨幣的景気論を展開し、金本位制をとることを主張。新オーストリア学派の先駆的業績として高く評価される。

年代に発した警告の正しさを認め、「信用拡大がなければ物価は下落していただろうし、そうするべきだった」と述べた。物価下落を金融緩和で食い止めようとする、当時の「デフレとの戦い」が、バブルとその崩壊という大きな副作用をもたらしたからだ。

オーストリア学派の主張の特徴は、現代の経済政策では当然とみなされている、中央銀行による通貨供給量の増大（金融緩和）を厳しく戒め、中止を求めるところにある。

たしかにお金の供給量が減少すると景気が悪化し、経済活動は停滞する。国民や政府が中央銀行に金融緩和というカンフル剤を求めるのも無理はないように思えるかもしれない。けれどもオーストリア学派によれば、そうした政策は問題を先送りするだけで、経済が正常な状態に戻るのをかえって妨げてしまう。

オーストリア学派の影響を受けた英経済学者ライオネル・ロビンズは、世界恐慌さなかの一九三四年に出版した著作で、「倒産と資産売却を先延ばしにする方法は、状況をさらに悪くするだけである」と述べた。

大恐慌のシカゴにあふれる失業者：一九三〇年代の大恐慌では、アメリカの失業率は二五％（一九三三年）に達し、千二百万人の失業者が街にあふれたと言われる。

恐慌を引き起こした犯人は誰か？通説を疑え！

✢——自由放任でなかったフーバー大統領

オーストリア学派は世界恐慌について、他にも重要な指摘を多くしている。たとえば、世界恐慌が始まった当時の米大統領**ハーバート・フーバー**が「自由放任主義」だったという通説に対する批判だ。本書で詳しく解説するが、ここでは日本のある人物の興味深い発言を紹介しよう。

日本に世界恐慌の荒波が押し寄せていた一九三一（昭和六）年四月二十七日、時の大蔵大臣、**井上準之助**（じゅんのすけ）は、東京で開かれた全国無尽集会所定時総会で講演を行った。井上準之助といえば、前年一月に金輸出解禁（金解禁）を断行し、国内の通貨量が市場の働きによって減少するに任せ、その結果深刻な不況をもたらしたと現

ハーバート・フーバー：一八七四年八月十日～一九六四年十月二十日。第三十一代アメリカ合衆国大統領。スタンフォード大学卒業後、鉱山技師から世界屈指の鉱山事業家となる。食糧庁長官、商務長官を経て、一九二八年大統領選挙で共和党から当選した。一九二九年第三十一代大統領就任。

在に至るまで非難されている。つまり、古典的な自由放任主義の信奉者であった。

この講演でも、日ごろの主義主張どおり、市場の「天然自然」の働きを尊重し、経済に対する政府の介入を戒める発言をしている。

「よく世間で聞きます。何か手品使い見たような名案があったならば、この不景気が景気になるような案がありそうなものだ、そういう事をやらなくちゃいかぬ、というような議論が中々あります。しかしながら物はこういう事を考えなくてはいけませぬ。人間の力というものは、天然自然の力に反した場合は非常に力の弱いものであります……人為的にやりますことは非常な害が残って利益がありませせぬ」

ところが話題を海外に転じた井上は、一九二九年十月のニューヨーク株式相場暴落をきっかけに世界恐慌の震源地となった米国で国政の舵(かじ)をとる大統領、ハーバート・フーバーを名指しし、次のように論評した。

井上準之助：一八六九年三月二十五日～一九三二年二月九日。大分県出身。東京大学法科卒業後、日本銀行に入行。一九一九年、日本銀行総裁に就任。一九二三年、山本権兵衛内閣の大蔵大臣として、第一次世界大戦の戦後財政を経営。その後、再度日銀総裁を経て浜口雄幸内閣の大蔵大臣に就任。満州事変勃発以後の財政膨張を金解禁のデフレ財政で対処した。一九三二年二月九日、血盟団員の小沼正に射殺された。

「ことに亜米利加（アメリカ）大統領のフーヴァーという人は各種の試みをやって見て、一つも成功しなかったのであります。一つも成功せずに、就任当時あれ程の人気があったフーヴァー先生も、何もやらずにおいたならば亜米利加の改善も早かったものを、今日は各種の救済策を講じてそれが皆不成功に終った。害だけがここにずっと残って来て居（お）る。それでもって非常に困って居（お）るのであります」

学校の教科書や一般向けの解説本、インターネットなどで世界恐慌の知識を得た多くの人は、井上のこの発言を奇妙に感じるのではないだろうか。一般に流布する説によれば、フーバーとは古臭い自由放任主義に凝り固まった人物で、一九二九年十月のニューヨーク株大暴落以来、米経済が急速に冷え込んだにもかかわらず、政府がとるべき対策を何も行わず、その結果、同国史上最悪の大不況を引き起こしてしまった――。そう言われていたはずである。

たとえば、インターネット上の百科事典として広く利用されるウィキペディア（日本語版）の「ハーバート・フーヴァー」の項では、「彼（フーバー）は、国民を鼓舞（こぶ）するためにも『不況はしばらくすれば元の景気に回復する』という古典派経済学の姿勢を貫くしかなく、国内においては政府による経済介入を最小限に抑える政策を継続した」と説明する。

しかし同時代人である井上準之助の見方は、百八十度違う。フーバーが「何もやらずにおいたならば」米経済の改善も早かったものを、よせばいいのに「各種の救済策」を講じて、それがことごとく不成功に終わった。経済を改善させるどころか、「害だけ」を残してしまったというのである。

井上は蔵相として米国をはじめ各国の経済政策を注視しており、海外通でもあった。その井上が、今の「常識」では自由放任主義者と信じられているフーバーについて、何もしなかったどころか、さまざまな対策を実施したと、聴衆を前にはっきり述べている。つまり、世界恐慌に関する現代の通説を否定しているのである。

✢——効果なかったニューディール政策

オーストリア学派は、フーバーの後任であるフランクリン・ルーズベルト大統領が実施したニューディール政策の効果についても疑問を呈(てい)する。

広く使用されている高校日本史教科書(『詳説日本史』山川出版社)では、日本の昭和恐慌に関連し、世界恐慌時にとられた米国のニューディール政策について、脚注で次のように言及している。

「アメリカでは一九三三年に就任したフランクリン＝ローズヴェルト大統領が、財政支出による一連の景気刺激策(ニューディール政策)をとってこの危機(世界恐慌)を切り抜けた」

ニューディール政策によって世界恐慌を脱したか、少なくとも悪化を食い止めたと読める肯定的な評価である。しかし同時代の声はどうだろうか。オーストリア学派が指摘するように、ルーズベルト政権の高官（モーゲンソー財務長官）は政権発足から六年目の一九三九年、次のように嘆（なげ）いている。

「この八年間の政局運営の間、失業率は何ら初めの頃と変わってはいない。その上に莫大な債務を抱えるようになった。ただ座して時間を浪費するばかりで、くたびれ果ててうんざりだ。なぜだ。まったく見通しが立たない」

この嘆きは実際の失業率からも裏づけられる。ルーズベルトが大統領に就任した一九三三年から米国が第二次世界大戦に参戦する四一年まで九年間の平均は一七・六％で、世界恐慌前の好景気時代だった二三年から二九年までの平均（三・三％）の五倍以上である。とくに就任から三年間の失業率は二〇％を超える高さで、三〇年代半ばに一時低下するものの、「一九三七年恐慌（ルーズベルト恐慌）」で再び約二〇％まで上昇した。

興味深いことに、先ほどの日本史教科書と同じ出版社の世界史教科書では、ニューディール政策について「これら一連の政策による経済復興の効果は限られていた」（『詳説世界史』山川出版社）と、日本史教科書とは微妙に異なる評価をしている。

✚――ナチスドイツの経済政策と大差なし

一方、教科書にはニューディール政策の経済的効果よりは、むしろ政治的意義を強調する見解も見られる。たとえば前述の世界史教科書では、先の引用部分に続けて、「国民の不安を軽減し、**ファシズム**諸国に対抗して民主主義をまもった意義は大きかった」と述べる。

しかし、ニューディール政策は本当にファシズム国家の経済政策とは一線を画し、議会制民主主義を擁護するものだったのだろうか。同時代のある新聞の好意的な論調は、事実が異なることを示唆している。

「ルーズベルトは実験を行っており、それは大胆なものである。我々もそれが失敗する可能性があることを恐れている」

ニューディールを大胆な実験と称(たた)えるこの文章は、驚くべきことに、ナチスドイツ機関紙「フェルキッシャー・ベオバハター」の記事である。一方、米国のジャーナリストであるジョン・フリ

ファシズム：全体主義的独裁の思想・運動・体制のこと。大衆動員を積極的に利用し、市民的自由や人権を無視する国家主義をかかげ、反対派を弾圧する政治体制や思想。歴史的に代表されるのが、ムッソリーニのファシスト党、ドイツのナチ党で、政権樹立後は合法的に自分たち以外の政党をすべて解散させ、一党独裁体制を確立した。

ンはニューディール政策について端的に、「これはファシズムである」と断じた。

さらに、一九三五年の春から秋にかけて半年間、欧米を視察したある日本の政治家は、本書で紹介するように、ナチスドイツの経済政策はニューディールと大差ないとの感想を抱いた。ニューディールをファシズムやナチズムと同一視するこれらの見方は、決して的外れではなかった。

✣——高橋財政への過大評価

世界恐慌は日本にも波及し、昭和恐慌を引き起こした。通説では井上準之助蔵相による金解禁断行が恐慌をもたらしたと非難される一方で、入れ替わりで登板した**高橋是清**(これきよ)蔵相による、いわゆる高橋財政への評価が高い。この通説に対しても、本書ではオーストリア学派の知見をもとに検証していく。

日本史教科書ではこう述べる。

「一九三一(昭和六)年十二月に成立した犬養毅(いぬかいつよし)内閣(立憲政友会)

高橋是清：一八五四年九月十九日〜一九三六年二月二十六日。日本銀行総裁。一八九二年、日本銀行に入行、一八九九年日銀副総裁に就任。日銀総裁を経て、山本権兵衛・原敬内閣の大蔵大臣を歴任。一九二一年、原敬暗殺のあとを受け、第二十代内閣総理大臣に。一九二七年の田中義一内閣の大蔵大臣の時に、金融恐慌を支払猶予令で収拾。犬養毅，斎藤実，岡田啓介各内閣でも大蔵大臣を務める。二・二六事件で暗殺される。

の高橋是清蔵相は、ただちに金輸出再禁止を断行し、ついで円の金兌換を停止した。日本経済は、これをもって最終的に金本位制を離れて管理通貨制度に移行した。恐慌下で産業合理化を進めていた諸産業は、円相場の大幅な下落（円安）を利用して、飛躍的に輸出をのばしていった。……輸出の躍進に加え赤字国債の発行による軍事費・農村救済費を中心とする財政の膨張で産業界は活気づき、日本は他の資本主義国に先駆けて一九三三（昭和八）年頃に世界恐慌以前の生産水準を回復した」（『詳説日本史』山川出版社）

だがここでも、同時代の見方は必ずしも高橋財政に肯定的ではなかった。当時のジャーナリスト清沢洌はこう記している。

「現在の輸出旺盛が浜口内閣時代の緊縮と整理によって可能であったという事実は、最早一般の常識になって来ている。しかし世人は浜口内閣は『不景気内閣』であって、高橋財政は好景気を表象すると考える。この場合富籤を抽くのが高橋なのは申すまでもない」

高橋蔵相の財政金融政策が輸出を押し上げ、景気の回復をもたらしたのは、前政権の浜口雄幸内閣（井上準之助蔵相）による悪名高い緊縮財政のおかげだったというのである。そう言われてみれば、さきほどの日本史教科書でも一言、「恐慌下で産業合理化を進めていた諸産業」と触れてはある。しかしほとんど目立たないし、合理化を促したのが浜口・井上による緊縮政策だということもわからない。

また、高橋財政の柱の一つである軍事費拡大については、軍部の影響力を強めるきっかけになったという反省がなされてきた。けれども、もう一方の柱である農村救済対策（時局匡救事業）について、救済の対象であるはずの農民から「事業で儲かった者は、地主、監督、セメント会社、鉄材料店だ」と冷めた声が出ていたことは、あまり知られていない。高橋財政に対する現在の評価は過大なのではないだろうか。

✛──「市場の失敗」ではなく、「政府の失敗」

世界恐慌を生き抜く知恵を身につけるにはまず、学校の教科書やマスコミ報道によって長年、頭に刷り込まれた「常識」を疑うことから始めなければならない。それらの「常識」は、事実と異なっている場合が少なくないからだ。現在多くの人々が信じている通説は、すでに触れたものを含め、次のような一連のストーリーだろう。

- 世界恐慌が起こったのは、政府による規制が不十分で資本主義が暴走したためである。
- 世界恐慌が始まった当時の米大統領フーバーは自由放任主義を信奉していたため、経済対策に消極的で、不況を深刻なものにした。
- 後任大統領のルーズベルトは、画期的なニューディール政策により、経済の悪化を食い止めた。

・世界恐慌の波は日本にも及び、井上準之助蔵相による金本位制復帰のタイミングが悪く昭和恐慌をもたらしたが、高橋是清蔵相の積極財政で危機を乗り越えた。

このストーリーは世界恐慌を語る際、当然の真実とみなされている。しかし実際にはいずれも、事実に反するか、せいぜいのところ、事実の一部を誇張した神話にすぎない。通説に反する事実はこれまで不当に無視されてきたが、近年オーストリア学派の経済学者を中心に、それらの事実を拾い集め、適切な経済理論に基づき再構成することで、まったく違う歴史像を提示する動きが広がっている。本書ではそれらの研究成果を活用し、米国を中心に世界恐慌の実像を描くとともに、日本の昭和恐慌についても同じ観点から分析を試みる。

本文で詳しく説明するように、世界恐慌の原因は自由な資本主義ではなく、政府・中央銀行が過剰なマネーを社会にあふれさせたことだった。米国のフーバー大統領は自由放任主義者などではなく、さまざまな経済介入を行い、その結果不況を深刻なものにした。ルーズベルト大統領のニューディール政策は経済の悪化を食い止めるどころか、むしろそれを長引かせ、悪化させた。日本でも高橋是清蔵相の介入政策は経済を表面上回復させたにすぎず、むしろ軍国主義の拡大という重大な副作用を生み出した。一言でいえば、世界恐慌は自由な市場経済が招いた「市場の失敗」ではなく、政府の市場介入がもたらした「政府の失敗」だったのである。

本書の目的はおもに二つある。一つは、世界恐慌にまつわる通説を事実に照らして検証し、どのように誤っているか、歴史的事実はどうだったかを明らかにすることである。学校教育やメディアを通じて刷り込まれたイメージとは異なる、世界恐慌の実像が見えてくることだろう。

もう一つの目的は、ゆがめられた神話ではなく、正しい事実を踏まえた世界恐慌の真の教訓を導くことである。現在主要国の多くでは、不況を克服するためには政府が経済に積極的に介入するべきだという考えに基づき、大規模な財政支出や、日本の場合は大幅な金融緩和といった政策が推進されている。こうした思考や行動を支えるのは、かつて自由な市場経済が世界恐慌を招いたという「教訓」である。しかし、もし世界恐慌という災厄をもたらしたものが、政府自身だったとすれば、正しい教訓も、とるべき政策も、まったく違ってくるはずだ。

歴史に学ぶことは重要である。とくに新型コロナ対策と称し経済活動を抑圧した悪影響がまだ癒えず、ウクライナ戦争を受けロシアに対し発動された米欧日の経済制裁が世界経済に混乱を招く現在、世界恐慌の再来に備え、歴史に学ぶことは、私たちが生き抜くために、これまでになく重要だといえる。

そのためにはまず、ゆがめられた神話ではなく、正しい事実を知る必要がある。「世界恐慌の犯人は政府」という本書の主張に最初は驚き、とまどうかもしれない。だが、読み進めるうちに、この異説こそ「本当の歴史」だときっと納得できるだろう。

なお文中、敬称は原則省略した。

第一章

中央銀行がバブルを生み、それは必ずはじける

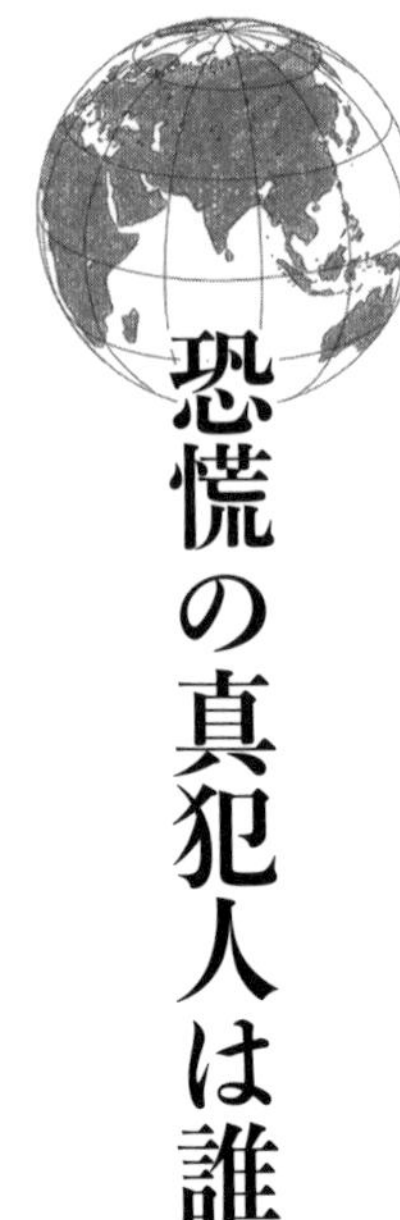

恐慌の真犯人は誰か？

✢――「資本主義が恐慌を起こす」という誤り

一九三〇年代の世界恐慌はなぜ起こったのか――。この問いに答えるには、まず経済恐慌が起こる原因や、景気変動と呼ばれる好況・不況の波が生じる原因を知る必要がある。ところが恐慌や景気変動に関する説明には、まったくの俗説や理論的な根拠に乏しい説、一見洗練されているが矛盾をはらんだ通説などが混在し、理解を妨げている。

しばしば言われるのが、人間の利己心や強欲が恐慌の原因という説だ。これほど的外れな見方はない。人間は資本主義が誕生して突然、利己的で強欲になったわけではなく、大昔から、それこそ有史以来、ずっと利己的で強欲だった。そしてもちろん、そんな大昔に経済恐慌はなかった。恐慌の原因が利己心や強欲だというのは、航空機墜落の原因は重力だと大まじめに主張するようなものである。

かりに強欲が経済危機の一因だとしても、本来、市場経済は強欲をあおるのでなく、むしろ一定の歯止めをかける。たとえば銀行が融資を過大に膨らませた場合、もし銀行業が自由競争のもとにあれば、いずれは取り付け騒ぎにあい、倒産するという形で報いを受ける。

次に、資本主義は社会全体の生産と消費、需要と供給の調節が市場での価格機能に委ねられており、本質的に不安定で、そのため景気変動を繰り返すという説がある。これはドイツの社会主義思想家、**カール・マルクス**が強調した考え方である。

マルクスは著書『賃労働と資本』でこう述べている。

「資本家たちが……既存の巨大な生産手段をますます大規模に利用し、この目的のために信用のあらゆるバネを働かせるにつれて、地震が増大する。すなわち、商業世界が、自分自身を維持するために、その富や生産物、そして生産力の一部さえも地獄の犠牲に供する事態が増大する。つまり一言で言うと、恐慌が増大する」

しかし、マルクスのこの主張は、資本主義や市場経済を本質的に不安定だと決めつけるところに問題がある。市場は需要と供給の不均衡を調整するから、本来は経済を安定させる機能を持つ。も

カール・マルクス：一八一八年五月五日〜一八八三年三月十四日。プロイセン王国時代のドイツの哲学者、経済学者、革命家。フリードリヒ・エンゲルスの協力のもと、科学的社会主義（マルクス主義）を打ちたてた。また、共産主義者同盟に参加し、のち第一インターナショナルを創立した。主な著書に「哲学の貧困」「共産党宣言」「資本論」などがある。

し資本主義が本質的に不安定ならば、資本主義国では年がら年中、恐慌が起こっているはずである。だが実際に起こるのは、多くて数年に一回程度にすぎない。

資本主義そのものが恐慌を起こしたという説は、歴史的に考えても理屈にあわない。もしその説が正しいのなら、大恐慌は独占禁止法や労働法で市場経済への規制が強まった二十世紀でなく、自由放任主義の傾向がまだ色濃かった十九世紀以前に起こったはずである。しかし現実にはそれまで、世界恐慌に匹敵するような経済危機は起こらなかった。

より学術的に洗練されたとみられている説は、大恐慌が起こり、それが深刻になったのは、米国の中央銀行である連邦準備理事会（FRB）が民間への資金供給を十分に増やさなかったのが原因というものである。当時のFRBの幹部らが無能で、資金を増やさなければならないときに何もしなかったのがいけないという。

これはノーベル経済学賞受賞者でマネタリズムの総帥と呼ばれた**ミルトン・フリードマン**がアンナ・シュワルツとの共著『米国金融史』において唱えた説で、現在では主流派経済学者の間でほぼ定説となっている。

だが、この説にも素朴な疑問が生じる。FRBの創設は一九一三年だ。もしフリードマンのいうようにFRBの無策が大恐慌を引き起こしたのなら、FRBが存在すらしなかった昔にはもっと深刻な恐慌が起こったはずである。しかし実際には、米国はFRBがなかった時代に大恐慌を上回る不況に見舞われた経験はなく、ＦＲＢができた後になって初めて史上最悪の経済危機に襲われたのである。

✣――金融緩和と見せかけの繁栄

世界恐慌以前の一九二〇年代頃まで、欧米の経済学界で最有力とみなされた**景気変動理論**が存在した。オーストリア出身の経済学者ルートヴィヒ・フォン・ミーゼスが明らかにした理論である。ミーゼスは経済変動が起こる原因を以下のように説明する。

自由な市場では資金の需要と供給によって金利が上下する。人々の貯蓄が増えて金利が下がると、お金を借りて事業を行う企業家はそれまで実現困難だった事業の計画を立てやすくなる。人々が貯蓄するということは、お金を今ではなく将来使うつもりであることを示すから、企業家が目先の目的ではなく、将来の消費拡大に備えた生産力向上のために投資する意欲にもつながる。具体的には、今ある施設の増設や新しい工場の建設などである。

半面、人々が今の消費を増やすことを選択し、貯蓄を減らした

ミルトン・フリードマン：一九一二年七月三十一日～二〇〇六年十一月十六日。アメリカ合衆国の経済学者。古典派経済学とマネタリズム、市場原理主義・金融資本主義を主張し、ケインズ的総需要管理政策を批判した。一九六九年、リチャード・ニクソン政権の大統領経済諮問委員会で、変動相場制を提案。一九七六年、ノーベル経済学賞受賞。一九八二年から一九八六年まで日本銀行の顧問も務めた。

景気変動理論：景気には波があり、好景気と不景気が順番に起こること。過去のデータを分析した結果、景気は規則的に拡張と縮小あるいは回復→好況→後退→不況→回復を繰り返していることが明らかとなった。「景気循環」ともいう。

場合、企業家が長期の事業計画に使うために銀行から借り入れることができる資金は減り、金利は上昇する。消費者が今お金を使うのであれば、企業は将来に向けた投資より、今の設備で生産や販売に対応するほうがいい。こうして金利が投資や消費を調整する。

ところが中央銀行が人為的に金利を操作すると、この調整機能が奪われてしまう。中央銀行が意図的・人為的に金利を下げても、人々は実際には貯蓄を増やしておらず、現在の消費を減らそうとはしていない。だからそれを支えるのに必要な人手や資源も減っていない。一方、企業家は金利が低いのでお金を借りて投資に乗り出してしまう。

その結果、投資計画が完成に近づくにつれ、人手や資源が不足する。このため事業は完成しない。人為的な低金利が長く続けば続くほど、経済全体で資源が浪費されることになる。

ミーゼスは、たとえ話を使ってこう説明する。

「人為的な低金利をきっかけに長期の事業に乗り出した企業家は、実際よりも多くの建材を持っていると信じた建築工事の棟梁（とうりょう）のようなものである。棟梁は実際に自分が使える建材の量を知っていたら選ばないような大きさや、建材の組み合わせによって、家を建てようとする。だが建材が足りないので完成させることができない。棟梁が自分の使える建材の量に気づくのが早ければ、計画を変更し、労働と建材の無駄を少なくすることができる。しかし気づくのが建築の最終段階だったとしたら、完成目前の家を壊さなければならない。棟梁だけでなく社会全体も、人手や資源を無駄に浪費してしまうことになる」

ミーゼスは人為的な金融緩和で景気を良くするという考えを戒め、その最終結末は「全般的貧困化」だと述べる。一部の人々はバブルに乗って富を増やすかもしれないが、圧倒的多数の人々は誤った投資と過剰な消費のツケを払わなければならない。バブル崩壊である。

中央銀行の介入によって金利を低くすれば、短期では見せかけの繁栄をもたらす。株価と不動産価格は急上昇する。建設ラッシュがはじまり、多くの企業が生産力を増強する。人々は高い生活水準を享受する。しかしそれは実体のないバブルにすぎない。一九八〇年代後半のバブル経済を経験した人なら、記憶にある光景だろう。

ミーゼスの理論を踏まえ、評論家トーマス・ウッズは次のように指摘する。

「人々は、やがてその現実に気づかされるようになる。過剰な投資はいつまでも続かないことが明らかになり、やがて止まってしまう」

バブルは必ずはじけるのだ。ミーゼスの理論を一言でいえば、中央銀行の人為的な金融緩和の結果、持続性のない好況が起こり、その反動により不況を招くということだ。つまり市場経済が不安定だから好況と不況を繰り返すのでなく、経済を安定させるため行われているはずの金融政策こそが、経済を不安定にし、恐慌をもたらす元凶というわけである。金融政策が財政政策と並ぶ重要な経済安定化策の一つだと教えられてきた現代人にとって、にわかに信じがたい主張かもしれない。

　しかしミーゼスの経済変動理論はかつて専門家の間で認められた理論であり、学問的根拠のない空想などではない。その一つの証左となるのは、師であるミーゼスの経済変動論を発展させたフリードリヒ・ハイエクが一九七四年、その業績によってノーベル経済学賞を受賞したことである。ハイエクは一般にはベストセラー『隷従への道』などでの社会主義批判で知られるが、ノーベル賞受賞の対象は社会主義批判ではなく、一見地味な「貨幣理論および経済変動理論に関する先駆的業績」だった。

　ミーゼスとハイエクはともに、十九世紀後半にオーストリアの経済学者カール・メンガーが創始した「オーストリア学派」に属する。メンガーは若いころ新聞の経済記者として働いた経験があり、そこで当時の経済学理論と実際の市場の動きとの食い違いに気づいたことが、経済学の研究を始めるきっかけの一つになったといわれる。それだけにオーストリア学派の経済変動理論は、現実の経済の動きを説明するうえで説得力に富んでいる。

カール・メンガー：一八四〇年二月二十三日～一九二一年二月二十六日。オーストリアの経済学者。経済学におけるオーストリア学派（限界効用学派）の祖。

世界恐慌の起源は第一次世界大戦にあった

✚——モルガン財閥の影

一九三〇年代に起こった世界恐慌の淵源（えんげん）は、一九一四年に勃発した**第一次世界大戦**にさかのぼる。大戦で疲弊した経済を各国政府・中央銀行が無理に支えようとした結果、バブルを招き、それが崩壊して恐慌につながったのだ。その大戦に当初中立だった米国が連合国側として参戦した背景には、米国の大手金融財閥、モルガン家の存在があった。

モルガン財閥は英国と深いつながりがあった。その縁は一八五四年、財閥の創始者であるジューニアス・スペンサー・モルガンが一家でロンドンに移り住み、同じく米国人が経営する証券業者、ジョージ・ピーボディ商会の共同経営者となったときに遡（さかのぼ）る。や

第一次世界大戦：一九一四年七月二十八日から一九一八年十一月十一日にかけて、連合国と同盟国（中央同盟国）の間で戦われた世界規模の戦争。計二十五カ国が参加し、ヨーロッパを主戦場として七千万以上の軍人が動員された。一九一七年のアメリカの参戦によって協商側の勝利となった。戦争の過程でロシア革命が勃発し、各地で民族運動も激化した。この大戦によってドイツ帝国、オーストリア＝ハンガリー帝国、ロシア帝国、オスマン帝国などが消滅した。

モルガン財閥：アメリカ合衆国の四大財閥の一つ。19世紀前半にジューニアス・スペンサー・モルガンが南北戦争の軍需品納入や戦後の金融で財をなし、イギリスの銀行家ジョージ・ピーボディと結んでJ・S・モルガン商会を設立。鉄道への金融支配拡大、GE設立への関与、鉄鋼業統合によるUSスチール設立などを画策した。

がてジューニアスは経営権を完全に取得してJSモルガン商会と改称する一方、息子のジョン・ピアポント・モルガンは帰国し、一八六一年、ニューヨークにJPモルガン商会を設立する。これ以降、モルガンは大西洋を挟んだ両都市を拠点として業容を拡大することになる。

一八五七年には米国で金融恐慌が起こり、そのあおりでロンドンにある父の店は深刻な資金難に陥るが、英国の中央銀行であるイングランド銀行に救済される。のちに米国の中央銀行である連邦準備理事会（FRB）の創設をピアポントが支持したのは、このときの経験が頭にあったためとも考えられる。

一八九九年、金やダイヤモンドが発見されたボーア人国家の併合を狙って、英国が**南アフリカ戦争**（**ボーア戦争**）を始めた際、戦費をまかなうため国債の募集をロンドンでは**ロスチャイルド**、ニューヨークではモルガンの両財閥に依頼した。またロンドンのJSモルガン商会（一九一〇年にモルガン・グレンフェル商会に改称）では、イングランド銀行の理事となるエドワード・グレンフェル、そ

南アフリカ戦争（ボーア戦争）：イギリスとオランダ系のボーア人による、南アフリカの植民地化の二回にわたる戦争。第一次ボーア戦争（一八八〇年十二月十六日～一八八一年三月二十三日）では、イギリスがトランスヴァール共和国を併合しようとして起こり、第二次ボーア戦争（一八九九年十月十一日～一九〇二年五月三十一日）は、オレンジ自由国及びトランスヴァール共和国とイギリスとの間で起きた戦争。

ロスチャイルド：ユダヤ系の金融資本。一七六〇年代にドイツのフランクフルトで初代マイヤー＝アムシェルが金融業を営むことに始まり、五人の子どもが一八世紀末から一九世紀までに、フランクフルト、ウィーン、ロンドン、ナポリ、パリにそれぞれ分かれ、全ヨーロッパに金融ネットワークを張りめぐらせた。そののちイギリス、アメリカにも進出。イギリス帝国主義とも結びついた。

の従兄弟で父がイングランド銀行総裁を務めたビビアン・ヒュー・スミスといった実力者が経営陣に加わる。こうしてモルガンは英政府、中央銀行とのつながりを着々と深めていった。そのパイプは第一次大戦で最大限に生かされることになる。

開戦直後の一九一四年八月、JPモルガン商会を米国での財務代理人に任じていたフランスが、一億ドルの国債発行の引き受けの可否を打診してきた。米国のウィルソン政権はこの要請を単に拒否しただけでなく、国務長官ウィリアム・ジェニングズ・ブライアンはこう非難した。

交戦国の国債引き受けは「最悪の禁制行為」であり、「中立の精神に反する」。

ところがそれから二カ月もたたないうちにウィルソン政権は、戦時公債引き受けによる交戦国への融資は禁制行為だが、英仏など連合国の軍事物資調達向けの「信用供与」なら許容されるという解釈を打ち出した。連合国側の資金調達が滞れば、欧州への農産物輸出が落ち込みかねないとの懸念が影響したとみられる。

これでモルガンは連合国への融資を堂々とできるようになった。それだけではない。連合国の代行機関となって、その物資調達を一手に引き受けた。これはモルガンに巨額の利益をもたらす。とりわけ英国の調達金額は、最終的には総額で三十億ドルという当時としては天文学的数字に達し、大戦中の連合国側全体へ売られた米国の物資総額の約半分を占めた。モルガン商会はその一%を手数料として受け取ったが、それだけで三千万ドルに達した。また調達契約先は約千社に及んだものの、大手契約先には**ゼネラル・エレクトリック**（GE）、**USスチール**などモルガン系列の企業が多く、これらの会社も潤（うるお）った。**ウォール街**二十三番地にあるモルガン商会のオフィスには、取引を望むブローカーやメーカーが群がって押し寄せたという。

米政府が表向き中立を保ったままなのに、モルガンをはじめとする金融財閥が一方の交戦国に資金や物資を供給していることに対し、国民から批判の声が強まる。有力上院議員のロバート・ラフォレットは「世界大戦で大もうけできるというのに、なんでモルガンやシュワブ（ベスレヘム・スチール社長）が世界平和を気にかけるか」と反問した。

老父のピアポントに代わって総帥の座に就いたジョン・ピアポント・モルガン二世（通称ジャック・モルガン）は上院軍需委員会で「私ほど戦争を憎んでいる者はいない」と世間の非難に反論したが、戦争で利益を得ていることは事実だった。

だがドイツの潜水艦Uボートによる猛攻を受け、戦況は連合国

ゼネラル・エレクトリック（GE）：一八八二年に発明王トーマス・エジソンがモルガン財閥の援助によって設立された電機メーカー。現在では金融サービス、航空機エンジン、医療システム、電力システム、放送、家庭電器、照明などを主要事業とする世界最大クラスの多角的企業である。

USスチール：アメリカ最大の鉄鋼メーカー（略称USS）。一九〇一年二月二十五日、A・カーネギー、J・P・モルガン、W・H・ムーアの三つの資本グループによって支配されていた十一の鉄鋼会社の企業合同して、ニュー・ジャージー州で設立された。当時は、USスチールが鉄鋼生産の三分の二を支配していた。

ウォール街：アメリカ合衆国ニューヨーク州ニューヨーク市マンハッタンの南端部（ロウアー・マンハッタン）に位置し、世界の金融センターとして定着している。ニューヨーク証券取引所をはじめ米国の金融業界や証券市場を指す比喩としての用法もある。

側に不利に展開し始める。最終的に連合国側が勝利したため忘れられがちだが、一九一七年四月に米国が参戦する直前には、ドイツなど枢軸国の勝利が目前と考えられていた。後年、英外相アーサー・バルフォアは「当時、敗戦は確実だと思われた」と書いた。

これはモルガン財閥にとって由々しき事態だった。連合国側に肩入れしたモルガンは、英国とフランスに十五億ドルの債権があった。もし連合国側が敗れれば、債権の取り立ては不可能となり、モルガンは莫大な損失をこうむる。考えうる解決法はただ一つ、強大な経済力を誇る米国が連合国側として参戦することしかない。

ウィルソン大統領の私的顧問で、モルガン財閥と親しいエドワード・マンデル・ハウス大佐は非公式に英国と接触し、参戦の準備を整える。一方でモルガン財閥は傘下のマスコミを通じ、米国民に向け参戦のキャンペーンを繰り広げた。共同経営者のトーマス・ラモントはのちにこう述べている。

「我々は、最初から連合国側の勝利を望んだ。我々は代々、本能的に、考え方からして親連合国派だった」

ウォール街にあるニューヨーク証券取引所

こうしてついに一九一七年四月、米国はドイツに宣戦し、大戦に加わる。ウィルソンは参戦の大義をこう高らかに語った。

「世界に罪や不正がはびこるかぎり、私は決して『平和』を口にしない。……アメリカは聖書の啓示に導かれた正義の原理に献身することを、身をもって証明するために生まれたのである」

ウィルソンの娘婿で、モルガン財閥に近いマカドゥー財務長官は宣戦直後、信心深いキリスト教徒である義父がいかにも喜びそうな表現で、参戦決定を次のように歓迎した。

「偉大なことを立派に成し遂げられました。疑いなく、米国が世界人類のためにこの並外れた奉仕を行うのは神の意志であり、父上は神の選びたもう使者です」

✣――米中央銀行、戦費調達で「活躍」

戦争を行うには、兵器や物資を買う資金がいる。政府が資金を調達する方法は三通りある。増税、公債による借り入れ、貨幣の増発である。しかしいつの時代も、増税は国民から受け入れられにくい。そこで政府はあとの二つの手段に頼ることになる。近代的な兵器や弾薬を大量に使用し、戦費が膨れ上がった第一次世界大戦では、その傾向が一段と強くなった。財政の健全性という点からみれば、それまでの歴史で最悪の戦争だったといえる。

ドイツの哲学者**カント**は一七九五年に出版した『永遠平和のために』で、世界平和をもたらすための条件として常備軍の廃止や内政干渉の禁止とともに、軍事国債の禁止を提案した。「国債の発行によって戦争の遂行が容易になる場合には、権力者が戦争を好む傾向とあいまって……永遠平和の実現のための大きな障害となる」と恐れたからである。しかし大戦で各国はカントの戒めを破り、当時としてはかつてない規模の戦禍をもたらすことになった。

欧州では開戦とともに、各国が金本位制を相次いで停止した。金本位制とは、政府が保有する金の準備残高に応じて、一定の範囲内でのみ貨幣の発行を認める制度である。このような歯止めがないと、政府が支出に充てるために好き放題に紙幣を発行し、人々の持つお金の価値が下がってしまうからだ。金本位制は、権力の濫用から市民が自らの財産を守るために工夫された制度だったのである。

だが、政府の側からみれば、金本位制は思いどおりに貨幣を増やすことを妨げる足かせでしかない。戦費を調達するには課税だけでは不十分で、貨幣を増発するため金本位制の制限を取り払う

カント：イマヌエル・カント。一七二四年四月二十二日〜一八〇四年二月十二日。プロイセン（ドイツ）の哲学者、ケーニヒスベルク大学教授。『純粋理性批判』、『実践理性批判』、『判断力批判』の三批判書を発表し、批判哲学を提唱して、認識論における、いわゆる「コペルニクス的転回」をもたらした。

ことが必要だった。この結果、第一次世界大戦で戦費調達に占める税金の割合は大きく低下した。英国はナポレオン戦争の際は戦費の六三％を税で賄ったが、同大戦では一七・五％にすぎず、これでも他の欧州諸国よりはましだった。

一方、米国は金本位制を維持したが、それでも戦費に占める税の割合は二五％にすぎなかった。残りの七五％は公債発行と貨幣の増発で賄ったわけである。ここで大いに「活躍」したのが、開戦前に発足したばかりの米中央銀行、連邦準備理事会（ＦＲＢ）だった。

米国が参戦を決めた一九一七年四月、ウィルソン大統領は初の戦時公債である「自由公債」の発行を表明した。マカドゥー財務長官は農民、中小企業経営者、労働者にまで投資家層を広げようともくろんだ。販売を盛り上げるため、チャーリー・チャップリンやダグラス・フェアバンクスといった有名俳優を集会に招いたほか、ボーイスカウトの制服に身を包んだ若者が街を練り歩いては住宅の呼び鈴を鳴らし、映画館内でも購入を呼びかけた。ポスターがあちこちに貼られ、愛国的義務として公債を買うよう求めた。終戦直後に発行された「勝利公債」とあわせ、最終的な調達額は二百十五億ドルにのぼる。発行のたびにＦＲＢが金利水準を低く抑えたため、財務省の利払いの負担は軽くて済んだ。

しかしこれだけで戦費は賄えず、かなりの部分は市場で国債をＦＲＢに売って調達されることになった。大戦中、米政府は多額の財政赤字を計上し、連邦政府債務は一九一六年の十二億ドルから三年で二百五十五億ドルと途方もない額に増大した。

　各国がマネー発行の制約を緩めて多額の戦費を捻出し、最新兵器を投入して総力戦を展開した結末はどのようなものだったろうか。歴史家チャールズ・ミーは大戦の決算を次のように記述する。

「一九一八年十一月十一日、戦争終結の休戦協定が調印されたときには、八百万の兵士が戦死しており、二千万以上が戦傷、戦病、四肢切断ないしガス攻撃による失血症を被っていた。二千二百万の民間人が殺害ないし傷害を受けており、生存者は四散を余儀なくされ、荒廃した農村、泥まみれになった農場に住んでおり、家畜は失われていた」

　二〇二三年三月、米アカデミー賞で国際長編映画賞などを獲得したネットフリックス配信のドイツ映画『西部戦線異状なし』でも描かれた、地獄のような現実だ。

　各国政府がカントの戒めを守り、マネーの量を膨張させなければ、これほど悲惨な犠牲を払うことはなかっただろう。だが政府と中央銀行がもたらす災厄は、これで終わりではなかった。

西部戦線のドイツ軍塹壕

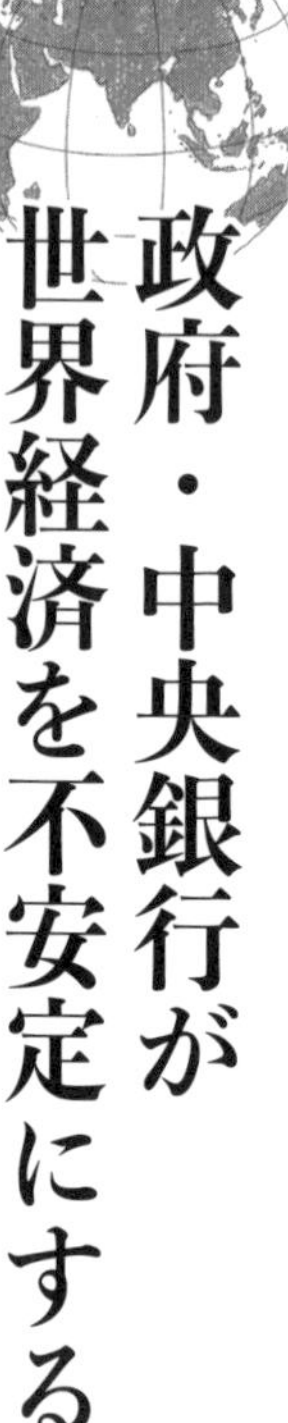

政府・中央銀行が世界経済を不安定にする

✢――病める英国経済

政府・中央銀行の重要な役割の一つは、経済を安定させることだと多くの人が信じている。しかし、事実は違う。政府・中央銀行のお節介な対策は経済をむしろ不安定にし、最悪の場合、経済危機をもたらす。その典型が一九三〇年代の世界恐慌だった。第一次世界大戦の終結後、政治家や中央銀行の官僚たちがどのように経済を操作しようとし、どのような結果をもたらしたか、たどってみよう。

一九一八年十一月、ドイツが休戦条約に調印し、第一次世界大戦は終結した。戦後の欧州諸国の課題の一つは、戦争で混乱した経済秩序を回復することであり、具体的には開戦とともにいったん離脱した金本位制に復帰することだった。

金本位制が過去のものとなった現代からみると、各国が一刻も早く金本位制に戻ろうとしたのは奇異に感じるかもしれない。しかし当時の人々にとって金本位制は、戦争で一時中断されたとはいえ、生まれる前から長く続いてきた伝統的な制度だったことを忘れてはいけない。

　とくに経済活動に携(たずさ)わる人々は、金本位制の利点をよく理解していた。経済学者ミーゼスはこう述べている。


「金本位制は、福祉、自由、民主主義を政治的にも経済的にも増進した資本主義時代の世界標準であった。……人々がなぜ金本位制をすべての歴史的変化のなかで最も偉大で最も有益な変化のシンボルと考えたかは、容易に理解できる」


　金本位制が中断されたせいで大幅なインフレが起こり、人々の財産権が毀損(きそん)されたことを考えれば、各国ができるだけ早く金本位制に戻そうとしたのは当然の判断だったといえる。

　こうしたなかで、国際金融の中心を自他ともに任じる英国も金本位制への復帰を模索し始めた。国内の議論は総論で復帰に賛成だったが、意見の分かれた点が一つあった。金と英ポンドの交換比率（平価）である。選択肢は大きく二つあった。金本位制から離脱した時点の戦前の比率（旧平価）を使うか、戦後の市場実勢に基づく比率（新平価）を採用するかである。旧平価はドル換算で一ポンド＝約四・八六ドル。これに対し、新平価は戦時中のポンド価値の下落を映し、約一〇%安くなっていた。

　逆にいうと、かりに旧平価を採用すれば、現在の市場実勢からみてポンドはドルより約一〇%割高な水準に押し上げられることになる。このままだと英国製品は国際的に割高で競争上不利になるから、コストダウンなどによって価格を少なくとも一〇%引き下げなければならない。問題は英国経済がそれを実現できるかどうかである。

　十九世紀に自由主義経済を支えに繁栄を謳歌した英国経済は、二十世紀に入る頃から反自由主義的な傾向を強めていたが、第一次大戦でそれに拍車がかかった。一九一五年、大戦参加を支持した労働党は、結党十五年目にして党首のアーサー・ヘンダーソンらが戦時内閣に初入閣した。一方、自由主義を掲げてきた自由党も、労働者や女性の支持を得るため、「大きな政府」路線へと舵を切る。保守党を破って政権に返り咲いた一九〇五年の総選挙では労働党と選挙協力を行い、これが労働党に躍進の足がかりを与える格好となった。米国のジャーナリスト、ジョン・フリンは「自由党は社会主義者のとりこになった」と辛辣に記している。

　大戦は規制強化の格好の口実となり、戦時内閣の首相を務めた自由党のデビッド・ロイド・ジョージを中心に、物価や賃金の統制、労働組合の保護、失業給付の支給などを推し進めた。大戦終結後もこの流れに歯止めがかからず、一九二〇年代前半には政府予算で福祉関係費が国防費を上回るまでに膨らむ。この結果、経済構造はきわめて硬直的となった。

　一九二四年一月、ついにラムゼイ・マクドナルド率いる初の労働党政権が誕生する。政府の後ろ盾を得て、きわめて好戦的な炭鉱労働者組合が勢いを増し、ただでさえ割高な炭鉱労働者の賃金がさらに押し上げられた。同組合を率いたのは炭鉱労働者の息子で、のちに厚生相となるアナイリン・ベバンである。炭鉱労働者組合は賃上げだけでなく、石炭産業のコストを押し上げるさまざまな慣行を主張した。なかにはすでに廃(すた)れた中世以前のギルドから復活したようなものもあった。

石炭業に限らず、経営者が生産方法の刷新(さっしん)など何かを変えようとすると、すぐに労組の強力な反対にさらされた。とりわけ労組が異様にうるさかったのは、職能間のなわばりである。ある報告書によると、「配管工は水を通すパイプを修理することはできたが、もし湯を通すパイプの場合、湯専門の修理工に頼まなければならなかった」。

第一次大戦前、労組は失業した組合員を自力で扶助していたため、失業者数がある水準を超えて増えると、賃上げ要求を控えた。ところが戦後、政府が雇用保険制度を導入したため、労組は失業者を支える責任から解放された。無理な賃上げの結果、失業者が増えても、労組指導者はなんら痛みを感じなくなってしまったのである。労働市場は調整機能を失い、硬直化した。かつて「世界の工場」と呼ばれた大英帝国の経済は、今や病(や)んでいた。

物価下落は「政治的に困難」

英国が金本位制への復帰を割高な旧平価で行うということは、価格競争力を維持するため物価や賃金を平均一〇％下げなければならないことを意味する。経済構造がまだ柔軟だったころの英国なら、さほど問題はなかっただろう。実際、労働市場の規制が比較的少ない当時の米国では、一九二五年夏から一九二七年夏にかけ、大きな混乱なく物価が一〇%下落している。

だが前述したように、英国はすでに病んでいた。硬直化した物価、とりわけ賃金の大幅な引き下げを、政治力を増した労働組合がすんなり飲むとはとても考えられなかった。もし旧平価で復帰したにもかかわらず賃下げを行わなければ、ただでさえ陰りの見えている英国の鉱業や製造業は、さらなる苦境に陥りかねない。

だが旧平価派は、ポンドの価値が下がる前の高い平価で復帰することにより、世界の金融センターとしての威信を取り戻すことにこだわった。第四章でみるように、のちに日本で昭和恐慌の前夜、金本位制復帰（金解禁）をめぐって旧平価派と新平価派が対立するが、それと同様の意見の相違が鮮明になったのである。

英政府は結局、旧平価を採用する。採るべき正攻法は、労働市場の規制緩和をはじめとする構造改革に取り組み、物価・賃金を下げやすくすることだった。しかし英政府は、そのように政治的に困難な道を避けた。代わりに選んだのは、安易な道だった。米国に協調的な金融政策を採ってもらうことである。

米国が金融を緩和し、国内の物価を押し上げてくれれば、英国の物価はその分、割高でなくなる。このもくろみが成功すれば、英政府は痛みの伴う規制緩和や賃下げに取り組まずに済むというわけである。

問題は、米国側が要請を聞き入れてくれるかどうかだ。しかし、それは心配なかった。米国の中央銀行であるＦＲＢの運営は、金融政策の実権を握るニューヨーク連邦銀行総裁の**ベンジャミン・ストロング**を筆頭に、親英派であるモルガン財閥の意向が強く反映していたからである。ストロングはモルガン財閥で長年働いており、作家ロン・チャーナウによれば、「その履歴書のいたるところにモルガンの名前が現れるほどモルガンと関係が深かった」。

ストロングは一九二四年春、アンドリュー・メロン財務長官宛の手紙で、英国を助けてやるべきだとの考えを次のように述べている。

「今のところ、国際的に取引されている英国商品の価格は、相対的にみて、およそわが国の価格の一〇％高あたりだというのが真実でしょう。英国の金兌換を再確立するための準備の一つとして、金融改革の前に、これらの物価水準を徐々に最調整しなければなりません。言い換えれば、こちらの価格を少々引き上げ、できれ

ベンジャミン・ストロング：一八七二年～一九二八年。
米国の銀行家。一九一三年の連邦準備制度創設に尽力する。その後、ニューヨーク連銀の初代総裁を十四年間務めた。

ばあちらの価格を少々引き下げることです。……彼らよりも我々のほうが、この再調整の重い負担を引き受けなければなりません。英政府とイングランド銀行が英国の物価下落に取り組むのは、政治的、社会的に困難でしょう。……貿易がふるわず、政府の援助を受けている百万人以上の失業者を抱えているからです」

物価下落が「政治的、社会的に困難」というストロングの言葉は、現代の「デフレ反対論」とまったく同じと言っていい。しかしいつの時代も、物価下落を金融緩和政策で人為的に防ごうとすれば、バブルという副作用が待っている。

英国の金本位制復帰が無事に運ぶよう、ニューヨーク連銀はポンドを買い支える原資としてイングランド銀行に金で二億ドル、ＪＰモルガン商会は同じく英国政府に一億ドルを融資することを決めた。ストロングのニューヨーク連銀は他の中央銀行に融資することはできたが、他国政府への融資は法律で禁じられていたため、古巣のモルガンを頼ったのである。

米国側の心強い援軍を得た英国は腹を固め、一九二五年四月二十八日、ウィンストン・チャーチル財務相が旧平価での金本位制復帰を宣言する。この前後から、英国を助けることを目的の一つとした米国の金融緩和政策が始まり、バブルの発生と一九二九年十月の株式大暴落に向かっていくのである。財務相を退いていたチャーチルは暴落当日の十月二十九日、たまたまニューヨークを訪問し、バブル崩壊の始まりを目のあたりにすることになるのだが、経済知識に乏しい彼はそれを予想するすべもなかった。

✣——米英中銀総裁の「非常に親密な関係」

英国が一九二五年四月に金本位制に復帰する際、米国側は英国に信用供与し、ことが無事に運ぶよう手助けした。さらにこれに先立つ一九二四年五月以降、三回にわたり公定歩合を四・五％から三％まで引き下げ、金融緩和を図っている。米国内の物価を押し上げ、英国の物価・賃金の割高感を和らげるためである。この動きを米国側で主導したのはニューヨーク連銀総裁のベンジャミン・ストロングだが、英国側で呼応して動いたのは、ストロングと個人的にも密接なつながりを持つ人物だった。イングランド銀行総裁、**モンタギュー・ノーマン**である。

ノーマンは一八七一年生まれで、七二年生まれのストロングとほぼ同い年である。名門イートン校からケンブリッジ大学キングス・カレッジに学んだ後、母方の祖父が経営するプライベートバンクのブラウン・シプリーに勤め、米国に渡ってその系列である

モンタギュー・ノーマン：一八七一年九月二十二日～一九五〇年二月四日。イギリスの銀行家。一九二一年から一九四四年の間、イングランド銀行総裁を務めた。

米誌タイムの表紙になったモンタギュー・ノーマン

投資銀行ブラウン・ブラザーズで働く。その後イングランド銀行に入り、第一次大戦中の一九二〇年、総裁の座に就いた。

秘密主義者で、作家のロン・チャーナウによれば、「中央銀行を神聖侵すべからざる神秘的存在、まったく人目に触れない形で行うのが最もよい儀式とみて、これに接していた」。一生独身を通す一方で、「イングランド銀行は、いわば私が唯一仕える女王であり、私の頭には彼女のことしかないから、私の命を彼女に捧げてきた」と語っている。

マスコミ嫌いで、記者たちの目を逃れるために念入りな策を弄するので有名でもあった。偽名で旅行する。列車のカゴ抜けをする。一度などは海が荒れているときに遠洋船舶の甲板から縄梯子で下りたことさえあった。

またモルガン・グレンフェルの共同経営者エドワード・グレンフェル、ビビアン・ヒュー・スミスとは学友で、このつながりでストロング同様、モルガン財閥と親しかった。ノーマンは一九二四年末、金本位制復帰への自信を固めるために、モルガン財閥の総帥であるジャック・モルガンとストロングの二人に会いにニューヨークを訪ねたこともある。

一方、ニューヨーク連銀のストロングは最初の妻を自殺で失った後、勤務先であるバンカーズ・トラストの社長の娘と結婚するが、やがて離婚した。ノーマンとはお互い独り身だったこともあり、ノーマンの総裁就任後、ストロング自身の死にいたるまで、刎頸の友ともいうべき密接な親交を結ぶ。それは「監督者である両国政府が懸念を抱くほど、非常に親密で複雑な関係」であった。

経済学者マレー・ロスバードによると、「二人は長期休暇をともに過ごし、ときにはバーハーバーやサラトガ（それぞれ米メーン州、ニューヨーク州の避暑地）、より頻繁には南仏で偽名を使って宿泊した」という。

また、ロスバードはこう記す。

「（総裁に就任した）一九二〇年から、ノーマンは毎年米国に渡ってストロングを訪ねるようになり、ストロングも欧州へ定期的に旅に出た。これらの協議はすべて極秘にされ、つねに「友人訪問」「休暇」「表敬訪問」などの名目で偽装されていた。イングランド銀行はストロングが訪ねるとデスクと個人秘書を提供し、フランス銀行、ライヒスバンク（ドイツ帝国銀行）も同様に対応した。これらの協議はワシントンの連邦準備理事会に報告されていなかった。そればかりか、ニューヨーク連銀とイングランド銀行は毎週、非公式電信で親しく意見交換していた」

米英両国の金融政策はしばしば、国民の代表である議会にも知らされないまま、秘密裏に進められた。英国が一九二五年四月二十八日の金本位制復帰に向け最終的な準備に入った同年三月上旬、ノーマンは休暇を過ごしていた地中海沿岸のリビエラからストロングに手紙を書く。「金政策に関する公式の検討はすべて、あえて今月に持ち越されました。そちらの議会が休会となるまで何も表には出ません」

当時、米国の連邦議会は二年ごとの議員の任期が三月四日までで、改選後に開かれるのは十二月だった。さらにノーマンは自国の議会についてこう書いた。

「もしこちらで来週検討が始まれば（そうなりそうです）、最終決定が四月上中旬より早く下されることはないでしょう。その間、万事内密にしておきたいものです。もちろん議会には最後まで何も知らせません」

英国を助けるための金融緩和政策に対しストロングは当初乗り気でなかったが、米国内で景気テコ入れの必要があったこともあり、ノーマンの度重なる説得に根負けして受け入れた。米国民の持つ貨幣の価値を毀損するにもかかわらず、国民の目を盗んでひそかに準備されたのである。

金融緩和政策の結果、米株式市場での投機熱が深刻になった一九二八年春、各国中央銀行による公開の会議を開く案に対し、ノーマンと同じく秘密めいたやり口を好んだストロングは断固反対した。部下の言葉によれば、次のとおりだ。

「現在なされた決定の結果、将来の状況がいかに危険なものになるか。過去の決定が明らかになったとき、世論や政治的意見がいかに燃え上がるか。これらを示すため、ストロング総裁は現在ニューヨーク市場で横行している過剰な投機熱に対する抗議を引き合いに出した。……総裁が言うには、ほとんど誰も気づいていないが、我々は今、一九二四年初めに行った決定に対する代償を支払っている。その決定とは、（英国の金本位制復帰に対する支援など）諸外国が健全な財政・金融基盤に立ち返るのを手助けすることだった」

ストロングが恐れたとおり、もし外国を助けるためにドルの発行量を増やし、結果として国民の持つお金の価値を引き下げるなどと事前に知らせれば、それこそ国民の怒りが「燃え上がる」ことだろう。何も知らせないに越したことはない。これは権力を握る政治家や官僚におなじみの態度である。

これに対し、ロスバードはこう批判する。

「ここで民主主義そのものにかかわる根本的な疑問が生じる。もし国民の代表者とされる者が、きわめて重要な情報を公（おおやけ）にしないよう主張した場合、国民は案件についてどのように判断し、代表者をどのように評価すればよいのだろうか」

事実、金融政策における秘密主義は、米英やその他の国にバブルとその破裂に伴う金融危機をもたらした。これはどうみても「市場の失敗」ではなく、「政府の失敗」である。その代償を支払ったのは政策を決めた一握りのエリートでなく、一般国民だったのである。

✢――偽りの金本位制

英国は一九二五年四月二十八日、金本位制復帰を宣言し、これと前後して他の欧州諸国も相次いで金本位制に復帰した。だが、ここで一つの疑問がわく。

そもそも金本位制とは、政府の貨幣発行に一定の制限を課すところに特徴があったはずである。しかし実際には第一次世界大戦終結後、一九二〇年代を通じた貨幣供給量の膨張が国際的なバブルを招き、その破裂と恐慌につながった。なぜ金本位制に復帰したにもかかわらず、貨幣量の膨張に歯止めがかからなかったのだろう。

それは戦後復活した金本位制が戦前とは異なるものだったからである。米国だけは「古典的金本位制」と呼ばれる戦前と同じ制度に戻したが、英国など欧州諸国は二つの点で戦前と違っていた。

第一に、戦前各国では通貨を金貨と引き換えることができる「金貨本位制」をとっていたが、戦後英国では大きな金の延べ棒としか交換できない「金地金本位制」を採用した。延べ棒はまとまった金額の国際取引に使うのがおもな用途で、少額の売買には適さない。このため市民は日常生活で金を使うことが事実上できなくなり、手持ちの紙幣や銀行預金を金と交換することがなくなった。

第二に、他の欧州諸国は自国通貨と引き換えに金を渡すのでなく、ポンドやドルを渡すようになった。このように通貨を金そのものでなく、金本位制をとる国の通貨と交換する制度を「金為替本位制」という。これは世界の金準備の四〇%が米国に集中する一方で、欧州諸国が多額の債務を抱えている状況では、金準備を「節約」できる制度が必要との理由から、通貨問題を議題とした一九二二年のジェノア会議で導入が決められた。このとき議論を主導したのは英国であった。金為替本位制の下でも、金地金本位制と同じく、大衆は金を日常的な交換の媒介として使うことができない。

金地金本位制や金為替本位制が導入されることにより、紙幣は金と交換できる兌換紙幣でなく、実質不換紙幣となった。政府の野放図なマネー創造に一般市民が歯止めをかけ、財産権を守るという金本位制本来の役割が失われたのである。この意味で、戦後復活した金本位制はその名に値せず、経済学者マレー・ロスバードの言葉を借りれば、せいぜい「偽りの金本位制」にすぎなかったといえる。

それでも欧州各国が戦後の通貨制度を「金本位制」と呼んだのは、そのほうが政府の威信が高まると期待したためである。しかし実際には金本位制にともなう規律や条件を守っていなかった。

金為替本位制を通じた戦後の国際金融の構造は、各国対等なものではなく、金の上に米ドル、ドルの上に英ポンド、ポンドの上に他の欧州通貨というピラミッドとなった。このうち金そのものと交換できるドルとポンドは「**基軸通貨**」と呼ばれ、他の通貨とは別格の存在として一目置かれた。逆に他の通貨はドルやポンドに従属することになった。

フランス銀行総裁エミール・モローは、屈辱感をにじませながら日記にこう書いている。

「(欧州の)諸通貨は二つの階級に分かれるだろう。第一階級はドルとポンドであり、金に基づく。第二階級はポンドとドルに基づき、準備の一部はイングランド銀行とニューヨーク連銀によって保有される。第二階級の貨幣は独立性を失うだろう」

もっとも、「第一階級」のうち、ポンドはドルに実質依存していた。なぜなら米国だけが金貨との交換を認める真の金本位制を採用し、国際金融市場での信任が厚かったからである。

「偽りの金本位制」を導入した戦後の国際金融市場は、本質的に危険をはらむ脆弱(ぜいじゃく)なものとなった。本来の金本位制のもとでは、国内の貨幣量が膨張すると、それが大きくなりすぎないうちに収

基軸通貨：国際通貨の中で中心的な役割を占め、為替や国際金融取引で基準として採用されている通貨のこと。一九二〇年代まではイギリスのポンドが基軸通貨であったが、アメリカの経済的な台頭に並行して徐々に米ドルの力が強まり、第二次世界大戦後は完全に米ドルが基軸通貨となった。key currencyともいう。

縮させる圧力が海外から働く。各国が金為替本位制を採用したことにより、この圧力も弱くなった。

本来の金本位制の下では、次のような仕組みで貨幣の膨張に歯止めがかかる。ある国の貨幣量が増え、物価が上昇したとしよう。すると輸出が減る一方で輸入が増え、国際収支は赤字となる。その支払いのため金が海外に流出すると、中央銀行の金保有量は減少し、国内で発行できる貨幣の量も少なくなる。

ところが金為替本位制の下では、英国以外の欧州諸国は金の代わりにポンドやドルを裏付けに自国通貨を発行できるので、あえて金を保有する必要がない。むしろ欧州諸国の中央銀行にしてみれば、利子を生まない金塊を抱えているよりも、利子を生むポンドやドルを保有したほうが得になる。

このため流入したポンド、ドルを金とあえて交換せず、金はロンドンやニューヨークで預託しておくことが普通になった。一方、英米はこの自国内にとどまった金を裏付けとして貨幣を発行することができた。あたかも同じ金を裏付けとして二重に利用するかのように、である。

こうした仕組みをフランスの経済学者で、のちにドゴール仏大統領の経済顧問を務めたジャック・リュエフは次のように皮肉っている。

「金為替本位制という国際通貨制度の機能は、いわば子供の遊びで一回の勝負が終わるたびに、本来、負けて取り上げられてしまうべきおはじきをもう一度戻してもらうという合意のできた幼稚なルールに似たものであるというべきであろう」

この「おはじき遊び」によって、金本位制の看板を掲げつつ、マネーの量を大きく増やすことが可能になった。国力の衰(おとろ)えつつある英国にとってはとくに好都合で、国際収支の赤字を垂れ流しながら、国内で景気対策として貨幣供給量を膨らませることができるようになった。

貨幣量の膨張は一時的な好景気を生み出すことができる。第一次大戦後の世界も、金為替本位制という偽りの金本位制によって、まったくの虚飾ではないにせよ、実力以上にかさ上げされた繁栄をつくりだした。

だが、市場の規律を無視したツケは必ず訪れる。貨幣供給量の増大というカンフル剤のおかげで経済が一見好調でも、その期間が長ければ長いほど、反動は壊滅的となる。実際、フランス、米国、その他の国で対英黒字が積み上がるにつれ、通貨膨張の構造は日に日にもろさと危うさを増し、ほんのわずかでも信頼が失われればすべてが崩壊する状況に追い込まれていった。

✣――国際金融のピラミッドが揺らぐ

米国の支援を受け金本位制復帰を果たした英国の経済は、一時順調に見えたが、長くは続かなかった。恐れていたとおり、屋台骨である輸出産業が、割高なポンド相場と、好戦的な労働組合や広く普及した失業保険のせいで高止まりした賃金率によってダブルパンチを食らい、世界貿易が活発な時期にもかかわらず、不振なままだったためである。

英国の失業率は第一次世界大戦前まできわめて低い水準が長期間続き、一八五一年から一九一四年まで三％を大きく超えることはなかった。ところが戦後の一九二一年から一九二六年までは平均一二％に跳ね上がった。

英国の輸出不振は際立っていた。一九二四年の輸出額を一〇〇とすると、世界全体では一九二九年に一三二まで、西欧諸国はほぼ同じく一三四まで増加した。米国はやはり一三〇まで増えた。だが英国は大きく水をあけられ、一〇九に増えただけだった。南部には比較的労組の組織率が低い新興企業が多く、割合健闘したが、北部には産業革命のさきがけとなった繊維をはじめ、労組の強い旧来型産業が集まり、輸出は不振をきわめた。

一九二四年から一九二九年まで、綿織物の輸出は一〇％、毛織物は二〇％それぞれ減少した。鉄鋼は一九二五年、英国史上初めて純輸入に転落した。

最大の問題は、長く隆盛を誇ってきた石炭産業の苦戦だった。英国の石炭輸出は、一九二八年から二九年には世界的好況にもかかわらず一二％減少した。フランス、ベルギー、ドイツといった競合国が戦災から立ち直り、英国はそれらの国の近代化された低コストの炭鉱との競争に直面していた。

スタンリー・ボールドウィン保守党政権はハーバート・サミュエルを委員長とする委員会を設立し、石炭問題を調査させた。サミュエル委員会が一九二六年三月の報告書で行った提案は、炭鉱労働者が穏当な賃下げを受け入れ、現在の給与で労働時間を延ばすよう求め、労働者の相当数を南部など雇用機会の大きい他の地域に移すというものだった。だがこれでは、政府の保護に慣れた好戦的な労組が受け入れるはずがない。労組は提案を拒否し、有名な一九二六年のゼネストに突入した。

ゼネストの間、英国は石炭を輸出するどころか、欧州から輸入しなければならなくなった。かつて古典的金本位制が機能していた時代には、輸出が減ると貨幣量が収縮を迫られ、物価と賃金率を引き下げた。だが今や英国はそうした制約から逃れて貨幣量を増やせる金為替本位制の仕組みを生かし、物価と賃金の下落を防ぐため金融緩和を推し進めた。一九二七年四月、イングランド銀行は公定歩合を五％から四・五％に引き下げる。だが産業を元気づける効果はなかった。この利下げでポンドはさらに弱くなり、続く二カ月で英国は千百万ドルの金を失う。

こうしたなか、「偽りの金本位制」である金為替本位制を通じて構築された国際金融のピラミッド構造が揺らぎ始める。英国がポンドを大量に供給した結果、海外でその残高が積み上がっていった。とくに多額のポンドを保有していたのはフランスである。フランスは危険を感じた。もし英国がポンドと引き換えに金を渡せなくなれば、その価値は紙切れ同然になってしまうからである。中央銀行であるフランス銀行は自己防衛の手段に出た。ポンドの一部を金に換えたり、ドルに交換してニューヨークに送ったりしたのである。

第一次大戦前なら、英国は金の流出を防ぐため金融を引き締めただろう。実際、フランスは英国に繰り返し利上げを求めた。だが景気への悪影響を恐れた英国は引き締めに乗り気でなく、代わりに政治的圧力をかけた。イングランド銀行のノーマン総裁は個人的な意見としてフランス銀行にポンド売りをやめるよう求め、こう言った。

「ポンドはいいものであり、いくらあっても困らない」

さらに欧州各国の中央銀行を通じ、フランスがロンドンから金を持ち出さないよう同国に圧力をかけさせようとした。

米国のエコノミスト、ベンジャミン・アンダーソンによると、フランス銀行のある幹部はこの時期、自嘲（じちょう）的な調子でこう打ち明けた。

「ロンドンは自由な金市場だ。フランス銀行以外の誰もが自由に金を買える」

別のフランス銀行幹部によると、一日に三百万ポンド程度を間接的なルートでこっそり売ることはできるが、それ以上売ろうものなら、たちまちイングランド銀行に抗議されるという。本来の金本位制なら市場の規律に従って各国間の不均衡が自動的に調整されるのと対照的に、政府が代わりに調整しようとすると問題解決がスムーズに進まないことを如実に物語っている。

英国にとってもう一つ気になることがあった。米国の工業生産が急拡大し、同国の物価が一九二五年、二六年と下落していたことである。これでは英国の物価や賃金が相対的にますます割高となり、競争力を失って、金のさらなる流出を招いてしまう。何か手を打たなければならない。それは市場を通じたオープンな調整でなく、人々の目に触れない政治的取引によらなければならなかった。こうして米英独仏四カ国の中央銀行秘密会合が開かれることになる。

✣――「株式市場にウイスキーを」

一九二七年七月一日、イングランド銀行総裁モンタギュー・ノーマンとドイツ帝国銀行（ライヒスバンク）総裁ヒャルマール・シャハトという二人の著名な乗客を乗せたモレタニア号がニューヨークに到着した。作家Ｇ・エドワード・グリフィンによれば、「この訪問はものものしいほど秘密にされた。偉大な銀行家二人の名前はどちらも乗客名簿には掲載されていなかった。もちろん到着にあたって記者たちと会見することもなかった」。ニューヨークでは二人にフランス銀行副総裁シャルル・リストが合流し、一行はニューヨーク連銀総裁のベンジャミン・ストロングとの会見に赴（おもむ）いた。

ストロングはその豪腕で米国側を取り仕切り、ニューヨーク連銀のゲイツ・マクゲーラー会長が出席することすら拒（こば）んだ。ワシントンの連邦準備理事会（ＦＲＢ）は蚊帳（かや）の外におかれ、来賓による短い表敬訪問が認められただけだった。会合はニューヨーク州ロングアイランドにあるオグデン・ミルズ財務次官の屋敷と、ロックフェラーのスタンダード石油一族であるルース・プラット夫人の屋敷で開いた。

討議のテーマはもちろん、イングランド銀行の金準備が減少を続けている問題をどう解決するかだった。ノーマンとストロングは、リストとシャハトを四カ国協調の膨張政策に懸命に引き入れようとしたが、きっぱりと拒否された。シャハトはかねてからの強固な持論どおりに人為的な金融緩和に反対し、こう主張した。

「低金利はご免だ。本当の金利をお願いしたい」

ストロングはリストに対し、フランスがロンドン市場でなくニューヨーク市場で金を買い、英国への兌換圧力を和らげるよう要請し、その見返りにニューヨーク連銀がフランスに金を補助金付きで供給すると申し出た。輸送料金が高いにもかかわらず、ロンドンと同じ値段で購入できるようにしたのである。リストはこれには承知したものの、金融緩和への同調は拒んだ。対立が解けないまま、シャハトとリストは帰国の途に着く。

残されたのは、刎頸の友の米英中銀総裁である。ストロングは米国で大幅な金融緩和に乗り出すことをノーマンに請け合った。ストロングはリストが帰国する前、陽気な調子でこう語ったという。

「株式市場にウイスキーをひと口飲ませよう」
株式投機の過熱が決定的になった瞬間だった。

米国は約束どおり、一九二七年後半、さっそく金融緩和に乗り出した。だが地区連銀のうち公定歩合の引き下げで先陣を切ったのは、ストロングが率いるニューヨーク連銀でなく、ミズーリ州のカンザスシティ連銀だった。七月二十九日、四%から三・五%への利下げを実施する。

各地区連銀がストロングから説明された金融緩和政策の理由は農家の支援で、英国を助けることではなかった。ウォール街の影響力が強いニューヨーク連銀があえてまっさきに利下げせず、農業地帯のミズーリ州にあるカンザスシティ連銀にその役目を果たさせたのも、緩和政策は米国全体の利益が目的と印象づけるためだった。

「同連銀のベイリー総裁は新政策の背後に英国救済の狙いがあるとはつゆ知らず、ストロングにやすやすと丸めこまれてしまった」と経済学者ロスバードは書いている。

こうしたなかでシカゴ連銀は利下げに強く抵抗したが、連邦準備理事会によって九月には実施を強いられた。米国が外国の政策にかかわることに批判的な地元紙シカゴ・トリビューンは、利下げの真の理由は英国の利益だと非難し、怒りを込めてストロングの辞任を要求した。

一方、英国の報道機関は、ストロングが英国支援に乗り出したことを歓迎し、ストロングを褒め称えた。すでに一九二六年半ば、影響力のあるロンドンの金融誌バンカーはストロングを

「英国の最良の友」と呼び、「英国に奉仕するため発揮した精力と熟練」を称賛していた。ストロングの親英派ぶりは、のちに大統領となるハーバート・フーバーから「欧州の精神的出先」と非難されるほど徹底していた。

その背後にはもちろん、ストロングとイングランド銀行総裁ノーマンとの友情だけでなく、すでに述べたように、ストロングの出身母体であるモルガン財閥と英国との強い結びつきがあった。問題は、そうした事情を一般国民が知らされていなかったことである。

一九二七年八月十九日、フランス銀行総裁のエミール・モローは日記にこうしたためた。

「ストロング氏から手紙。フランスの金融情勢に関する情報を求め、おかしな理由を述べて最近の利下げを正当化しようとしている。当方、わが国の状況は改善を続けていると請け合い、こうつけ加えた。わが政府は、貴殿がノーマン氏（英中銀総裁）を助けたがっていることを理解しております、と」

数日後の八月二十四日には、こう記す。

「ニューヨークにいるラザール銀行のフランク・アルチャル氏から便り。ストロング氏が述べた利下げの理由をまじめに信じる者は誰もいない。ノーマン氏のポンド防衛を助けようとしたとの見方が米国ではもっぱらとの由」

だがこれはあくまで銀行業界内部の話であり、のちに金融緩和政策のツケを負わされることになる普通の市民は、何も知らなかった。

マネーの氾濫による経済の変調は、やがて中央銀行自身の手にも負えなくなる。モルガン財閥幹部ではあるが低金利政策に批判的だったラッセル・レフィングウェルは一九二九年の初め頃、ニューヨーク株式相場がバブル状態と化し、ノーマンが「慌てふためいている」との噂を耳にしたとき、こう怒りをぶちまけた。

「種を播（ま）いたのは、モンティ（＝ノーマン）とベン（＝ストロング）だ。われわれは、その尻拭（しりぬぐ）いをせざるをえまい。……世界的な信用の危機がやってきそうだ」

恐慌へのカウントダウン、暴走するマネー

✣――急膨張のメカニズム

マネーの供給量を野放図に増やすと、いつか必ずその副作用に見舞われる。世界恐慌前夜、一九二〇年代の米国でマネーの暴走が始まる。

一九二一年六月からニューヨーク株暴落直前の一九二九年六月までの八年間で、米国の通貨供給量は約六二%と大幅に増えた。実額でいうと四百五十三億ドルから七百三十二億ドルまで二百七十九億ドルの伸びである。これほどのマネーの膨張はどのようにして生じたのだろうか。

当時、米国は金本位制を採っていた。このため国内の金保有高が増えると、それを裏付けとしてお金の量を増やすことができる。実際、一九二〇年代は欧州などから米国に金が流れ込み、これが通貨供給量の増加につながった部分もある。だが、その影響は大きくなかった。通貨供給量が八年間で六割強増えたのに対し、金の保有量は一五%しか増えていない。

お金の量が大きく膨らんだ背景には、金の自然な増加とは別に、主に二つの人為的要因が働いた。ともに連邦準備理事会（ＦＲＢ）によるものである。

一つは米国債の買い入れである。中央銀行による国債の買い入れは、現在では「公開市場操作」と呼ばれる金融政策の一環として広く行われているが、もともとは中央銀行が資金を運用する手段として始まった。その後、金融緩和の効果を持つことが着目され、政策手段として利用されることになる。米国で国債買い入れが金融緩和の手段として多用されるようになったのは、ベンジャミン・ストロングがニューヨーク連銀総裁として金融政策を牛耳った、大恐慌前の一九二〇年代だった。

国債買い入れがお金の量を増やすからくりは以下のとおりである。

民間銀行は、預金者が預金を引き下ろす場合に備え、受け入れている預金の一定比率（準備率）以上の金額を中央銀行に預け入れるよう義務づけられている。これを「準備預金」という。中央銀行は民間銀行から国債を買い取ると、その民間銀行の準備預金を増やすことで購入代金を支払う（「支払う」といっても、中央銀行の権限により帳簿の上で預金残高の数字を増やしてやるだけである）。民間銀行は準備預金が増えると、準備率の上限まで貸し出しを増やせるようになるから、借り手側の需要さえあれば、社会に出回るお金の量が増えることになる。

一九二〇年代のうち、ＦＲＢ傘下銀行の準備預金がとくに大きく増えた時期は三回ある。一九二二年、二四年、二七年である。いずれも、ＦＲＢによる国債買い入れが原動力となった。ストロングは早くから買い入れの金融緩和効果を意識していたふしがある。一九二二年四月の手紙で、公開市場買い入れの主な理由の一つは、「米国で外債を発行しやすい金利水準を整え、経済改善を促すこと」と書いているからである。

連邦準備理事会メンバーで経済学者のアドルフ・ミラーは一九三一年の議会証言で、一九二七年の国債買い入れについてこう指摘した。

「あれはFRBがやったなかで最も大規模で最も大胆な公開市場操作だった。……FRBにとっても、他の中央銀行にとっても、過去七十五年間であれほど高くついた失敗はまずあるまい」

マネーの量が膨張したもう一つの要因は、FRBが民間銀行の準備率を実質引き下げたことである。前述したように、民間銀行は受け入れた預金の一部を一定の準備率に従って中央銀行に預けなければならない。だから準備率が低ければ低いほど、預金の多くを貸し出しに回すことができる。

銀行預金には大きく二種類ある。預け入れ期間が決まっておらず、預金者の要求によっていつでも払い戻すことのできる要求払預金と、預金時に定めた期間中は原則として解約できない定期預金である。このうち一九二〇年代のマネー膨張で大きな役割を果たしたのは、後者の定期預金だった。

FRB設立前、定期預金には要求払預金と同じ準備率が課されていた。ところが一九一三年の新制度発足とともに、要求払預金の準備率が七〜一三％（銀行の立地によって異なる）に定められたのに対し、定期預金は一律五％と低く設定され、さらに一九一七年の法改正で三％に引き下げられた。マレー・ロスバードが指摘するように、「これはまぎれもなく、銀行が要求払預金から定期預金へのシフトに全力を尽くすよう、あからさまに促すものだった」。

一九二一年から二九年までの間に、要求払預金の残高増加が三〇・八％にとどまったのに対し、定期預金は七二・三％も増えた。定期預金の残高は二九年には二百八十六億ドル、預金総残高の五五％を占め、要求払預金を逆転するまでになる。

ＦＲＢ側はこの問題に気づいていないわけではなかった。それどころか、一九二六年の年次報告書ではっきりと次のように認めていた。

「加盟銀行の経営は新たな局面を迎えている。……定期預金が要求払預金よりずっと速く増加を続けているのである。要求払預金の準備率が七〜一三％である一方、定期預金は三％なので、定期

米要求払預金と定期預金の残高（10億ドル）

日付	要求払預金	定期預金	要求払預金が全体に占める比率
1921年6月30日	17.5	16.6	51.3%
1929年6月29日	22.9	28.6	44.5%

＊Murray N. Rothbard, America's Great Depression

の割合が高まると平均準備率を引き下げる効果がある。この比率の低下が意味するところは、定期預金の量が変わらなかった場合に比べ、加盟銀行はかなり少ない準備額で法定準備を満たせるということである。別のいい方をすれば、準備を増やすことなく、融資や投資を大きく増やせるのである」

しかしFRBも政府も、定期預金の準備率を引き上げようとはしなかった。FRBの国債買い入れとの相乗効果で、マネーは市場にあふれ続けた。一九二一年六月から二九年十二月までに預金残高総額は百九十億ドル超増加した。これは一九一四年六月時点の預金残高総額（百八十六億ドル）とほぼ同額である。つまり一九二九年までのたった八年間で、米国建国以来、第一次大戦勃発直前までかけて積み上げたのと同じだけの預金が増えたことになる。

この間、物価は表面上落ち着いていたものの、急膨張したマネーは経済にさまざまなひずみをもたらしていく。

✣――土地ブームの熱狂とその結末

世の中にあふれたマネーは多くの場合、不動産や株式などの資産に向かう。一九八〇年代の日本のバブル経済もそうだったが、大恐慌前夜、一九二〇年代の米国でもそうだった。

一九二〇年代米国社会を描いた著作『オンリー・イエスタデイ』で、ジャーナリストのフレデリック・アレンはフロリダ州を席巻した不動産バブルに一章を割き、こう記している。

「あの記憶に鮮やかな一九二五年の夏から秋へかけて、熱帯マイアミの雰囲気はもの憂いどころではなかった。この市全体が、一つの熱狂的な土地取引所と化していた」

不動産バブルは人為的な金融緩和がもたらしたあだ花であり、やがて崩れ去る運命にあったが、ブームのさなか、それに気づく人は少なかった。

フロリダ州マイアミには不動産取引を目的に、全米から大勢の人々が詰めかけた。

「交通渋滞にひっかかって動けなくなったある旅行者は、列をなして待っているセダンや安自動車から十八州のナンバー・プレートを数えあげることができ」るほどだったし、ホテルは超満員で、「人びとは駅の待合室でも、自動車の中ででも、とにかく横になれる場所ならば、どこででも寝」るありさまだった。

しかしこれらの人々は、土地や住宅という高額商品の買い手として、慎重というにはほど遠かった。自分が住むことより投機が目的だったからである。アレンはこう書いている。

「仮契約では、もちろん取引が完了したわけではない。しかし残額の支払いを心配する人はほとんどいなかった。十人中九人までが、その土地をただ一つの考え、すなわち転売しようという考えで買っていたからである。そして、三十日後に期限が切れる最初の支払いさえ済まぬうちに、その仮契約書を適当な利益をとって、他の人びとに譲渡したいと望んでいた。仮契約書の売買が、盛んに――莫大な利益をともなって行われた」

投機の過熱に警戒を呼びかける声も上がったが、地元フロリダの金融・開発関係者は意に介さなかった。経済学者A・M・サコルスキによると、全米信用協会の事務局長がフロリダでの融資膨張は危険だと指摘すると、フロリダ信用協会は事務局長の辞任を求めた。ニューヨーク市商事改善協会が一九二五年、フロリダの問題を抱えた開発案件の全面調査を行い、結果を公表したところ、フロリダの開発関係者らは、悪意に満ちたでたらめの宣伝だと決めつけた。それどころか、一九二六年二月と三月にニューヨーク証券取引所で株価が一時急落すると、フロリダの開発関係者らはそら見たことかといわんばかりにこう指摘した。

「不安定で問題含みの株式より、健全な不動産の価値に投資したほうがよくはありませんか」

だが、こうした無責任な売り込み文句は、民間業者だけが使ったわけではなかった。むしろ一般の人々にアピールする力が大きかったのは、政治家である。フロリダ州知事のジョン・マーティンは一九二六年、地元の土地開発をテーマにした本に序文を寄せ、こう書いた。

「フロリダで成し遂げられたことは、夜明けの兆しにすぎない」

さらに大物がいた。かつて民主党の大統領選候補に三度選ばれ、ウィルソン政権で国務長官を務めたウィリアム・ジェニングス・ブライアンである。ブライアンは雄弁家で筆も立つ政治家として知られたが、その特技を生かし、居を構えた同地の魅力を大いにアピールした。ブライアンによれば、フロリダは地上の楽園さながらであり、高邁な道徳と宗教文化に満ちた地でもある。ある記事ではこう述べた。

「フロリダの都市は互いに友好な競争相手である。……しかしフロリダを合衆国最高の州にしようという決意では一つであり、物質的進歩におけるのと同様、教育と道徳においても指導的立場を占めたいと考えている」

土地バブルをもたらした政府の政策は、金融緩和だけではない。不動産投機とは一見無縁な禁酒法も一役買っていた。米国内でアルコール飲料の製造販売が禁じられたことにより、メキシコからの密輸が盛んになり、それで稼いだ資金がフロリダの銀行預金にみるみる積み上がった。ところが当時多くの銀行は州から営業免許を与えられ、州外では事業を禁じられていたため、多額の資金をフロリダ州内で貸し出すしかなかったのである。

だが、やがてさすがの投機熱にも陰り（かげ）が見え始めた。バブルは一九二六年の春から夏にかけて崩壊し始めたが、決定的な打撃となったのは九月に襲ったハリケーンである。ハリケーンはマイアミ周辺を直撃し、住宅や別荘を破壊し、およそ四百人の死者、六千三百人の負傷者を出した。

これでフロリダの不動産人気は一気に冷めてしまった。マイアミのフラッグラー街にあった不動産会社事務所のほとんどは、一九二七年までに閉鎖されたか、事実上人がいなくなって空っぽになった。開発地区は荒れ放題となった。銀行も融資が焦げついて経営が苦しくなり、フロリダ州での銀行倒産は一九二八年に三十一件、二九年には五十七件に増加した。この間、銀行倒産の負債は銀行連合に加盟しているどの州よりも大きな額に達した。

それでも土地バブルをもたらしたマネーそのものは消えたわけではなかった。人為的なマネーの注入が止まらないかぎり、バブルは姿を変えて現われる。アレンはこう記している。

「まもなく、新たな大衆的投機の波が勢いを増し始めた。今度は不動産でなく、まるで違うものだった。投機熱の焦点は、マイアミのフラッグラー街からニューヨークのウォール街に移っていった。そこでは大強気相場が始まっていた」

✣——株式バブルを大きくした政治家たち

一九二〇年代の株式バブルは不動産と同様、ＦＲＢの金融緩和政策によって引き起こされた。見過ごせないのは、金融緩和の背後に政府の政治圧力があったことに加え、政府要人自ら株高を煽るような発言を繰り返していたことである。バブルは膨らめば膨らむほど、はじけたときの衝撃が大きくなる。

一九二一年から一九三二年までの十年以上、**ハーディング**、**クーリッジ**、フーバーと三代にわたる共和党政権で財務長官を務めたアンドリュー・メロンは実業家出身の大富豪で、大幅減税など理にかなった政策も打ち出しているが、一方で過ちも犯した。金融緩和政策を熱心に促したことである。メロンは就任直後から、景気テコ入れのためFRBが公定歩合を引き下げるよう呼びかけた。一九二一年七月、FRBは収穫と農産物販売のため、法の許すかぎり金融を緩和すると表明したが、財務長官からの圧力と無縁だったとは考えにくい。

　メロンが仕えるハーディング、クーリッジ両大統領も金融緩和政策を強く支持しており、FRBのメンバーには自分と仲がよいか、同じ考えの人間を据えた。ハーディングは理事会のトップにダニエル・クリシンガーを指名したが、これにはクリシンガーが同郷の友人であるということ以外、とくに理由はなかった。政権内で異論が出ると、ハーディングはこう答えた。

「この人事は私にとってすごく大切なんだ」

　ハーディングは大統領への就任前から金利引き下げを促し、就任後も繰り返し利下げの意図を明言した。

　ハーディングが在任中の一九二三年に死去したため、クーリッ

ハーディング大統領：一八六五年～一九二三年。第二十九代アメリカ大統領（在任一九二一年～一九二三年）。第一次世界大戦中は孤立主義を唱え、W・ウィルソンの平和構想に強く反対した。一九二十年の大統領選挙では共和党から「平常に帰れ」を掲げて当選。自由放任主義とモンロー主義に立脚した。一九二一年八月に、ドイツと単独講和を結び、翌二二年にはワシントン海軍軍備制限条約をイギリス、日本、フランス、イタリアとの間で締結した。

クーリッジ大統領：一八七二年七月四日～一九三三年一月五日。アメリカ第三十代大統領（在任一九二三年～一九二九年）。一九二三年八月、ハーディングが没すると副大統領から大統領に昇格。経済の安定を維持し、産業界と企業経営に対する政府の干渉を極力押える政策を推し進めた。税率引下げにより資本蓄積を有利にし高率の保護関税を維持した。外交政策は国際協調を基本とし、一九二八年、パリ不戦条約の締結に寄与した。

ジは副大統領から昇格し、一九二四年には続投を目指して現職として大統領選に出馬した。同年十月二十二日に行った演説で「共和党政権は利下げを政策方針としてきた」と述べ、ハーディング同様、低金利政策の持続を強調している。実際、FRBは金融緩和に乗り出し、クーリッジを援護射撃した。この効果により、米国の農産物価格は一九二四年を一〇〇とすると一九二五年には一一〇まで上昇している。クーリッジは意気揚々と再選された。

株式ブームが始まったのは、この頃からである。経済学者のジョン・ケネス・ガルブレイスはこう書いている。

「一九二四年の後半になると、株は値上がりし始める。上げ相場は翌二五年の間ずっと続いた。……（二六年）四月になると再び力強い上昇が始まる。十月に小幅の下落はあったものの、これはハリケーン襲来でフロリダの土地バブルがついにとどめを刺されたからで、市場はすぐに反発した。……一九二七年にはいよいよ本格的な上げ相場が始まった」

これ以降、相場に下落の兆しが見えるたびに政府要人がテコ入れを狙った公式発言を繰り返し、株ブームに拍車をかける。一九二七年三月、株価が横ばいになると、メロン財務長官はすぐさま、財務省は第一次世界大戦の戦費を調達した利率四・五％の自由公債を十一月に三・五％の国債で借り換えるつもりだと表明した。金利低下の見通しを明らかにすることで、市場金利の低下を促したのだ。これで株価は一時元気づいたが、三月後半にはまた低迷し始めた。そこでメロンは再び言った。

「いかなる不測の事態にも対処しうる低利の資金がふんだんにある」

これで株価は再度上昇したが、六月にまた下落した。今度はクーリッジ大統領が楽観論を強調し、株価をテコ入れした。八月にクーリッジが再選不出馬を表明すると相場は大きく下げたが、クーリッジとメロンは繰り返し楽観的な声明を出し、株式市場に強壮剤を注いだ。ニューヨーク・タイムズ紙は十一月十六日、政府は最も強気なニュースの源泉であり、「株式市場に新たな勢いを加えるため頼りにされているとの印象が強まっている」と記したほどである。

この間、株高を資金面で支えたのはもちろんFRBで、とくにブローカーズローン（証券会社向け銀行融資）の金利を低く抑えたことが効いた。FRB設立前、ブローカーズローン金利は一〇%を大きく超えることもよくあったが、設立後は三〇%を上回ることは一度もなく、一〇%を超えることもきわめてまれだった。

融資は大幅に伸びた。しかしクーリッジ大統領は意に介さなかった。一九二八年一月、報道各社がブローカーズローンの増大について大統領に見解をただした後、AP通信はこう報じた。

「大統領の見解によれば、ブローカーズローンの記録的増大は、否定的なコメントをするほど大きなものではない」

一九二八年に入るとFRBもさすがに金融引き締めに腰を上げるが、株式市場の熱狂を冷ますほどのものではなかった。同年一月に公定歩合を三・五%から四%に引き上げ、六月に四・五%、七月に五%まで上げるが、その後一年以上、株価がますます上昇したにもかかわらず、利上げを見送った。FRBが引き締めに消極的だった背景について、マレー・ロスバードは「この年（一九二八年）が大統領選の年だったことを忘れてはならない」と指摘している。

同年、**ダウ・ジョーンズ工業株**三十種平均株価（ダウ平均）は百九十一ドルから三百ドルに大幅上昇し、一日の売買高は四百万株から六百九十万株に急増した。大統領選ではフーバーが勝ち、共和党政権が無事勝利を収めた。退任を目前に控えた一九二九年三月（当時大統領の任期は三月まで）、クーリッジ大統領は、米国の繁栄は「申し分なく健全」で、株価は「今の水準でも安

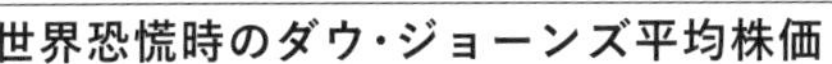

い」と高らかに宣言した。
しかし現実には経済は決して健全でなかったし、株価も安くはなかった。およそ半年後、それが表面化することになる。世界恐慌の発端となる、ニューヨーク株式相場の大暴落である。

ダウ・ジョーンズ平均株価：ニューヨークのダウ・ジョーンズ社が毎日発表しているニューヨーク株式市場の平均株価のうち、工業株三十種の平均株価指数。平均株価指数としては、鉄道株二十種、公共株十五種およびこれらの総合六十五種の四種類がある。

第二章

政府のお節介な「経済対策」が恐慌をもたらす

フーバー大統領が「自由放任」という嘘

✛——積極的な市場介入政策

世界恐慌の誤った通説を打ち破る「本当の歴史」のなかで、最も重要なポイントの一つは、米国で恐慌が始まった当時の大統領、ハーバート・フーバーの誤ったイメージを正すことだ。

フーバーは一般に流布している説とは異なり、決して自由放任主義の信奉者ではなく、むしろそれとは正反対の市場介入政策を盛んに行った。その傾向は大統領になる前から明らかだった。

フーバーは一八七四年、アイオワ州の小さな町で敬虔な**クエーカー教徒**の家庭に生まれた。九歳で孤児となるが、新設されたスタンフォード大学の一期生として地質学と工学を学び、少年時代からの夢だった鉱山技師として身を立てる。一九〇〇年から一五

クエーカー教徒：キリスト教プロテスタントの一派。正式にはフレンド派という。十七世紀半ばに、英国のジョージ＝フォックスが創始し、まもなく米国に広まった。キリストへの信仰により神の力が人のうちに働くとし、霊的体験を重んじた。絶対的平和主義を主張し、両世界大戦時では多くの戦争反対者を生んだ。

年まで世界を股にかけて鉱山を監督し、富を築いた。

第一次世界大戦が勃発した一九一四年、ロンドンにいたフーバーは、欧州に在留する米国人を救済する活動の陣頭に立った。その後、「ベルギー救済委員会」の委員長として、食料物資を届ける救済活動を指揮する。米国が参戦した一九一七年には、ウィルソン大統領から国内の食料管理を統括する食糧庁長官に任命され、采配を振るった。戦後も欧州の米国救済局総局長として活躍し、フーバーの名は人道的援助活動の推進者として米国民に広く知られるようになった。

一九二一年三月、フーバーは共和党左派に推され、ハーディング政権で商務長官に任命された。フーバーは長官就任に際し、政府の全経済政策について相談を受けるという条件をつけ、失業問題の改善、労働組合評議会の創設、消費の奨励、研究開発の後援といった経済介入政策を推し進めた。

フーバー以前の商務長官はほとんど閑職にすぎず、フーバーは前任者オスカー・ストラウスから、一日に二時間働けばすることがなくなるという話を聞いていた。ところがフーバーはハーディング、クーリッジ両政権の八年間で、商務省の官僚の数を一万三千五人から一万五千八百五十人に、経費を二千四百五十万ドルから三千七百六十万ドルにそれぞれ増やした。この時期、官僚の数と経費を増やしたのはフーバーの商務省だけだった。歴史家ポール・ジョンソンは「経費に神経質で万事ことなかれ主義の二〇年代政権にあっては、まさに離れ業(わざ)としかいいようがない」と評している。

商務長官を七年間務めた後、大統領選に立候補し、当選する。一九二九年三月、「偉大な技術者」フーバーは世論の大きな期待を背負い、ホワイトハウスに入った。フィラデルフィア・レコード紙は「『政治工学』という近代科学のまぎれもない第一人者」と称揚し、ボストン・グローブ紙は「政治力学」の使徒がホワイトハウスにやって来たと歓呼したという。

✣――ただちに財政出動

フーバーの大統領就任からおよそ半年後、一九二九年十月のニューヨーク株暴落をきっかけに、米経済は不況に突入する。一般に信じられている説によると、不況に対しフーバーは無策だったといわれる。とくに財政政策について、厳しい不況に直面したにもかかわらず、政府予算を切り詰めたと批判される。

しかし、フーバーが財政均衡主義者だったという見方は事実に反する。それどころか、すばやく財政支出の拡大に動いた。

フーバーは株暴落翌月の十一月二十三日、州知事全員に電報を打ち、州の公共事業計画を拡大するよう協力を求めた。ニューヨーク州のフランクリン・ルーズベルト（のちの大統領）を含む知事らは協力を強く誓い、同二十四日、商務省は州と公共事業で協力するための組織を設立する。フーバーとメロン財務長官は連邦政府の建造物計画に四億ドルを増額するよう議会に提案し、十二月三日、商務省は公共事業計画を促進するため公共工事局を新設した。フーバー自身、船舶連盟を通じて造船への補助金を増やし、公共事業にさらに一億七千五百万ドルの予算増額を求めた。翌一九三〇年六月末には、フーバーは州と市に対し、さらに公共事業を拡大し、失業を解消するよう要請している。七月三日、議会はコロラド川のフーバー・ダムなど九億千五百万ドルもの巨額の公共事業予算を承認した。

フーバーは政府による公共工事だけでなく、民間投資の維持・拡大も促した。一九二九年十一月、ホワイトハウスの閣議室に鉄道会社の社長らを集め、建設・改修投資の続行と拡大を要請した。これを受けて鉄道会社側は十億ドルの支出計画を発表した。歴史家アミティ・シュレーズによると、これは同年に連邦政府が予算を割り当てていた全プロジェクトの三分の一に相当する大きな金額だった。

経済学者ロバート・マーフィーの調べにもとづき、会計年度ごとの数字を見てみよう。一九三〇年度（一九二九年七月〜三〇年六月）から三四年度（三三年七月〜三四年六月）まで、公共工事を含む連邦政府の歳出はほぼ一貫して増加している。三〇年度（三十三億ドル）から三二年度（四十七億ドル）にかけては四二％も増えた。三三年度には前年度比六千百万ドル（一・三％）減っているが、同年度が始まるのは三二年七月一日で、すでに大恐慌に入って三年近い。そのときまでフーバーは財政支出を着実に増やしたのである。

財政収支をみると、一九三〇年度こそクーリッジ政権から引き継いだ黒字を維持したものの、三一年度は赤字に転じ、三二年度には赤字額が国内総生産（GDP）の四％に達した。国内総生産が四年間で三割近く急減した影響もあるが、一方で財政赤字の絶対額も五億ドル（三一年度）から二十七億ドル（三二年度）へと五倍強に跳ね上がっており、対GDP比率を押し上げた。四％という比率は、減税やイラク戦争で赤字が大きく膨らんだジョージ・ブッシュ（子）大統領時代の三・六％（二〇〇四年度）を上回る高水準である。フーバーの政策は「典型的な**ケインズ主義**（介入主義）的対応だった」とマーフィーは結論づける。

このようにフーバーは財政支出を積極的に増やして

米連邦政府予算と財政収支の対GDP比（単位：10億ドル）

会計年度	歳入	歳出	財政収支	対GDP比
1930（1929/7 ～ 1930/6）	4.1	3.3	0.7	0.8%
1931（1930/7 ～ 1931/6）	3.1	3.6	-0.5	-0.6%
1932（1931/7 ～ 1932/6）	1.9	4.7	-2.7	-4.0%
1933（1932/7 ～ 1933/6）	2.0	4.6	-2.6	-4.5%
1934（1933/7 ～ 1934/6）	3.0	6.5	-3.6	-5.9%

＊マーフィー『学校で教えない大恐慌・ニューディール』。表現を一部変更

おり、一般に流布する自由放任説は誤っている。さらに重要なのは、そうした財政出動にもかかわらず経済が回復しなかったという事実である。

フーバーと対照的に、不況時に政府は手出しせず、市場の自由な調整に任せたほうがよいという伝統的な考えは、当時の政権内にもあった。その代表的論者は財務長官のアンドリュー・メロンである。フーバーより二十歳近く年長のメロンは、**南北戦争**後の一八七〇年代に起こった恐慌について、政府の景気対策などなかったが、わずか一年のうちに経済は再びフルスピードで作動しだしたと話して聞かせた。メロンが主張した処方箋は「労働を清算し、株式を清算し、農民を清算し、不動産を清算」し、経済から「腐敗物」を「一掃」し、高い生活費を引き下げ、勤勉と効率的な事業を奨励することだった。

しかし、フーバーは六十年前の経済構造は単純で、当時のやり方はもはや通用しないとして聞き入れなかった。メロンから「人間の本質が六十年で変わることはない」と反論されたが、経済介

ケインズ主義:イギリスの経済学者ケインズは社会主義・全体主義に対しては否定しながら、資本主義に修正を加えることによって世界恐慌の危機を克服する道筋をさぐり、一九三六年に『雇用・利子および貨幣の一般的理論』を発表し、完全雇用を生み出す有効需要の開発を国家が公共事業を興すことによって生み出すことを提唱した。アメリカのニューディール政策や戦後のイギリス労働党の経済政策に大きな影響を与えた。

南北戦争:一八六一年から一八六五年にかけて、北部のアメリカ合衆国と合衆国から分離した南部のアメリカ連合国の間で行われた内戦。四年にわたる激戦の結果、北軍が勝利し、南部の分離は実現せず、アメリカは統一国家として存続することとなった。

入の方針を頑として変えようとしなかった。それどころか、不況がさらに深刻になった一九三二年秋、演説で自らの政策について次のように誇らしげに振り返った。

「何もしなければ、破滅していたでしょう。しかし我々は困難に立ち向かい、米国史上最も大規模な、経済の防衛・反攻計画を民間企業と議会に提案し、実行に移しました。……経済危機に際し、これほど広い分野で指導力を発揮する責任があると考えた政府はそれまでありませんでした。……反動的な経済専門家のなかには、経済が底に達するまで整理が起こるままに放置せよと主張する者もありました。我々は決意しました。極端な清算主義者の助言に従って米国の債務者すべてが破産し、国民の貯蓄が破壊されることなど許してはならないと」

序章で触れた井上準之助の発言のとおり、フーバーがむしろ「何もしなければ」、経済はもっと早く回復していただろう。だが経済を政府の力で制御できると信じる技師出身のフーバーが、その誤りに気づくことはなかった。

✣──記録的な金融緩和

通説によれば、大恐慌時にフーバー政権が財政出動を渋ったのと同様、中央銀行である連邦準備理事会（ＦＲＢ）の金融政策も緩和に消極的で、不況を深刻なものにしたとされる。これは著名な経済学者ミルトン・フリードマンらによって主張された説だ。しかし財政政策に関する通説が事実に反するのと同じく、金融緩和が控えめで十分でなかったというこの説も根拠に乏しい。

たしかに一九三一年十月、ニューヨーク連邦準備銀行は公定歩合を引き上げた。これは英国がその一カ月前に金本位制を離脱し、世界各国が米国も同様の行動に出るのではと懸念したためである。金の流出を食い止めるため、連銀は打つ手がないとみて、利上げに踏み切ったのである。

しかし連銀はそれまで、株暴落直後から二十二カ月にわたって記録的な金融緩和政策を続けていた。「暗黒の火曜日」と呼ばれる一九二九年十月二十九日からわずか三日後の十一月一日、ニューヨーク連銀は公定歩合を六%から五%に引き下げている。続けて十五日後、四・五%ま

ニューヨーク連銀の公定歩合(月末ベース)

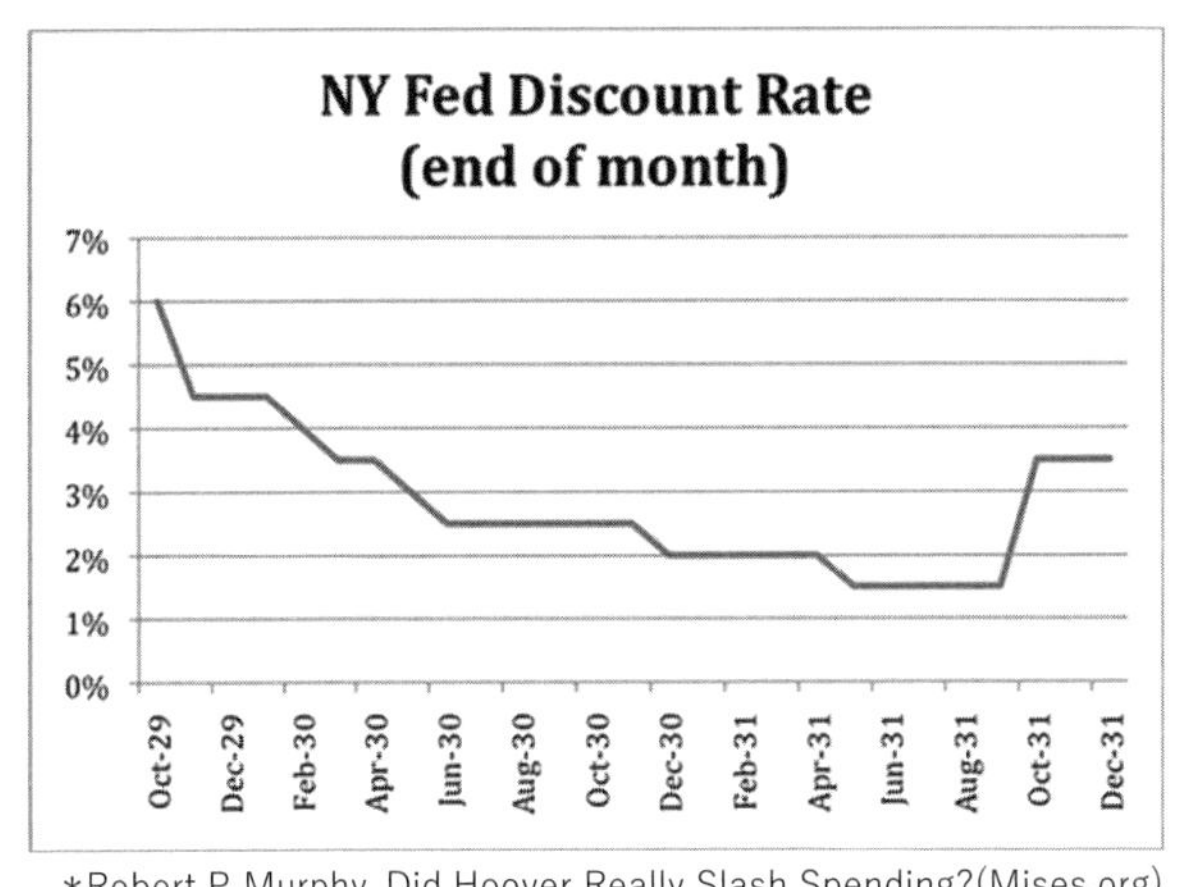

＊Robert P. Murphy, Did Hoover Really Slash Spending?(Mises.org)

で利下げする。翌三〇年にはさらに計五回の引き下げを行い、同年十二月に公定歩合は二％まで低下する。これはすでに連銀として当時では過去最低だったが、さらに利下げが実施され、三一年五月には一・五％となった。

この年の十月に連銀は利上げに転じる。しかしそれまでの金融政策では、二九年秋の株暴落直後からすみやかに、史上最低水準までの利下げを行っている。どう見ても控えめなものとはいえない。事実、英経済学者ケインズは一九三一年の訪米後、労働党政権の**ラムゼイ・マクドナルド**首相に渡したメモで、米国の金融緩和政策を「まったく申し分ない」と評している。

フーバーはすでに一九二九年十二月の時点で、連銀のすばやい金融緩和に満足し、すばらしい連邦準備制度を有することは米国にとって幸運であると褒め称えた。フーバー政権は三二年二月、FRBが民間銀行に資金を貸し付ける際の担保の適格要件を大幅に緩めるとともに、FRBが発行する紙幣の担保としてそれまでの商業手形に国債を加えるなど、一段の金融緩和のお膳立てに心を

ラムゼイ・マクドナルド：一八六六年十月十二日〜一九三七年十一月九日。スコットランド出身のイギリスの政治家。一九二四年にイギリス史上初となる労働党出身の首相となり、労働党内閣を組織した。

砕いている。

重要なのは、財政出動と同じく、これだけ積極的な金融緩和政策も不況を食い止める力にならなかったことである。人為的な金融緩和の生み出すバブルはいつか崩壊する運命にあるが、少なくとも短期では景気をテコ入れする効果があるはずだ。なぜ、大恐慌時の金融緩和には効果がなかったのだろうか。

それは民間部門のマネー減少がFRBによるマネー注入を相殺してしまったからである。FRBは一九三二年三月から七月にかけ、国債買い入れで民間銀行の準備を十億ドル供給した。もし他のすべての要素に変化がなく、民間銀行が準備上限まで貸し出しを行えば、信用創造の効果により、通貨供給量は百億ドル以上急増していたはずである。だが実際には、逆に三十五億ドルの減少となった。

こうなった要因は大きく三つある。

第一に、連銀の通貨膨張政策も一因となって海外投資家がドルへの信頼を失い、金を米国外に引き揚げた。

第二に、米市民が銀行への信頼を失い、預金を引き出して現金に換えた。

第三に、銀行家が過大な融資で自らの倒産リスクを高めることを拒み、増加した準備を連銀からの借り入れの返済に充てるか、何もせずに金庫に積み上げるかした。

第三の点について補足しよう。当時、不況と同業者の相次ぐ倒産で回収不能のリスクが高まり、銀行はそれ相応の金利収入がなければ融資をしたがらない状況だった。それにもかかわらず連銀が金利を人為的に引き下げたことで、銀行はリスクに見合う収入を得られず、貸し出しを増やせなくなったのである。一九三二年前半まで民間銀行は準備の上限いっぱいまで貸し出しを行い、超過準備と呼ばれる余裕は準備総額の二・四％とほんのわずかだった。だが同年後半には、貸し出しの低迷から超過準備の割合は一〇・七％に上昇している。

FRBがどれだけ笛を吹いても民間が踊らず、マネーの量が増えないことに政府はいら立った。怒りの矛先が向かったのは一般市民と銀行である。フーバーは一九三二年三月の演説で、現金を使わずにしまい込む市民の退蔵行為を批判し、こう述べた。

「今日、戦場の最前線に立ちはだかる敵は通貨の退蔵であります。……誰の目にも明らかなのは、もしわが国で退蔵されている多大な資金が活発に流通し始めれば、経済を大きく回復させるだろうということであります」

銀行に対しても「信用拡大運動に非協力的」と非難した。金融復興公社総裁のアトリー・ポメリンは、融資を拒む銀行を「共同体に巣食う寄生虫」とまで罵（ののし）った。今でいう「貸し渋り」だ。

しかし金融危機のリスクが高まる時期に、現金を手元に置いておきたいと考えるのは個人として当然のことだし、融資に慎重になるのも民間銀行として自然な対応である。たしかに通貨の流通量が減ると景気は冷え込むが、それによって非効率な事業が整理され、経営資源をより効率的な分野に再配置することができる。

大恐慌以前は、金融危機の際、中央銀行はむしろ高金利で融資を行い、その負担に耐えられない銀行や企業の整理を促すのが普通のやり方だった。十九世紀英国のジャーナリスト、ウォルター・バジョットが提案した、いわゆる「**バジョット・ルール**」である。

だが、大恐慌では「すべてが変わった」と、英経済学者ライオネル・ロビンズは書く。「病原を一掃せず、病を長引かせることが好まれるようになった」のである。

✢――復興金融公社の闇

金融関係でフーバーが打ち出した最も重要な政策は、**復興金融公社**（RFC）の設立だろう。資金繰りに苦しむ銀行や企業に融資を行い、経済活動をテコ入れするのが目的とされた。しかし不況

バジョット・ルール：資金の調達先を失って困窮している機関に対して流動性を供給することがパニックを鎮める最善の方法であるというもの。イギリスのジャーナリスト・評論家・経済学者であるウォルター・バジョットにより提唱された。

復興金融公社（RFC）：一九三二年二月、アメリカ合衆国のフーバー政権により設立された連邦政府の融資機関。大恐慌の経済危機の下で経営状態が悪化した企業に対し、政府資金の活用により救済、てこ入れすることを目的とし、資本金は五億ドル、また融資活動の資金調達のため二十億ドルまで借り入れる権限を認められた。

克服の効果には疑問があるうえ、不透明な政治判断で多額の貸し出しを行ったため、国民の不信を買うことになる。

同公社は一九三二年二月、資本金五億ドルで設立された。モデルとなったのは第一次世界大戦中に活動した戦時金融公社である。フーバーの政策には戦時体制にヒントを得たものが多いが、復興金融公社はその典型といえる。実際、旧戦時金融公社の職員はその大部分が復興金融公社で雇用された。トップである会長職も、フーバーは当初、戦時産業委員会委員長を務めた大物投資家のバーナード・バルークに就任を打診したが、バルークが辞退したため、もともと公社創設をフーバーに進言した連邦準備理事会（ＦＲＢ）議長のユージン・メイヤーを据えた。メイヤーは旧戦時復興公社で理事を務め、バルークの古い友人でもあった。

発足以来、六月までの五カ月で公社は十億ドルの融資を行ったが、当初、その具体的内容は秘密にされた。政府の言い分によると、もし融資先を公表すれば、支援を受けた銀行や企業に対する信用にかかわるという。これには民主党優位の連邦議会が強く反対し、七月分からようやく定期的な報告を公表するようになった。融資は納税者の税金で行われるのだから、公表するのは当然である。だが六月までの十億ドルについては秘密のままだった。

そこでジャーナリストのジョン・フリンが調査し、一九三三年初めに「復興金融公社の内幕」と題する雑誌記事で明らかにしたところによると、この十億ドルの融資のうち八割が銀行と鉄道会社向けに偏っており、そのおよそ六割が銀行向けだった。また三二年九月三十日までに公社が鉄道会社に融資した二億六千四百八十六万ドルのうち、七割（一億八千七百万ドル）の詳しい使途がフリンの調べでわかった。それによると、このうち二割の三千六百四十五万千ドルは鉄道設備の改善に使われたものの、残り八割を占めるおよそ一億五千万ドルは銀行への借金返済に回された。

税金を使って銀行の借金回収を助けてやったことになるが、どのような銀行がこの恩恵にあずかったのだろう。その一端はフリンの記事で描かれている。

「一九三二年三月、ミズーリ・パシフィック鉄道向けの五百七十五万ドルの融資がＪＰモルガン商会への借金返済に充てられたことが判明し、ちょっとした騒ぎになった。ミズーリ・パシフィックはバン・スウェリンゲン兄弟が所有する多数の会社の一つだった。……何を隠そう、ＪＰモルガン商会はバン・スウェリンゲン兄弟とは取引銀行として非常に親しい関係にあったのである。公的なおカネを使って、バン・スウェリンゲンの鉄道会社がモルガン家に借金を返せるようにしてやるというのは、フーバー大統領が自分の政策を呼ぶときに好んで口にする「危機の克服」とはほとんど無関係に見えた」

作家ロン・チャーナウが復興金融公社の設立を「モルガン財閥にとって大きな恵みだった」と書いているのは誇張ではない。だが、助かったのはモルガンだけではない。フリンは続ける。

「公社の融資で鉄道会社が投資銀行やニューヨークの大銀行に借金を返せるようにしてやったのは、この一件だけではない。バン・スウェリンゲン兄弟自身、さらに六百万ドルの融資を得てニッケル・プレートという別の鉄道会社の借金を返した。これは二月のことで、九月にまた同じ目的で五百万ドルが融資された。ボルティモア・アンド・オハイオ鉄道は一度に九百万ドルの融資を受け、**クーン・ローブ商会**に八百万ドル、チェース・ナショナル銀行（役員の一人が復興金融公社の理事を務めていた）に五十万ドル、セントラル・ハノーバー銀行、ファースト・ナショナル銀行に各二十五万ドルを返済した。これらはすべてニューヨークの銀行である」

復興金融公社の問題をより露骨に示す出来事があった。一九三二年六月七日、公社総裁のチャールズ・ドーズ（共和党出身の元副大統領）が辞任を表明した。米国経済が回復し始めたので、シカゴの銀行業に戻りたいというのであった。ところが辞任から三週間もたたないうちに、公社はドーズの銀行に九千万ドルの融資を決めた。これはドーズの銀行の預金残高九千五百万ドルにほとん

クーン・ローブ財閥：米国の金融財閥。1850年代アブラハム・クーンとソロモン・ローブがクーン・ローブ商会を設立。1870年代以降は、鉄道事業に積極的に投資し、19世紀末から20世紀前半にモルガン財閥に次ぐ支配力を示した。

ど匹敵する額である。フリンによると、融資はドーズが頼んだものでなく、シカゴの別の銀行家たちが要請したものだというが、前総裁が経営する銀行に異例の規模の融資を行うこと自体、問題視されて当然だろう。

しかも、これだけではなかった。ドーズの後任総裁に選ばれたのはアトリー・ポメリン（民主党上院議員）だったが、公社はポメリンが役員を務める地元クリーブランドのガーディアン信託会社に千二百二十七万ドルの融資を実施した。さらに七百四十万ドルがボルチモア信託会社に貸し付けられたが、同社の副会長は共和党の有力上院議員フィリップス・ゴールズボローだった。千三百万ドルの融資を受けたデトロイトのユニオン・ガーディアン信託会社は、ロイ・チャピン商務長官が取締役に名を連ねていた。

金融危機の際にはしばしば、「市場に任せていては十分な貸し出しができない」との口実で、政府による公的金融が強化される。だが不況は経済が正常に戻るために必要な過程なのだから、人為的なマネーの供給でそれを和らげようとすれば、いたずらに経済の停滞を長引かせるだけである。しかも復興金融公社の現実が物語るように、国民の税金が政治的なコネによって不公正に配分されてしまう恐れすらある。

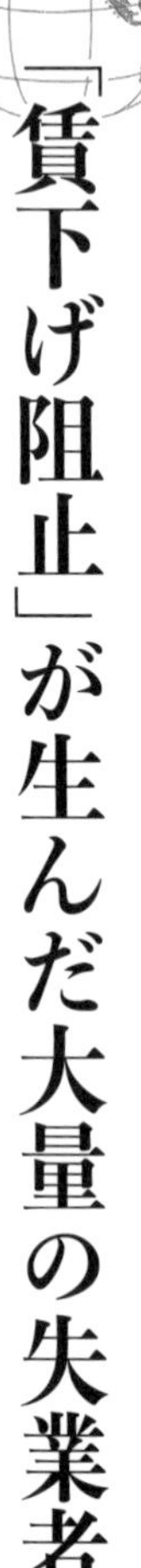

「賃下げ阻止」が生んだ大量の失業者

✣―― 企業経営者に圧力

フーバーが大統領として行った介入政策のうち、経済への悪影響が最も大きかったものの一つは、労働市場への干渉である。企業に圧力をかけ、賃金率を引き下げないようにさせたのである。これは、不況を悪化させないためには労働者の「購買力」を高く維持しなければならないという誤った考えに基づくものだった。その結果、経済は改善するどころか、米国史上例のない大量の失業者を生み出すことになる。

株価大暴落翌月の一九二九年十一月二十一日、フーバーはホワイトハウスに米国産業界の大物たちを集め、会議を開いた。出席者は政府側のフーバー、財務長官メロンらのほか、自動車王**ヘンリー・フォード**、シアーズ・ローバック百貨店のジュリアス・ローゼンウォルド、スタンダード石油のウォルター・ティーグル、電機大手ゼネラル・エレクトリック（GE）のオーウェン・ヤング、自動車大手ゼネラル・モーターズ（GM）のアルフレッド・スローン、化学大手デュポンのピエール・デュポン、農機大手ディーア社長で米国商工会議所会頭のウィリアム・バターワースらである。

フーバーは経営者たちにこう訴えた。米国のこれまでの不況期には、労働者の「整理」(解雇)が行われており、連邦政府もその処分を容認してきた。しかし、「自分のあらゆる直感」が今回は状況が異なってしかるべしと告げている。なぜなら労働者は商品でなく、家庭を代表するものだからである。経済的観点からいっても、労働者の「整理」は購買力を突然減らし、不況を悪化させてしまう。

そこでフーバーは次のような「過激な提案」を行った。「賃金は現状を維持しなければならない。そうでないと価値が『切り下がる』。産業界は状況を『緩和する』のを支援すべきである。苦しい企業は最悪でも労働時間を削減して雇用を共有してほしい。しかし、一般的な方向は高賃金を維持しつつ雇用を押し上げることにある」

フーバーによると、もし企業がこの政策に従えば、「大いなる苦

ヘンリー・フォード：一八六三年七月三十日～一九四七年四月七日。アメリカ合衆国の企業家で、自動車会社フォード・モーターの創設者。一九〇三、フォード・モーター・カンパニーを設立し、一九〇八年に低価格のT型フォードを発売した。一九一三年にはベルトコンベアによるライン生産方式を導入し、大量生産が可能となり、急速な工業化に大きく貢献した。

難と経済的・社会的困難を避けることができる」。経営者らはみなフーバーの計画を実行することに同意した。合意は公表され、さらに電話、鉄鋼、自動車の各業界も、工場や事業施設の建設を拡大するよう誓約した。会議に出席した経営者らは賃下げをしないと誓い、全米の経営者に同調を呼びかけた。なかでもヘンリー・フォードは、労働者が自分たちの作った製品を購入するのに十分な賃金を払わなければならないという持論に基づき、勇敢にも賃上げを表明した。フーバーは十一月二十七日にはガス、電気、鉄道など公益企業と同様の会議を開催し、企業側は満場一致で賃金維持と建設拡大を誓った。

フーバーはこれに満足し、十二月五日、産業界首脳らを再びワシントンに招いて開いた会議で、賃下げ阻止の合意をこう賞賛した。

世界恐慌時の各国の失業率

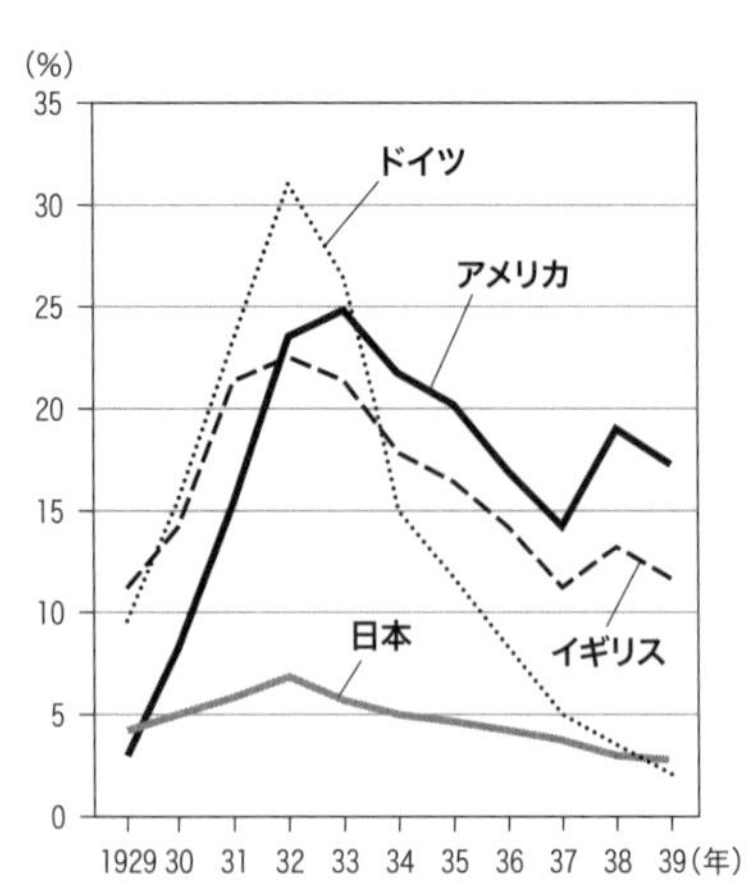

「企業と公共の福祉の関係に関する考え方が一変しました。あなた方は米国の産業界を代表し、自主的な行動で、経済の安定と経済生活の進歩に重要な貢献をされたのです。これは三、四十年ばかり前、産業界に横行していた食うか食われるかの態度とは大違いです」

フーバーの介入に喜んだのは労働組合である。この時代の労組は弱体で、組織率は労働者の七%にすぎず、業界全体に最低賃金を強制する力をもっていなかった。そこへ政府が組合の代わりに、最低賃金を事実上強制してくれたのである。アメリカ労働総同盟（AFL）の機関誌は一九三〇年一月一日、フーバーを次のように称えた。

「大統領が開いた会議により、産業界首脳は新たな責任感を持つようになった。……いまだかつて産業界が一丸となって行動するよう求められることはなかった。……以前の不況では自分だけの利益を守るため個別に行動し……不況を深刻にしたものだ」

翌一九三〇年十月、総同盟は年次総会にフーバーを招き、議長のウィリアム・グリーンがフーバーの政策を改めて褒めそやした。

「（フーバー大統領は）その機会（賃下げ回避を要請したホワイトハウス会議）で偉大な影響力を発揮され、賃金水準を維持し、下落を防ぐことに貢献されました。厳しい失業の時代から脱するにつれ、大統領がわが国の賃金生活者のためになされた貢献の真価が理解されるでしょう」

しかしその後、米経済は「厳しい失業の時代から脱する」どころか、未曾有の大量失業に苦しむことになる。もし政府が、経済の悪化を食い止めるために賃金の引き下げを阻止せよとか、賃上げを断行せよとか言い出したら、それは不況を一段と悪化させる悪手だと覚悟したほうがいい。

✣──賃金介入の悲惨な結末

一九二九年十月の株暴落後、米国の失業率は急速に上昇する。経済学者リチャード・ベダーとローウェル・ギャラウェイの推計によると、二九年一月から十月までの平均が二・四四％だったのに対し、暴落翌月の十一月は五・〇％、十二月は九・〇％に上昇する。その後、十二月時点の値を追うと、一九三〇年が一四・四％、三一年が一九・八％、三二年が二二・三％。フーバーが退任した三三年三月には二八・三％にも達した。

第一次世界大戦終結後の一九二〇～二二年に戦時景気の反動で起こった不況は厳しく、賃金水準は一時大きく下がったが、その後急回復した。当時のハーディング政権が賃金への介入を行わなかったからだ。これに対しフーバー政権下では、政府の介入のために賃金がなかなか下がらなかった。ベダーらは、フーバーの高賃金政策によって賃金水準の調整が妨(さまた)げられたことが「株暴落後数年にわたる大幅な失業増の根本的な原因」と指摘する。

しかも失業の苦しみは、人道主義者のフーバーが最も助けたいと思ったはずの社会的弱者にいっそう厳しく襲いかかった。企業に賃下げが事実上禁じられたことで、技能や経験の乏しい労働者を安い賃金で雇うことができなくなったためである。一九三一年一月時点で、デトロイト市では黒人女性の失業率が約七五％（全国平均は一四％）に達した。悲惨としか言いようがない。

フーバーに賃下げはしないと誓った企業は、株暴落から二年後の一九三一年秋ごろまで、懸命に約束を守ろうとした。繊維、石炭業で賃金率を引き下げる小規模な会社はあったが、鉄鋼、公益、建設などの大企業は高賃金政策を支持し、賃金水準を切り下げるつもりはないと公言していた。だが卸売物価が三〇年に一〇％、三一年に一五％とそれぞれ大きく下落したため、名目賃金率を横ばいに保つだけでも、物価を考慮した実質賃金率は急上昇した。経済繁栄が最高潮に達した暴落直前の

名目賃金変化の比較（1920～22年、1929～31年の２局面）

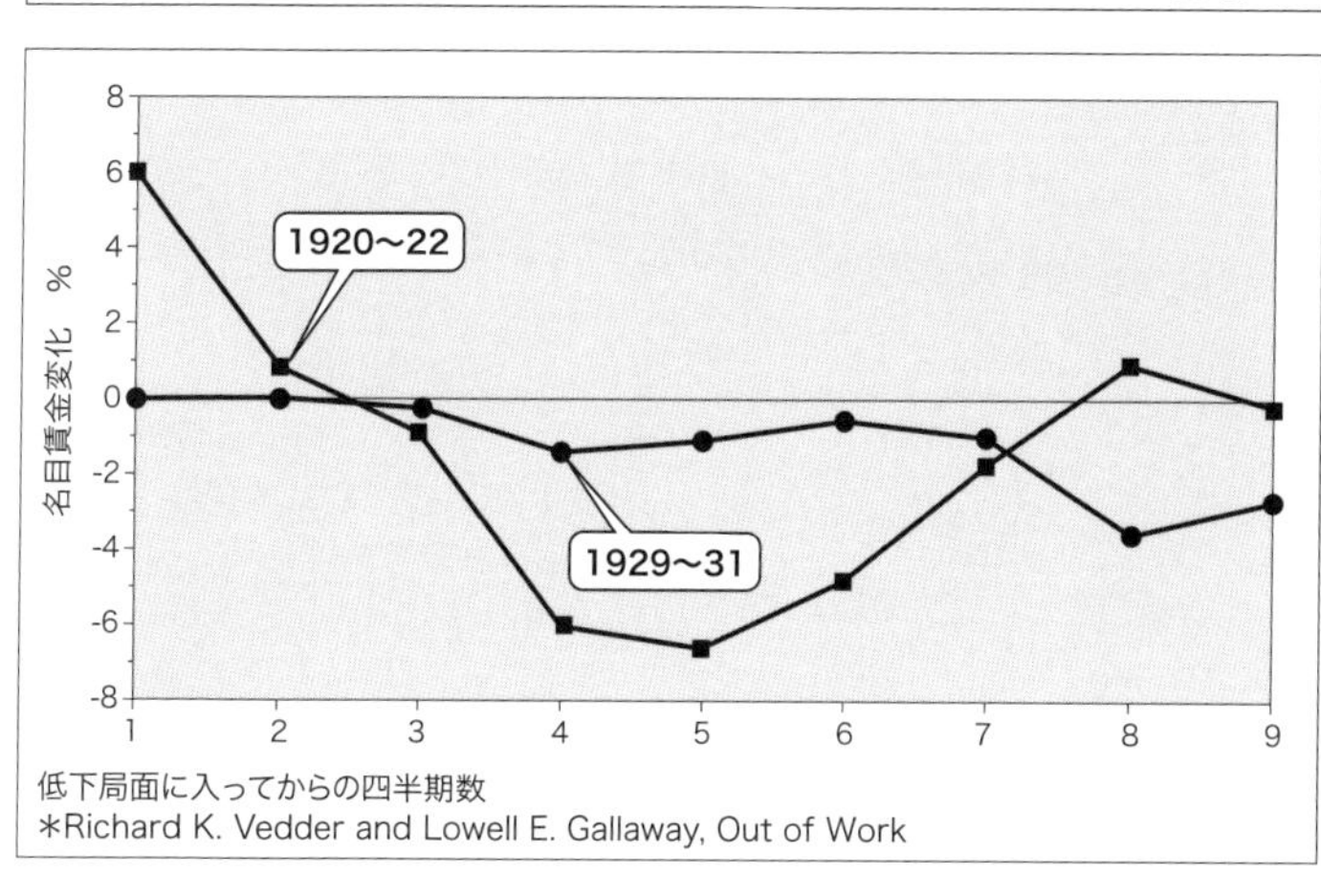

低下局面に入ってからの四半期数
＊Richard K. Vedder and Lowell E. Gallaway, Out of Work

賃金水準を維持するのは、企業にとってさすがに厳しくなってきた。

こうしたなか、賃金率がついに下がり始める。大企業で先陣を切ったのは鉄鋼大手のＵＳスチールで、一九三一年九月、賃下げに踏み切った。労組からは二九年の大統領への誓約を破ったと非難されたが、賃下げは他社にも広がる。建設業では三一年末、フーバー政権が承認しないことを恐れ、ひそかに賃下げを行った。人為的な賃金維持政策を哲学に祭り上げるほど入れ込んでいた自動車王ヘンリー・フォードさえ、三二年には賃下げに追い込まれた。

一方、フーバー政権は、一九三〇年から三一年にかけて政府部門でさまざまな高賃金政策を実践する。公共物建設の際の賃金率維持、給与を据え置いたままでの政府職員の時短、一部政府職員の賃上げなどである。これらの取り組みは労組から賞賛を浴びるが、もちろん経済を立て直す力にはならなかった。

フーバーは自らの高賃金政策で引き起こした大量の失業を和らげようと、一九三〇年九月九日、異例の措置に踏み切る。一部の大金持ちを除き、米国への新たな移民を実質禁止したのである。移民がつくりあげた国である米国にとって重大な決定だったにもかかわらず、それは国務省からの一片の記者発表によってなされた。欧州からの移民は数カ月で九〇％減った。

フーバーは、移民が安い賃金で働いてくれれば企業経営を助け、経済回復に役立つことを理解できず、のちに回想録でこう記した。

「失業問題にうまく対処するためには、移民を制限することが必要だと思った」

そして大統領在任中の一九二九年から三二年の出入国者数の統計を掲げ、入国者が減り、出国者が増えた様子を自慢げに示している。経済学者ロバート・マーフィーは「国から出ていく人の数が入ってくる数を上回ったことが成功だというのは変な計り方である」と呆れる。

フーバーが促したワークシェアリングも、結果ははかばかしくなかった。一九三二年九月、政府の失業救済機構がワークシェアに関する包括的な報告を行い、こう認めた。

「経営者は余分な従業員を雇用するコストを我慢している」

しかもワークシェアの実施率が高いのは、経営状況が厳しい機械、ゴム、製鉄などの資本財メーカーだった。ワークシェアが失業を悪化させ、長引かせていたことがわかる。

だがフーバーは最後まで、労働市場介入のせいで不況が深刻になったことを理解しなかった。それを物語るのが一九三二年秋、再選を目指した大統領選での演説である。フーバーは誇らしげに自らの政策の成果を強調した。

「不況の歴史上初めて……生活費が減少し、企業の利潤がほとんど消え失せるまで、賃金は下がりませんでした。実質賃金は今や世界一です」

「世界一」高い実質賃金と米国史上最悪の失業率との間に因果関係はないかという疑問は、残念ながらフーバーの脳裏をかすめなかったようである。

農産物買い支えの愚行

✣——巨大な農業カルテル

フーバーが労働市場と並んで盛んに介入したのは農業市場である。労働市場で企業に圧力をかけて賃金をつり上げようとしたように、農産物価格を無理に押し上げようとした。しかも農産物の場合はたんに口先で圧力をかけるのでなく、政府が公的な資金を投じて買い上げたのである。市場経済の道理を無視した買い支えは失敗に終わり、国民にツケを回すことになる。今も昔も、農業と政治の癒着（ゆちゃく）はろくな結果を生まない。

大統領就任前、商務長官を務めていたフーバーは、農務省の体質を「社会主義的」と批判していた。だが自分が政府のトップに就いて以降、それまで以上に反市場的な介入政策に乗り出す。農産物の買い支えは、のちにルーズベルト政権のニューディール政策でも行われるが、ニューディールの他の施策の多くと同様、始めたのはフーバーだった。

フーバーは大統領就任前から、農業協同組合の支援に賛同するとともに、農産物価格の維持政策をすぐにまとめると公約していた。就任後、ただちにこれら二つの約束を果たした。一九二九年六月、農業協同組合法が成立し、連邦農業委員会（ＦＦＢ）が創設されたのである。農業委が財務省から与えられた予算は五億ドルで、軍事費を除けば、かつてないほど大きなものだった。農業委は農協向けに最長二十年まで用途を問わず融資する権限があった。同委は余剰農産物を管理し農産物価格を押し上げるために、価格安定化公社も設立した。

フーバーは農業委員会の委員長に農業機械大手インターナショナル・ハーベスター社長、アレクサンダー・レッグを任命した。委員会の他のメンバーはアーサー・ハイド（農務長官）、ジェームズ・ストーン（バーレー種煙草栽培協同組合副会長兼創設者）、カール・ウィリアムズ（綿花農家、農業協同組合）、サイラス・デンマン（全米家畜農家協会）、チャールズ・ティーグ（果実栽培業者交易所）、ウィリアム・シリング（全米酪農協会）、サミュエル・マッケルビー（農業紙「ネブラスカ・ファーマー」発行人）、チャールズ・ウィルソン（コーネル大学農学部教授）らである。経済学者マレー・ロスバード

カルテル
同一産業部門の企業間で、価格、生産量などを協定して市場における競争を制限、排除し、利潤を確保しようとするもの。これらは消費者の利益を損ない、経済の非効率化、ひいては国民経済の健全な発展を阻害するおそれがあるため、独占禁止法はカルテル行為を原則として禁止している。

はこう指摘する。

「明らかに委員会は、支持・支援の対象である農協自身の代表者に支配されていた。つまりフーバー政権が設立したのは巨大な農業**カルテル**であった」

農業委員会の最初の大仕事は小麦の価格テコ入れだった。株価暴落直後の一九二九年十月二十六日、委員会は各小麦協同組合に一億五千万ドルを融資すると表明した。融資は最大で小麦の市場評価額まで行う。貸した資金で小麦を買い付けさせ、市場に出回らないようにして価格押し上げを狙ったのである。

また委員会は資本金千万ドルで全米穀物公社を設立し、協同組合を通じた小麦やその他の穀物の販売を中央で管理することにした。公社設立の目的は、穀物協同組合すべてを中央の管理下に置き、協同組合どうしの競争をなくし、市場価格を上昇させることだった。当初、農業委員会と公社は小麦の購入資金を農協に融資したが、価格下落が続いた後、公社自身が融資相当の価格で小麦を買い付け始めた。

✣——価格テコ入れの無残な失敗

農業委員会はしばらくの間、小麦価格をなんとか押し上げた。ところが価格テコ入れが成功したように見えたのが裏目に出て、農家は作付面積を増やし、一九三〇年春には余剰在庫問題が一段と深刻になった。このため価格は再び下げ始める。これを受けてフーバーは議会から新たに一億ドルの予算を獲得し、農業委員会による融資・買付政策を続けた。しかしそれでも小麦の余剰は増え、値段は下がる一方だった。

一九三〇年春、農業地帯の圧力を受け、フーバーは全米穀物公社に代えて穀物安定化公社を設立し、再び価格テコ入れに乗り出す。新公社はそれまで行なっていた小麦農家からの買い付けをやめ、協同組合と公社自身が売却した小麦しか購入しないと表明した。小麦農家が値下がりした小麦を買い入れ、公社にそれを売却することで「暴利」をむさぼると判断したためである。

これは市場の原理への無知をさらけだすものだった。なぜなら一部の小麦を人為的に高い値段で買い支えるだけでは、同じ品質の小麦全体の値段を押し上げることは無理だからである。結局、委員会は方針を元に戻し、すべての小麦を買い支えることにした。だがこれは再び、小麦の生産拡大と相場下落の悪循環を招いた。

しかも小麦の出荷を見合わせているうちに、アルゼンチン、ロシアといった外国が生産を増やし、米国は世界貿易で小麦のシェアを落としてしまった。とうとう農業委員会は買い支えをあきらめ、積み上がった小麦在庫を海外で処分することに決めた。この結果、市場価格はさらに下落し、委員会は自分で自分の首を絞めることになる。

フーバーは綿花でも同様のカルテルを組織した。一九二九年、農業委員会は綿花協同組合に多額の融資を行って値下がりを食い止めようとしたほか、三〇年六月には綿花安定化公社を設立し、農協から百二十五万ブッシェルを買い取ったが、効果は上がらなかった。

そこで農業委員会は、生産を絞って綿花の需給をテコ入れすることにし、綿花農家に減反を強く勧めた。減反は小麦でも行っていたが、綿花の場合はさらに露骨だった。農業委員会のストーン委員長は綿花地帯の州知事らにこう促した。

「ただちにあらゆる関係部局を可能なかぎり動員し、生育中の綿花の三畝のうち一畝をすぐに埋めるよう説得してもらいたい」

これには強い反対が巻き起こった。ニューヨーク・タイムズ紙は「公的機関による狂気の沙汰のなかでも、これほどのものは少ない」と書いたほどである。

減反の提案は成功せず、それどころか一九三一年に綿花の収穫は大幅に増えた。一九三二年に入り、農業委員会は買い付けや融資を増やすが、効果は長続きしなかった。七月までに委員会は百二十七万ドル相当の綿花を買い付けたが、その半分以上の価値が値下がりで失われた。とうとう綿花安定化公社は価格テコ入れをあきらめ、八月に在庫の処分を始め、年内に売り切った。

フーバー政権の終わりには、小麦と綿花の値下がりによる農業委員会の損失は合わせて三億ドルを超えた。委員会はこのほか小麦八千五百万ブッシェル、綿花八十五万ベールを赤十字に寄付した。羊毛、バター、ぶどう、煙草でもカルテルによる相場テコ入れを目指したが、同じく無残に失敗した。農業委員会は解決するはずだった農業不況をかえって悪化させたのである。

ロスバードは、フーバーの農業市場介入政策を次のように厳しく総括する。

「政府が市場に介入するとつねに、解決するべき問題を解決するのでなく、むしろ問題を大きくする。これは政府介入に関する一般的な経済法則である。フーバーの不況対策全般には間違いなくこの法則があてはまる。一九二九年以降の米国の農業政策ほど、この法則を明白に示した例はない」

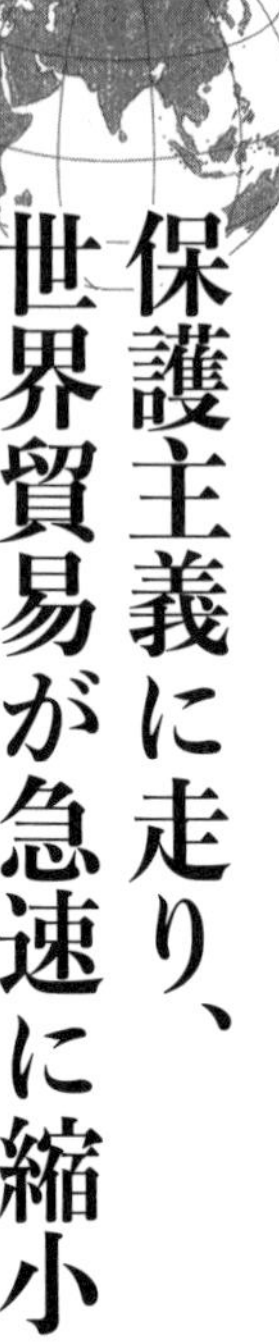

保護主義に走り、世界貿易が急速に縮小

✣――空前の高関税

一九三一年、欧州を金融危機が襲い、恐慌は世界へと広がり始めた。欧州危機の要因として忘れてならないのは、米国の大幅な関税引き上げである。これによって欧州は対米輸出を妨げられ、債務の返済ができなくなってしまったのである。その意味で、世界恐慌は保護貿易によってもたらされたといえる。

関税引き上げは、一九三〇年六月十七日に成立した**スムート・ホーリー関税法**によって行われた。対象は二万五千品目にもおよび、関税は平均五九％まで引き上げられ、米国史上最高となった。共和党政権はハーディング時代の一九二二年にもフォードニー・マッカンバー関税法によって広範囲な関税引き上げを行っており、

スムート・ホーリー関税法：一九三〇年六月十七日に米国のフーバー政権下で成立した関税法。国内産業保護のため農作物など二万品目の輸入関税を平均五十パーセント引き上げた。報復措置として多くの国が米国商品に高い関税をかけたため、アメリカの輸出入は半分以下に落ち込み、世界の貿易が停滞することとなった。

共和党が自由放任主義の党だという俗説が誤りであることは、このことからもわかる。

フーバーが関税引き上げに同意したのは、農産物の輸入を抑え、農家の収入を支えようと狙ったからである。しかし実際には農家への政治的アピールの意味が強く、経済的効果は薄かった。当時米国では農産物の多くは輸出品で、輸入はほとんどなかったからである。

経済学者マレー・ロスバードはこう述べている。

「砂糖への関税が引き上げられたのは、西部の甜菜糖農家に『とにかく何かやってやる』ためだった。小麦への関税は、カナダの農家を犠牲にして北西部の小麦農家を援助するのが目的だった。亜麻仁への関税は北西部の農家をアルゼンチンから守るため、綿花への関税はカリフォルニア州インペリアルバレーの吹けば飛ぶような農家をエジプト産綿花から保護するため、畜牛と酪農製品への関税はカナダとの国境取引を妨げるためであった」

関税引き上げが法案として議会に提出された際、農業団体や労働組合がこれを支持する一方で、経済学者の多くや大手の銀行家は反対に回った。一九三〇年五月、千二十八人の経済学者が**大統領拒否権**の発動を求める次のような公開書簡に署名し、ニューヨーク・タイムズ紙に掲載した。

「（もし関税法が成立すれば）わが国の輸出全般が落ち込むだろう。外国はわが国に物を売ることが許されないかぎり、わが国から永続して物を買うことはできない。わが国が関税を引き上げ外国からの輸入を規制すればするほど、わが国から外国への輸出はしにくくなる……。米国民の多くは海外企業に投資を行っている。商務省の推計によると、戦時債務をすべて除いても、投資総額は一九二九年一月一日時点で百二十五億五千五百万ドルから百四十五億五千五百万ドルに達する。これらの投資家も、関税が引き上げられると損失をこうむるだろう。関税引き上げによって、債務を負う外国企業は利払いが一段と難しくなるからである」

このように経済学者たちは、関税引き上げによって輸出を妨害された外国企業の債務返済が困難になり、国際的な金融危機につながる事態を予見していた。しかしフーバーは拒否権発動を拒んで法案に署名し、スムート・ホーリー関税法が翌月成立する。ロスバードはこう書く。

「この法案は保護主義が世界中に増殖する引き金となった。市場と国際的分業は阻害(そがい)され、米国の消費者はさらに重荷を背負い、農業その他の輸出産業は国際貿易の低迷に苦しんだ」

もちろん法律が成立したばかりの時点では、まだこれらの経済

大統領拒否権：アメリカ大統領が連邦議会に対して有する権限。連邦議会で可決された法律案は、通常大統領の署名を得てはじめて発効するが、その際に大統領が署名を拒否し発効を妨げることができる。しかし、この場合、大統領は異議の理由を付して発議した院に送り返すが、両院が三分の二の多数で再度可決すれば大統領の拒否を超えて法律になる。

的な悪影響は表れていない。だが、それを予言するような出来事は、すでに起こっていた。舞台は株式市場である。

✢――株式市場の警鐘

大統領フーバーは米経済を救うためと称して関税引き上げを支持したが、経済の鏡といわれる株式市場の反応は正反対だった。一九三〇年六月十五日日曜日の夜、フーバーはスムート・ホーリー関税法を承認すると表明した。翌十六日月曜のニューヨーク株式相場はこれを受け急落した。だが、株式市場はもっと以前から、関税引き上げへの警鐘を鳴らしていた。

フーバーは回顧録で、スムート・ホーリー関税法は株式市場崩壊後九カ月して制定されたものであり、不況とは関係がないと強調しているが、関税法が可決に一年半を要したことに照らすと、この弁明は苦しい。ジャーナリストのジュード・ワニスキーは、株式市場が関税法案の審議に早くから敏感に反応していた様子を克明に記している。

最初に不穏な兆(きざ)しがあったのは、一九二八年十二月である。同月七日、ニューヨーク・タイムズ紙が、下院歳入委員会の十四の小委員会で関税に関する公聴会が開かれると報じた。関税は農産物に限らずすべての商品が対象となり、共和党の委員は全品目の関税を引き上げるつもりだという。これを受け同日、ダウ工業株三十種平均は三・一二%下落し二七一・〇五ドルとなった。

しかし、このときは株価はすぐ回復する。関税法案はまだできてもいなかったし、反対が多いことを考えると、成立するかどうか不透明だったからである。任期切れ間近だった大統領クーリッジは、農家を助けるために関税を見直すことなど考えることすらできないと話したし、財務長官メロンは十一月二十三日、ドイツ製銑鉄に対する関税を実際に引き下げていた。ダウ平均は年末までに三〇〇ドルに上昇し、翌一九二九年三月まで順調に上げた。

問題が現実になり始めたのは、ここからである。公聴会が進む一方、フーバーが三月四日に大統領に就任した。三月二十四日日曜日、ニューヨーク・タイムズ紙二面で良くないニュースが報じられた。「ワトソン議員、関税で難航を予想」「フーバー大統領との会談後、産業界は広範囲な見直しを希望と発言」との見出しで掲載されたのは、次のような記事である。

「【ワシントン二十三日】共和党の上院院内総務、ワトソン議員は二十三日、特別会期での法案審議についてフーバー大統領と会談後、関税見直しを数品目にとどめようとしている政府の計画は、議会で多くの反対に見舞われるだろうと語った。「共和党の有力議員は大統領とあらゆる方法で協力し、関税見直しが度を超えて全面的な改正につながらないように望むだろう」とワトソン上院議員は述べた。「もちろん関税立法はいつも難しい議題だが、修正の余地のない方針を立て、見直し対象をすでに広く受け入れられている数品目にとどめるのはきわめて困難になりつつある。生産状況が改善した外国（からの対米輸出）に対抗できないとの理由から、多くの業界が関税引き上げを要求しているからだ」。ワトソン上院議員は、特別会期が近づくにつれ、関税のより包括的な見直しへの要望が強くなっていると話した。同議員によると、各上院議員のもとには、事業に影響のある品目について関税引き上げを求める企業が殺到しているという。同議員はセメントへの関税を求める考えを示した。ベルギーのセメント会社は海上輸送費を払っても米中西部のセメント地帯より安価な製品を輸出することができ、インディアナ州とペンシルヴァニア州のセメント業界は競争に対抗できないと同議員は述べた。共和党有力議員のなかには、もし大統領が関税見直しを数品目に限ろうとすれば、深刻な問題に直面するとみる人々もいる」

保護主義の高まりを伝える不吉なニュースを嫌気し、翌二十五日月曜日の株価は四・一一％安の二九七・五〇ドルと急落した。

夏になると反関税派が勝利するとの観測が強まり、ダウ平均は七月三十一日に三四七ドル、八月三十日に三八〇ドル、九月三日には暴落前の史上最高値である三八一ドルまで上昇した。だが続く数週間、じりじりと下げに転じ、十月十日に三五二ドルまで下落した。海外投資家が関税問題を警戒し、資産を処分し始めたためだとワニスキーは指摘する。

ワニスキーによると、十月の株価大暴落にも関税法案の動向が強く影響した。十月二十一日、上院金融委員会でスムート上院議員（ユタ州）をはじめとする保護主義派共和党議員の作成した関税引き上げ法案が本会議に上程された。これに対し自由貿易派共和党議員と民主党議員が共闘し、広範囲の関税引き上げを阻止しようとする。この争いに株式市場はじつに敏感に反応した。二十二日に化学品への関税抑制で自由貿易派が勝利すると、株価は大きく上昇。二十三日にカーバイドへの関税をめぐって共闘が崩れると、その情報が伝わった直後から株価は急落した。

そして迎えた二十四日。この日株価が大幅に下げたのは午前中で、午後には持ち直したが、その値動きも関税法案の審議と密接にかかわっていた。午前中、上院でカゼインの関税引き上げが審議された。カゼインは牛乳の成分で、食品としてだけでなく、紙の塗料など工業用にも利用される。以前の関税率は一ポンドにつき二・五セントだったが、酪農家と親しい共和党のショートリッジ議員はこれを一気に八セントに引き上げるよう主張した。製紙地帯出身の議員らによる反対にもかかわらず、上院はショートリッジと妥協し、五・五セントへの引き上げを決めた。これは価格に換算すると推定八七％もの関税率となる。

だが午後になると反関税派が巻き返し、他の化学品の関税引き上げを食い止める。終わってみればダウ平均は二九九・四七ドルで、わずか二・〇九％の下げにとどまった。もしその後大幅な関税引き上げが回避されていれば、株価の低迷は短期間で終わっていたかもしれないと思わせる展開だった。

実際、その後一時二〇〇ドルを割った株式相場が翌一九三〇年春に上向いた際、買い材料の一つとなったのは、関税法案が廃案になるとの期待感が広がったことだった。そのきっかけは、海外諸国が関税引き上げを警戒し、米政府に圧力をかけたことである。反対を正式表明したのは三十四カ国にのぼった。たとえばギリシャは「米国からの輸出は農業・工業製品ともギリシャへの輸入で第一位を占めている。関税の変化は必ずギリシャの購買力に影響し、米国製品への損害につながる」と表明した。

こうした諸外国の抗議にもかかわらず、米政府に動きがなかったため、株価は四月十七日に二九四・〇七ドルまで上げた後、再び下落を始める。法案は六月十三日金曜に上院で可決、そして株式市場の閉まった十五日日曜日にフーバーが承認の意向を表明し、十六日月曜に株価は急落した。同日のダウ平均終値は前週末比七・八七%安い二三〇・〇五ドル。「暗黒の火曜日」と呼ばれた前年十月二十九日の暴落時と同水準まで逆戻りしたことになる。保護主義による世界経済の収縮が決定的になった瞬間だった。

✣——輸入は3分の1に

米国によるスムート・ホーリー関税法の制定を受け、各国が相次ぎ報復として関税引き上げに踏み切った。これにより世界貿易は急速に収縮に向かう。

経済学者チャールズ・キンドルバーガーは各国の反応を次のように記している。

「スペインはブドウ、オレンジ、コルク、玉ネギに対するアメリカの関税に関心を持っていて、一九三〇年七月二十二日にワイス関税を可決した。スイスは時計、刺繡品、靴の関税引き上げに反対して、アメリカ輸出品の不買運動を実施した。カナダは多くの食料品と丸太・木材の関税に反発し、この問題により一九三〇年八月には政権が交替し、その後一九三二年オタワ協定にいたるまでに三回にわたって関税を引き上げるにいたった。イタリアは麦藁の帽子・ボンネット、フェルト帽、オリーブ油の関税に反対し、一九三〇年六月三十日にはアメリカ（およびフランス）製自動車に対し報復措置を採用した。またキューバ、メキシコ、フランス、オーストラリア、ニュージーランドも新しい関税を制定した」

このうちスイスでは、米国の関税引き上げの標的となった時計産業に人口の一割が従事していたとあって、国民の間に強い反発を招いた。同国のある新聞は、社説でこう呼びかけた。

「すべての産業人、職人、商人、消費者は、事務所、工場、作業場、修理工場、店舗、家庭からあらゆる米国製品を締め出すべし」

スムート・ホーリー関税法による関税引き上げは、米国自身の産業にとっても打撃となった。工業生産に必要な原材料や部材の購入コストが高くなったためである。たとえば、タングステンに対する関税で鉄鋼産業が苦しくなった。亜麻仁油への関税で塗料産業が打撃を受けた。

経済史家バートン・フォルサムはこう記す。

「**ゼネラル・モーターズ**（GM）とフォード・モーターは世界首位を争う自動車メーカーだったが、スムート・ホーリー関税法により、八百を超す部材で関税が引き上げられた。つまり米国の自動車メーカーは二重の打撃をこうむることになった。まず、欧州諸国が米国製品に報復関税を実施したため、販売台数が減った。次に、必要な部材の購入に対しより高い金額を払わなければならなくなった。米国の自動車販売台数が一九二九年の五千三百万台から一九三二年に千八百万台まで落ち込んだのも不思議ではない」

報復にさらされ、米国の輸出額は関税引き上げ前の一九二九年の七十億ドルから三二年には二十五億ドルに落ち込んだ。苦しんだのは工業ばかりではない。皮肉なことに、スムート・ホーリー関税法制定を熱心に働きかけた農家も打撃を受けた。米国農産物の輸出額は、一九二九年に十八億ドルあったが、四年後には五億

ゼネラル・モーターズ（GM）：アメリカ合衆国の自動車メーカー。本社はミシガン州デトロイト。二十世紀初頭にミシガン州で創業。一九三〇年代から第二次大戦後にかけてアメリカ最大の市場シェアを握り、特に一九五〇年代から六〇年代には世界最大の自動車メーカーとして繁栄した。

九千万ドルに減少した。

貿易は世界全体で収縮した。キンドルバーガーによると、世界七十五カ国の月間総輸入額は、一九二九年一月には三十億ドルあったが、三三年三月には十一億ドルと、ほぼ三分の一に激減した。

米国に借金を負う各国は、輸出で稼げなくなったため、借金を返せなくなった。つまり米国は自ら、貸したカネが返ってこなくなる事態を招いたのである。これはもともと脆弱だった国際金融の土台をさらに揺るがすことになる。

スムート・ホーリー関税法のさらに深刻な問題は、国際政治の緊張を招いたことである。ルーズベルト政権で国務次官を務めたサムナー・ウェルズは次のように回想している。

「関税引き上げの結果、英国と西欧で失業が増

世界貿易のらせん状の収縮

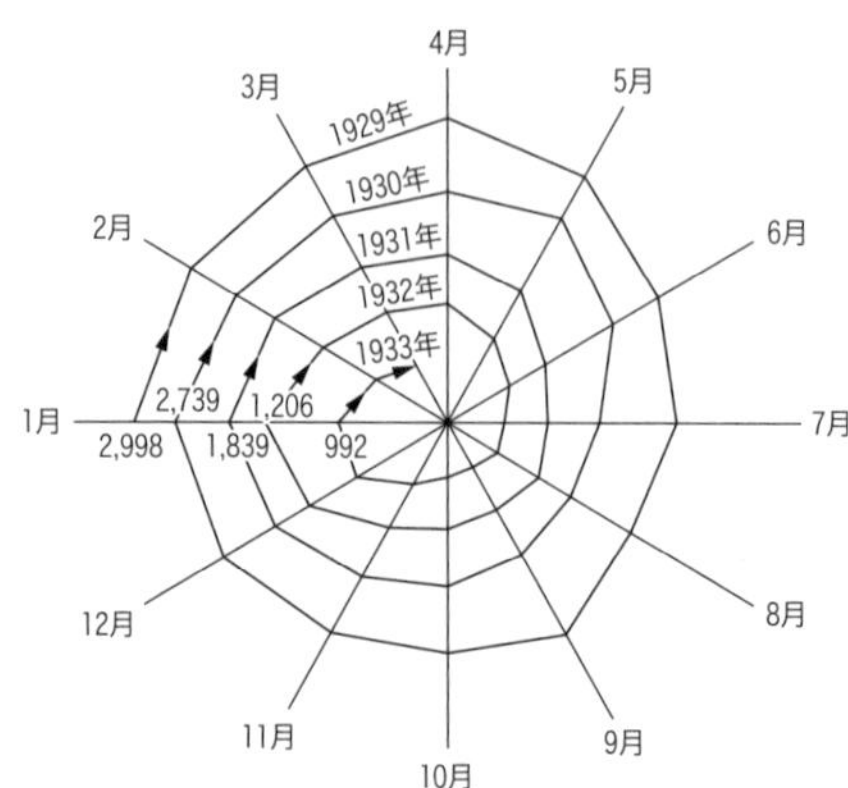

(1929年1月～19331年3月。75カ国の総輸入額、月額、単位100万旧米金ドル)
*キンドルバーガー『大不況下の世界』

えた。ドイツ政府が自給自足の経済政策を採用することにつながり、これは第二次世界大戦をもたらす一因となった」

同関税法では日本製品への関税も二三％引き上げられ、結果的に日本で自由主義勢力が弱まり、軍国主義に傾くのを後押しすることになる。スムート・ホーリー関税法は、フーバー政権で行われた政策のなかでも、愚行の最たるものと呼ぶにふさわしかった。

✣――ニューディールの原型

ハーバート・フーバーは恐慌のさなかの一九三三年三月、一期限りで米大統領職を退く。これまで述べたように、現在信じられている神話と異なり、自由放任主義とは正反対の介入主義を信奉していたフーバーは、不況が始まった直後から、政府のあらゆる力を動員して不況と闘った。「野放しの資本主義」を否定する「進歩的」な経済理論が正しければ、フーバーは不況を退治した英雄としてホワイトハウスを去るはずだった。ところが実際には、四年たっても回復の兆しが見えないどころか、経済を壊滅状態に追いやってしまったのである。

退任当時、不況はまさに最悪の時期を迎えていた。工業生産高は一九二九年からの四年間で半減し、国内総生産（ＧＤＰ）も三割減少していた。金融恐慌も広がり、銀行倒産は一九三三年初めに頂点に達する。なにより不況の厳しさを示したのは雇用の減少で、失業率はおよそ二五

%、つまり四人に一人が職を失うという状況に陥っていた。

大量の失業者が生じたのは、すでに述べたように、政府の圧力によって、賃金率が人為的に支えられたためである。名目賃金率は一九三一年後半までほとんど好況時と同水準に維持され、物価下落を考慮した実質賃金率は一〇%上昇した。そこからようやく名目賃金率が下げ始めたものの、実質賃金は三一年のピークからそれほど下がらなかった。

だがそれは職のある労働者全体の収入が増えたからではない。労働時間が大きく減ったためである。経済学者ロスバードはこう記す。

「週間平均労働時間は一九二九年の四十八時間超から三二年半ばには三十二時間足らずに減少した。不況時に労働時間が一〇%以上減ったことは初めてである。……労働時間減少と名目賃金率下落の結果、不況中、週間平均給与は四〇%超、実質では三〇%超それぞれ減少した」

政府が導入を促したワークシェアリングも、失業問題をむしろ悪化させ、長引かせた。

後任大統領フランクリン・ルーズベルトが行ったニューディール政策のほとんどは、じつはフーバーの政策の延長、あるいは手直しにすぎない。歴史家ポール・ジョンソンはこう指摘する。

「一九三四年六月の産業貸付法はフーバーの復興金融公社の単なる延長、一九三三年の住宅所有者貸付法は三二年の似たような法律の拡大版。証券売買法（一九三三）、銀行法（一九三五）、証券取引法（一九三四）は、取引方法を改善しようとしたフーバーの努力を引き継いだだけである。全国労働関係法（一九三五）、通称**『ワグナー法』**は組合の結成をずっと容易にし、一世代にわたり組織労働者は民主党のものとなった。しかし、これも実際はフーバー政権下で成立したノリス・ラガーディア法の延長、拡大だった」

ルーズベルト政権で要職を務めた経済学者、レックスフォード・タグウェルも一九七四年のインタビューで「そのときはそうは思わなかったが、ニューディールは一から十までフーバーが開始した計画の延長といっていいかもしれない」と認めている。

フーバーの政策は自由放任どころか、「フーバーのニューディール」と呼ぶべき大がかりな介入政策だった。後任大統領ルーズベルトが行ったニューディール政策の原型といってもいい。ロスバードはフーバーの政策判断を次のように総括する。

「フーバー氏は大恐慌に立ち向かうため、迅速（じんそく）かつ断固として行動した。ほぼ任期の間中、米国史上『最大の攻撃・防御計画』を繰り出して不況に対処した。勇敢にも、現代のあらゆる経済的『道

ワグナー法：一九三五年七月、ニューディール立法の一環として制定されたアメリカの労働組合保護法。正式名称は全国労働関係法。「労働者の団結権・団体交渉権」など労働者の権利拡張を積極的に保護した。また、全国労働関係局を設置し、雇用主の不当労働行為を禁止した。

具』、進歩的で『開明的』な経済学のあらゆる機器、あらゆる政府計画の武器を動員し、不況と闘った。史上初めて、自由放任主義が大胆にも投げ捨てられ、政府のあらゆる武器が取って代わった。米国はいまや覚醒し、自由放任という言葉にわずらわされることなく、政府をとことん利用する準備が整った。フーバー大統領は物怖じせずこの覚醒運動で先頭に立った。今日のあらゆる『進歩的』信条に照らして、不況を克服した英雄として任期を終えるはずだった。だが実際には米国を完全に崩壊させた。その崩壊は期間、厳しさとも空前のものだった」

フーバーは決して冷血漢などではなかった。それどころか、大統領就任前から世界的に有名な人道主義者だった。それにもかかわらず、「地獄への道は善意で敷き詰められている」ということわざそのままに、多数の米国市民を経済的に苦しませる結果に終わった。それはフーバーが、政府の力によって社会を繁栄に導くことができるという誤った考えにとらわれていたからである。

そして米国民と世界の人々にとって不幸なことに、これから登場するフーバーの後任大統領とその側近たちもまた、同様の考えを、よりいっそう強く抱いていた。

第三章

経済危機を悪化させた「ニューディール政策」

政府の規制が招いた銀行破綻

✣——ニューディールとは何か

「ニューディール」とは「新規まき直し」の意味で、米大統領フランクリン・ルーズベルトが大恐慌から米経済を救うという名目で実施した一連の政策を指す。

ブリタニカ国際大百科事典によれば、ニューディールはおよそ二つの時期に分けられる。第一期（一九三三〜三四年）では大がかりな失業救済活動や公共事業が着手され、また**農業調整法**（AAA）や全国産業復興法（NIRA）により景気の回復が図られるなど、救済と復興に政策の中心が置かれた。しかし生活不安におびえる大衆の不満が増し、労働争議も激化するなかで、第二期（一九三五〜一九三九年）においては社会保障制度が樹立され、ワグナ

農業調整法（AAA）：Agricultural Adjustment Actの略。米国のフランクリン・ルーズベルト大統領のニューディール政策の一つ。一九三三年五月制定。世界恐慌以前からの農作物の過剰生産、価格低下による農民の困窮を救済するため、連邦政府が農民の生産削減に補助金を支払い、農産物価格を大戦前に戻すことを保証したもの。

ー法といわれる全国労働関係法が制定され、税制改革や銀行制度の改革が行われるなど、より急進的な社会改革に力点が移った。

ニューディール政策に対する評価は、とくに政治の世界では華々しい。たとえば、日本経済新聞電子版の二〇二一年一月二十三日記事「NY特急便」によれば、**ジョー・バイデン**米大統領のホワイトハウスの執務室には「世界恐慌からの脱却のためのニューディール政策を実施したフランクリン・ルーズベルト元大統領の肖像画」が最も大きく飾られている。新型コロナウイルス感染症の拡大とそれに伴う景気悪化を受け、「いまは戦時下にある」としたバイデン氏が、「ルーズベルト元大統領のように大胆な経済政策で米国のため一心不乱で景気回復を目指す意思の表れ」だという。

バイデン政権は、目玉の政策として掲げた脱炭素政策も「**グリーンニューディール**」と名づけた。同じ民主党のルーズベルト政権が大恐慌脱却のために実施したニューディール政策に重ね合わせ、国民にアピールする狙いもあるようだ。

ジョー・バイデン：一九四二年十一月二十日生まれ。アメリカ合衆国第四十六代大統領（在任：二〇二一年一月二十日〜）。民主党所属。ニューキャッスル郡議会議員、デラウェア州選出連邦上院議員、副大統領を歴任した後、二〇二一年一月二十日に七十六歳で大統領に就任。ジョン・F・ケネディ以来二人目のカトリックの大統領である。

グリーンニューディール：気候変動問題と経済格差の是正を目的に提唱された米国の経済刺激策。オバマ政権発足に先立って十年間で千五百億ドルの再生可能エネルギーへの投資や五百万人のグリーン雇用の創出を掲げた。また、二〇一九年二月に、オカシオ・コルテス下院議員やエド・マーキー上院議員らが新たなグリーン・ニューディール決議案を発表。内容は「温室効果ガス排出ゼロ」

しかし政治の世界でもてはやされるニューディールは、それほどすばらしい政策だったのだろうか。この章で検証してみたい。

✣――銀行はなぜ倒産したか

ニューディールの話に入る前に、少し時間を遡ろう。大恐慌の米国では銀行の倒産が広がっていた。一九三〇年代前半、米銀の倒産件数は年千〜四千件に達する。銀行への取り付け騒ぎと経営危機はすでにフーバー政権末期には全国に広がり、州単位では銀行の営業を停止する「銀行休日」が相次いで宣言されていた。

フーバーの後任、フランクリン・ルーズベルトは一九三三年三月四日に大統領に就任すると、翌五日の日曜日、大統領令を発し、九日まで国内の全銀行を休業させ、金と通貨の払い出しを禁止すると表明した。つまり預金封鎖である。九日に開かれた特別議会で新たに緊急銀行法が成立し、期間が無期限延長された。金融危機を鎮めるという大義名分によるとはいえ、個人の財産権に対する重大な侵害である。しかもそもそも金融危機の原因は、政府自

「電力の一〇〇%再生可能エネルギー化」「気候変動などによる災害への強靭性構築」「ゼロ・エミッション車や公共交通への投資・交通システムの抜本的な見直し」「強力な雇用・環境保護を伴う国境調整、調達基準、貿易ルールの採択及び執行」など。

身がつくったものだった。

大恐慌時に米国で多数の銀行が倒産に追い込まれた原因は、自由な市場経済ではない。背景には米政府による銀行行政の誤りがあった。銀行の出店規制である。

大恐慌期に倒産した米銀の大部分は、大半が小都市の小さな銀行だが、そのほとんどが「単店銀行規制」のある州に立地していた。単店銀行規制とは、支店の開設を禁じ、本店一カ所だけでの営業を義務づけるルールである。

支店のない銀行というのは、日本人にはなじみがないが、建国以来、小都市を社会の基本単位とする米国で

単店・支店銀行数のシェア

年	全銀行数	うち単店銀行(%)	うち支店銀行(%)
1900	12,427	99.3	0.7
1910	24,514	98.8	1.2
1920	30,291	98.3	1.7
1930	23,679	95.4	4.6
1935	14,125	94.4	5.6
1940	13,442	93.1	6.9
1945	13,302	91.8	8.2
1950	13,446	90.6	9.4
1955	13,237	86.9	13.1
1960	13,126	81.8	18.2
1965	13,544	76.4	23.6
1970	13,511	70.4	29.6
1975	14,384	61.7	38.3
1980	14,434	52.6	47.4
1985	14,417	51.3	48.7
1990	12,347	44.4	55.6
1995	9,942	35.2	64.8
2000	8,315	31.8	68.2
2004	7,630	27.9	72.1

(注) 1930年までは商業銀行、1940年以降は預金保険加入銀行がそれぞれ対象。　＊高木仁『アメリカの金融制度』

は、かつて銀行経営の圧倒的な多数を占めた。高木仁『アメリカの金融制度』によれば、第二次世界大戦終結時の一九四五年時点で、全銀行数の九一・八%がこの種の銀行だった。

単店銀行が多数を占めた背景には、歴史的経緯に加え、政治的要因があった。地方の銀行家たちが、大都市の銀行が地元で支店を開くと競争に敗れてしまうと恐れ、州政府に単店規制を実施するよう働きかけたのである。しかしこの規制で競争を妨げたせいで、地方の銀行は不況にきわめてもろい体質となった。

歴史家ジム・パウエルは「単店銀行規制の結果、小都市の銀行は、融資先と預金者を多様化することがほとんど不可能になった」として、次のように説明する。

「銀行の顧客は通常、地元の職場で働くのを好む。このため小都市の銀行は、さまざまな地域で顧客を開拓することが事実上できない。ある町の銀行の営業地域、たとえばトウモロコシ地帯が不況になると、銀行が生き残るのは難しい。大口預金者であるトウモロコシ農家は経営が破綻し、預金を引き出さなくてはならなくなる。トウモロコシ農家は同時に大口の融資先でもあるが、利払いができなくなる。こうして多数の地方銀行が倒産に追い込まれた」

不況を生き延びるには、小さな銀行は他の銀行と合併するなどして規模を大きくし、支店を開き、融資先と預金者を多様化しておくべきだった。ところが逆にロビー活動で出店規制の強化を求め、それに首尾よく成功したために、皮肉にも自分で自分の首を絞めることになったのである。

一方、大都市の銀行は規制によって地方での支店開設を禁じられ、収入を増やし損ねたものの、不況には強さを発揮した。大都市にはさまざまな産業があるため、もともと融資先も預金者も多様だったからである。

支店規制の影響の大きさを鮮明に示すのは、隣国カナダとの比較である。支店規制のないカナダでは、大恐慌の時期、驚くべきことに銀行の倒産はまったくなかった。米国と違い、支店があるため融資先と預金者の地域や業種が多様で、不況への抵抗力が高かったためである。経済学者ミルトン・フリードマンとアンナ・シュワルツによると、カナダ国内には十の銀行があり、その支店数は全国で三千余りに上っていたが、どの店でも取り付け騒ぎすら起こらなかった。

フリードマンはパウエルへの私信でこう指摘する。

「カナダでは米国と同じくらい通貨供給量が減り、同程度の厳しい不況に見舞われた。もし(米国の)銀行の仕組みが単店制度でな

1932年、ニューヨークで起こった銀行取り付け騒ぎ

く、カナダと同じだったなら、不況が同じくらい厳しくても、銀行の倒産はせいぜいわずかだったろうし、銀行休日もなしで済んだだろう」

大不況の際に多数の銀行が破綻するのは当然で、それに対処するためには預金封鎖などの非常手段もやむをえないと信じている人は少なくないだろう。しかし、それは思い込みにすぎない。銀行経営を規制で縛らなければ、銀行は不況に強い収益構造を築くことができる。それを妨げているのは政府なのである。

✣——預金保険とモラルハザード

大恐慌で多数の銀行が破綻した反省から、ニューディール政策の一環として制定された**一九三三年銀行法（グラス・スティーガル法）**には、連邦預金保険制度の創設が盛り込まれた。預金保険制度とは、預金者保護を目的とし、金融機関から徴収する保険料を原資として、一定額までの預金の元本と利息の支払いを保障する制度である。運営機関として**連邦預金保険公社（FDIC）**が設立

一九三三年銀行法（グラス・スティーガル法）：世界恐慌の経験から、銀行の健全化と預金者保護を図るため、銀行・証券業務の分離や連邦預金保険公社（FDIC）の設立などを定めた。

連邦預金保険公社（FDIC）：一九三

された。

これによって預金者は、銀行が万一倒産しても預金が戻らない心配がなくなり、取り付け騒ぎを鎮める効果があったとされる。しかし実際には預金保険制度は、銀行倒産のコストを預金者から納税者に移しただけで、銀行経営の構造問題は放置されたままとなった。

預金保険公社は当初、理事会が理事三名で構成され、資本金は財務省が一億五千万ドル、**連邦準備銀行十二行**が約一億三千九百万ドル、民間銀行が約二億ドル、それぞれ出資した。連邦準備制度加盟銀行は預金保険へ強制加入で、非加盟銀行は二年以内に強制加入とされた。預金保険料率は預金残高に対し、年率〇・五%、預金保険金支払いは一預金者あたり上限二千五百ドルで制度が発足した。

じつは連邦預金保険制度を創設する試みは、このときより半世紀近く前に遡る。最初の法案が連邦議会に提出されたのは一八八六年で、その後同様の法案は百五十本にも達したが、どれも日の

三年銀行法（グラス=スティーガル法）に基づき設立されたアメリカ合衆国の政府公社。要件を満たす銀行に対し、破綻時に預金を補償し、一定の銀行業務を管理する役割を担う。連邦準備制度の加盟銀行はすべて預金保険加入を義務づけられており、非加盟銀行（アメリカの全銀行の約半数）も連邦預金保険公社が定める要件を満たせば預金保険に加入できる。アメリカのほぼすべての市中銀行が預金保険に加盟している。

連邦準備銀行十二行：アメリカ合衆国の中央銀行。全国十二の連邦準備区に一行ずつあり、各地区の加盟銀行の払い込みからなる株式銀行。ワシントンの連邦準備制度理事会に統括されており、銀行券の発行・加盟銀行の預金支払い準備金の受託などを行なう。

目を見なかった。なぜなら、①銀行破綻は経営者の失敗に対する社会的制裁である、②預金保険は強い銀行から弱い銀行への補助金になる、③連邦政府の民間部門への干渉である――といった反対意見が強かったためである。自由な市場経済を擁護する立場からは、筋の通った意見といえる。

すでに述べたように、米国の多くの州には支店の開設を禁じ、本店一カ所だけでの営業を義務づける単店銀行規制があった。連邦預金保険制度の創設を求めたのは、これら単店銀行規制のある州の銀行だった。営業上のリスクを地理的に分散できず、倒産の恐れが大きかったからである。だがこれには、規制のない州で支店を展開し、自力でリスクを抑える比較的規模の大きな銀行が前述の理由から反対し、実現を阻んできた。

預金保険制度は州レベルでは前例があり、一九〇〇年代初めにオクラホマなど八州で成立した。ところが三〇年代の銀行倒産の波で保険基金が大幅な赤字に陥り、いずれも破綻する。これは預金保険制度が抱えるもろさを露呈したものといえるが、これをきっかけに、単店規制州の銀行は連邦レベルの預金保険制度を求めるロビー活動を再び活発化する。

法案提出者の一人となったアラバマ州選出の民主党下院議員ヘンリー・スティーガル（下院銀行通貨委員会委員長）は、熱心な働きかけを受けた一人だった。一九三三年五月、スティーガルの法案は上院議員カーター・グラスの法案とともに上下院へ提出され、両院協議会を経た修正法案が大統領ルーズベルトのもとへ送られることになった。

このとき、比較的規模の大きな銀行の意見を代表する米銀行協会の会長フランシス・シスンは会員行に向け、大統領に拒否権行使を要請するよう、次のように呼びかけた。

「当協会は最後まで戦います。グラス・スティーガル法案の預金保証制度（＝預金保険制度）条項は不健全で非科学的、不正かつ危険です。経験ある銀行家は総じて、預金保証制度に強く反対してきました。預金保証制度は、しっかり経営された強い銀行に、弱い銀行の損失を支払うよう強いるものです。……預金保証制度は多くの州で試みられ、例外なく混乱と大失敗に終わりました。……強い銀行は、経営判断を誤った銀行のために保険料を課されるべきではありません」

抵抗虚しく、グラス・スティーガル法は成立した。

預金保険制度の本質的な問題は、銀行の倒産という、本来は保険の対象となりえないリスクに保険をかけると称することにある。これはシスンが「預金保険」を「預金保証」といい換えていることからもうかがえる。ここで保険の対象になりうるリスク、なりえないリスクの違いについて簡単に説明しよう。

事故や災害に保険をかけることができるためには、それらの事象の発生が個々の保険金受取人によって左右されてはならない。たとえば火災保険は、保険契約者が自宅に放火して起こした火災を保険金支払いの対象とすることはない。もしそんなことを認めたら、放火で保険金をせしめようとする者が後を絶たなくなり、火災保険そのものが成り立たなくなるだろう。このように保険をかけてあるからという安心感から、故意や不注意で事故の起きる確率が増加する状態をモラルハザード（自己規律の喪失）と呼ぶ。

それでは企業倒産はどうだろうか。もし「倒産保険」なるものがあり、自分が所有・経営する企業が倒産した場合、取引先に生じる損失を保険金でカバーしてくれるとしたら、過大な経営リスクをとる経営者や、わざと会社を倒産させ、取引先と結託して保険金をだまし取る経営者が増えるのは明らかである。

これではまじめに保険料を払うのは馬鹿らしく、保険そのものが成り立たなくなるだろう。企業倒産は保険の対象になりえないリスクなのである。

もちろん、これは銀行にもあてはまる。しかも銀行の場合、一般企業よりも大きな問題を抱えている。それは第五章で詳しく述べるように、現代の銀行が預金のごく一部しか支払準備を置かない部分準備銀行制をとっていることに原因がある。もし多数の預金者が一斉に預金の払い戻しを求めれば、その瞬間に支払不能となり、経営が破綻する。これほどもろい基盤に立つ産業は他にない。実際、米大恐慌ではそのもろさが、支店規制とあいまって、多数の銀行倒産という形で露呈した。

経済学者マレー・ロスバードは「全面的な真の改革の時は熟していた。部分準備銀行制の偽りと悪の誘惑に終止符を打ち、米国の金融制度を洗い清める改革の時である」と指摘する。

「ところが案に違わず、ルーズベルト政権は正反対に向かった。米国民を大掛かりに欺き、預金保険公社の新設によって不健全な銀行業から救い出すと言い出した」

米政府は、預金保険によって銀行経営者が過大なリスクをとる恐れは認識していたから、銀行経営への規制を強める。こうして金融業における経営の自由は奪われていった。一方で、積み立てた準備金は預金総額に対してごくわずかだったから、一九八〇年代に相次いだ**貯蓄貸付組合**（S&L）の経営危機では預金の払い戻しを賄いきれず、結局は税金に頼ることになった。二〇〇八年のリーマン・ショックなどその後の金融危機においても同様だ。預金保険制度は、金融機関の倒産コストを納税者に肩代わりさせただけだったのである。

貯蓄貸付組合（S&L）：アメリカの商業銀行、相互貯蓄銀行とともに預金金融機関の重要部分を占める金融機関。本来は住宅購入希望者への貸付けを固定金利で行う地域的な金融機関だった。しかし、金融の規制緩和により商業貸付けや変動金利貸付けなども行えるようになった。

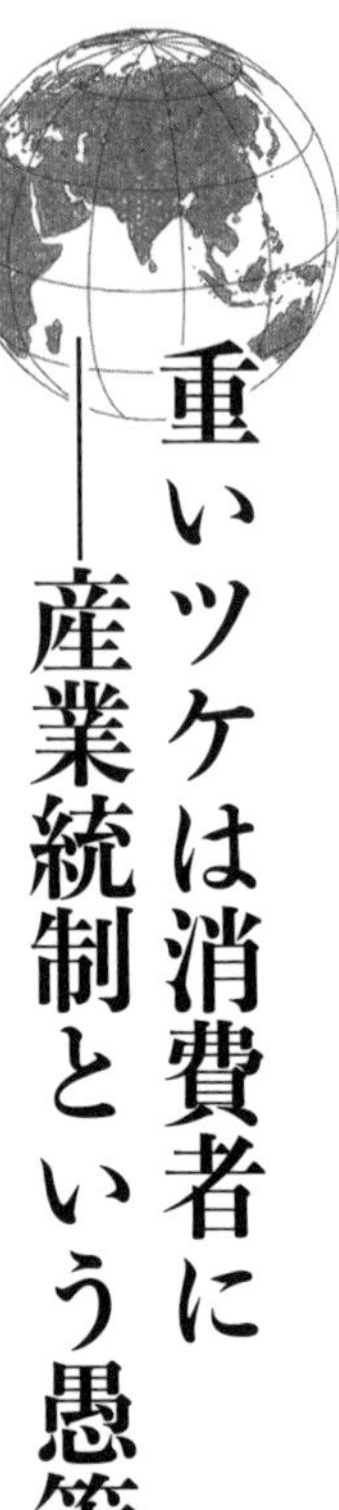

重いツケは消費者に――産業統制という愚策

――カルテルを後押し

一九三三年六月に成立した**全国産業復興法**（NIRA）は、ニューディール政策のなかで最も野心的な試みだったといわれる。これは企業間の「過当競争」が事業活動のリスクを高め、大量失業につながったとの認識から、国内の競争を制限することを狙ったものである。具体的には、企業に業界のカルテル的な協定を許容し、政府が新設した全国復興局（NRA）との協力のもとに秩序だった生産を行わせ、過剰生産を抑えるというものだった。しかし市場経済の原理に反する規制はさまざまな問題を生じ、悲惨な失敗に終わる。

復興法が成立した際、大統領ルーズベルトは「歴史は米国議会

全国産業復興法（NIRA）：National Industrial Recovery Actの略。米国のフランクリン・ルーズベルト大統領が実施したニューディール政策の最重要法律。一九三三年六月制定。法に基づき大統領が広汎な産業統制権を行使し、国が産業の生産統制を行った。

が成立させた最も重要かつ広範な影響力をもつ法律として記録するだろう」と胸を張った。

復興局長官に就任した軍人出身のヒュー・ジョンソンはさらに大仰に、自らが率（ひき）いる組織をこう呼んだ。

「神聖なるもの……イエス・キリストの時代以来、最も偉大なる社会的進歩である」

各産業の生産額や価格設定、労働条件など事業活動を律するルールは公正競争規約と呼ばれ、各業界が作成し、復興局の承認を受ける。いったん承認されると、それは法として強制力を持ち、合意書に署名しようとしまいと、業界の企業すべてを拘束した。他方で、承認を受けた業界は**独占禁止法**（**反トラスト法**）の適用が免除された。

各業界には行政官補佐が一名ずつ指名され、規約作成を監督した。これは通常、業界の企業か業界団体などの加盟組織から採用された。規約作成委員も同様に企業や業界団体から採られた。これは、実態はともかく、規約は政府による押しつけではなく、あ

独占禁止法（反トラスト法）：カルテル、トラスト（企業形態）、コンツェルンの独占活動を規制する米国の競争法。単一の法律を指すものではなく、複数の異なる法律の総称。主なものに一八九〇年のシャーマン法、一九一四年のクレイトン法、同年の連邦取引委員会法がある。

くまで産業界の自主規制の手段であるというジョンソン長官の考えによる。規約では、規約を運用し執行を強制する係官も指名した。

復興局が発足すると、各業界はさっそく規約を作り始め、約一カ月半後の一九三三年七月二十七日までに二百九の全国規約が申請された。ジョンソンとルーズベルトはペースを加速するため、業界が規約を作成するまでの間、政府が最低限の条件を定めた「白紙」規約に署名するよう促した。多くの業界はこれに応じ、最終的には五百五十七の規約が承認される。これは労働者数にして全産業の九五%をカバーする規模である。

規約の対象には、じつにさまざまな製品・サービスが含まれた。ごく一部の例をあげれば、造花、人口羽毛、生地、自動車用品、マットレスカバー、軽衣料、朝食食器、大衆薬、家庭用農機具、固形燃料、砕石機、トラック運転、材木・建築資材、下着・ネグリジェ、室内装飾品、装飾生地——などである。ニューヨークでは、三四八号規約の運用担当者がバーレスク劇場に対し、「ストリップを四場より多く上演してはいけない」と命じたという、冗談のような話がある。

規約を作って守れというのは簡単だが、現実には多くの困難がともなった。少数の企業が支配する大規模な産業について規約を書くのは割にたやすいが、所在地もばらばらな多くの企業が競争し合う産業では、たいへん難しかった。構造用鋼材のように、広範囲な種類の製品を一つの規約で済ませる場合があるかと思えば、義手・義足、都市住所録、肩パッド、固形ブイヨン、コルセットの鉄鋼骨などきわめて範囲が限られる場合もある。同じく難しいのは、ルールを外れた値段で販売していないか監視することで、製品の種類やサイズはさまざまだし、売り買いの場所も多岐にわたるので、価格のごまかしや時期を特定するのは至難だった。

規約の狙いの一つは価格の安定だが、「安定」が事実上意味するのは、値上げではなく値下げの制限だった。これは時に、企業に不当な利益をもたらす。たとえば製材業について、ジャーナリストのヘンリー・ハズリットが当時の状況をこう伝えている。

「設立された製材規約委員会が合意事項を運用し、生産を統制し、『コスト防衛』を行う。コスト防衛とはもちろん、たんなる価格操作である。見逃してはならないが、委員会は最高価格を決定する権限はなく、決めることができるのは最低価格だけだった。『生産コスト』未満の価格を認めてはならないのだ。さて、ビジネスや工業を少しかじっただけの人でも、生産コストがたいへんとらえにくいものであることは知っている。同じ産業の二つの会社でも決して同じでないし、同じ会社でさえ、会計士が違えば単位生産コストについて意見が食い違うだろう。しかし製材規約はそんなことにはお構いなしだ。材木価格がそれ未満に下がってはならない生産価格とは、『現在の加重平均生産コスト』だった」

「加重平均生産コスト」とは、賃金、原材料費、間接費、輸送費などの合計である。ハズリットは続ける。

「これら諸経費を足し合わせれば、製材業界の生産コストは驚くような数字になる。いい換えれば、かなり高い水準の最低価格を決めることができる。この最低価格は、非常に気前よく計算された業界の平均生産コストを示すから、どうみても業界の半分以上の企業にかなりの利益をもたらす」

この利益上乗せ分を負担するのはもちろん、消費者である。しかもそれは米国民だけで、海外の消費者は関係ない。ハズリットはその理由を皮肉を交えて説明する。

「今後住宅を買う人はこれまでより高い買い物をすることになるが、海外の購入者が米国産木材にそうした高値を払わなくて済むことを知ったら、さぞ喜ぶことだろう。輸出販売は最低価格の対象外だった。つまり、米国の製材業者が海外で競争しなければならない場合は、生産コスト未満での販売という侮辱（ぶじょく）、苦難、恐るべき不正を受け入れるというわけだ。どのみち、米国の消費者にツケを回せば済む」

米国民を不況から救うと称して政府が促した合法カルテルは、一部の企業関係者が国民を犠牲にして潤（うるお）うことを可能にしたのである。

✝――パレードと斧

ルーズベルトによって**全国復興局**長官に任命された**ヒュー・ジョンソン**は、ニューディール時代に頭角を現した人物の一人である。軍人出身のジョンソンは、復興局の戦闘的な本質を体現する人格だったとも言える。

着任時に五十一歳だったジョンソンはカンザス州出身で、エリート軍人の養成所であるニューヨーク州ウェストポイントの陸軍士官学校を卒業後、いくつかの基地とフィリピンで働く。第一次世界大戦中はワシントンに勤務し、徴兵制の導入に携わるとともに、国内経済を統制する戦時産業局の陸軍省代表を務めた。このとき、同局長官でのちにルーズベルト大統領の顧問となる大物投資家バーナード・バルークと知り合い、これが復興局長官人事の背景になったとみられる。ジョンソン自身、戦時中の統制経済の経験が大恐慌克服に役立つと考えていた。

ジョンソンは、あだ名が「将軍」または「古い鉄のパンツ」。筋肉質、がっしりした体格で、丸顔、突き出たあごに、髪は黒いが、側頭部に白髪が混じっていた。感情的、衝動的で、気性が激しい。陽気で大酒飲みで、煙草をくわえながらしばしば品のない言葉を吐いた。公正競争規約に署名しない経営者はどうなるかと尋ねら

ヒュー・ジョンソン：一八八二年八月五日〜一九四二年四月十五日。アメリカ合衆国の陸軍将校、実業家。フランクリン・ルーズベルトのブレーンの一人で、ルーズベルトのスピーチライターとして活躍。ニューディール計画の実現にも貢献した。一九三三年に全国復興庁(NRA)長官に任命され、アメリカの企業の再編、賃金と物価を引き上げるための「青い鷲」キャンペーンに取り組んだ。

米誌タイムの表紙を飾ったヒュー・ジョンソン

れると、こう答えた。

「鼻に一発食らわせるさ」

ジョンソンは復興局が発足するとさっそく、産業の自主規制運動を盛り上げるためのキャンペーンに乗り出した。その手段として、古いアメリカ先住民の伝説からとったという青鷲に、「われらは役目を果たす（We Do Our Part）」という文字を組み合わせた印を考案した。もし企業や商店が青鷲印を掲げていれば、それは復興局の方針に賛同し、国を大不況から脱出させる努力をしていることを意味する。逆に青鷲印を掲げていない企業から物を買う個人は愛国心がないとジョンソンは論じ、暗に不買運動を呼びかけた。


ルーズベルトもラジオ放送で青鷲運動をこう支持した。

「兵士がきらびやかな記章をつけるのは、同士討ちを防ぐためです。この政策で協力し合う人々は、お互いがひと目でわからなければなりません。そのためのきらびやかな記章こそ、青鷲なのです」

全国復興局（ＮＲＡ）：National Recovery Administration。全国産業復興法を執行するために、全国復興庁（ＮＲＡ）と公共事業促進局（ＷＰＡ）という部局を創設。産業界に対する国家統制を強化した。

全国復興局の青鷲マーク

歴史家ウィリアム・ルクテンバーグは青鷲印が「いたるところに――新聞の奥付欄に、店のウィンドウに、コーラスの少女たちにまで――あらわれた」と記した後、最大の盛り上がりをみせたお祭り騒ぎについてこう書く。

「ニューヨークの青鷲パレード――同市史上最大――では、二十五万人が五番街を行進した。彼らは一日中パレードして、夕方になってもひき続きやってきて、薄暗い街燈のもとにさらに数千人が集まり、『幸福な日々がまたやってきた』のステップを踏み鳴らした。……フランクリン・ローズヴェルトは次のように述べた。『一九一七年の四月（米国の第一次世界戦争への参戦）以来私が見たことがなく、諸君が見たことのないような団結が、いまこの国にはある……』」

しかし華やかな盛り上がりの陰では、政府の方針に同調せず、「団結」に背を向け、国民としての「役目」を果たさない者に対し、露骨な暴力が振るわれていた。ジャーナリストのジョン・フリンは、規約違反を摘発する強制執行官の様子を次のように描写している。

「復興局はルールを強制できないことがわかりかけていた。闇取引が広がっていた。最も暴力的な警察手段によらなければ執行を強制できない。……規約委員会は縫製地区で強制執行隊を雇った。執行隊は縫製地区を突撃部隊のように歩き回った。他人の工場に入ることができ、工場主を外に出し、従業員を並ばせ、尋問し、その場で帳簿を押収した。夜間労働は禁止だった。これら私服の遊撃戦隊は夜中、縫製地区を通り抜け、斧で戸をぶち壊し、夜間にズボンを縫う罪を犯している者がいないか探し回った」

フリンは続けて、「多くの規約委員会によれば、こうした厳しい手段によらなければ、ルールを守らせるのは無理だという。なぜなら国民が支持していないからだ」と記す。「団結」と表裏一体の暴力こそ、ニューディール政策の現実だった。

✣――中小企業を迫害

商品の値下げや増産を妨げる復興局のカルテル政策で最も迷惑を被ったのは、中小企業だった。強みである価格競争力を封じられてしまったからである。中小企業迫害の最も有名なエピソードは一九三四年四月、ニュージャージー州でドライクリーニング業を営むジェイコブ・メイジドが投獄された一件だろう。

当時四十九歳で、四人の子供の父親でもあるメイジドは、この道二十二年。ズボンのプレスが安くて仕事も丁寧だと評判で、山の手にある大きな店にも負けていなかった。ニューディール政策が始まり、復興局のクリーニング業規約が定めたプレス料金は一着につき四十セントだったが、メイジドは何度も警告されたにもかかわらず、頑として三十五セントしかとらなかった。

「商売のやり方に口を挟むな」

メイジドは言い張った。当局が投獄をほのめかすと、こう答えた。

「監獄にぶちこめるものなら、やってみろ」

メイジドは四月二十日、ジャージーシティの下級裁判所で三十日間の禁固刑をいい渡され、おまけに百ドルの罰金まで科された。

「規約を守らせるには、こうするしかない」

クリーニング・染料業規約委員会のエイブラハム・トラウブは語った。

「もし（隣の州の）ニューヨーク市で同じようにやれば、業界全体がすぐきちんとするよ」

メイジドの処罰は業界全体に対する見せしめだったというわけである。単なる見せしめだったこともあってか、メイジドは実際には三日間で釈放され、罰金も免除された。釈放を伝える二十四日付ニューヨーク・タイムズ紙によると、判決を下したロバート・キンケイド判事はメイジドにこう恩着せがましく説諭した。

「頭の固い裁判官に腹が立ったかもしれません。あなたに教訓を教えたかったのです。罰金や収監は当裁判所の意図ではありませんでした。しかし、あなたと同じ法を破った者を収監する何らかの手段は必要だし、ニュージャージー州復興法（全国産業復興法を補う州法）が厳格に執行されることを人々に示す必要もあります。当裁判所は州とともに、ペテン師や値引き屋と戦います。……あなたは正しいやり方で商売しないと、競争相手が不満をいうでしょう。ご存じないかもしれませんが、今回の一件は競争相手の申し立てによるもので、彼らはあなたの行動のせいで仕事を失ったと言っています。……米国民の大半は（ルーズベルト）大統領とその政策、およびジョンソン（ＮＲＡ）長官を支持しているはずです。大統領や長官が行動しなければ、企業活動は今ごろ完全に行き詰っていたでしょう」

　判事はこう述べると、これから自分はメイジドのお客になると約束した。しかし、メイジドはにこりともしなかった。当然だろう。判事は温情を示したつもりだろうが、結局のところ、メイジドを「ペテン師」とみなしたのと同じなのだから。

　メイジドは競争相手に合わせて料金を引き上げるよう誓約し、店の窓からは三十五セントの料金を表示する張り紙がはがされ、代わりに、規約に従うことを意味する青鷲印が掲げられた。一年後の一九三五年五月、復興局が州権侵害などを理由に最高裁から違憲判決を受けた際、メイジドは記者たちに感想を求められ、こう答えた。

「前からわかっていたさ。復興局にいいところなんか一つもなかったし、今もない」

　それから四年後の一九三九年三月三十一日、メイジドは病気のため五十四歳で死去する。ニューヨーク・タイムズ紙は死亡記事でメイジドを「政府の経済計画による殉教者（じゅんきょうしゃ）」と呼んだ。

中小企業の多くはまさに、ニューディール政策による迫害の犠牲者だった。

✢——「これはファシズムである」

歴史の教科書では、一九三〇年代の世界恐慌への対応について、米国のニューディール政策とドイツやイタリア、日本のファシズムを対照的に取り上げる。しかし、ニューディールとファシズムは異質なものではない。少なくとも経済政策に関しては、本質的に同じものだった。

米ジャーナリストのジョン・フリンは三〇年代当時のイタリアと米国を比較し、次のように述べる。

「(ムッソリーニは)商工業や専門家の各集団を、政府が監督する業界団体として組織した。ムッソリーニはそれを協調組合と呼んだ。これらの協調組合は政府の監督下に運営され、生産、品質、価格、販売、労働基準などを計画することができた。米国では全国復興局の定めにより、各産業は連邦政府が監督する業界団体に組織されなければならない。これは協調組合とは呼ばれない。規約委員会と呼ぶ。しかし本質は同じものである。規約委員会は復興局の監督下で生産、数量、品質、価格、販売方法などを規制することができた。これはファシズムである」

なぜ、このような類似が生じたのだろうか。現在の感覚では想像しにくいかもしれないが、第二次世界大戦で米国と独伊が敵同士となったり、ドイツによるユダヤ人迫害が国際問題になったりするまで、ファシズムは自由放任的な資本主義に代わるモデルとして世界で注目されていた。

とくに一九二二年から政権の座にあった**ベニート・ムッソリーニ**の人気は高かった。米タイム誌は一九三四年一月一日号で、「ベニート・ムッソリーニの新たな協調国家が成功すれば、彼はおそらく（同誌がその年最も活躍した人物として選ぶ）『マン・オブ・ザ・イヤー』になるだろう」と書いた。ウォールストリート・ジャーナル紙は「（米国にも）ムッソリーニのような人物が必要だ」と題する社説を掲載している。

ちなみに、ムッソリーニの人気は同時代の日本でも高かった。二代目市川左団次（さだんじ）とその一座は一九二八（昭和三）年五月、新劇「ムッソリニ」（脚本・小山内薫）を東京浜町の明治座で上演している。

ルーズベルト政権にもムッソリーニの信奉者は多かった。ヒュー・ジョンソンは協調国家に関する本を持ち歩いていたし、農務次官を務めたレックスフォード・タグウェルはソ連びいきだったが、ムッソリーニも尊敬し、イタリアまで視察旅行に出かけたことがある。ルーズベルトの妻エレノアと親しく、ニューディール

ベニート・ムッソリーニ：一八八三年七月二十九日～一九四五年四月二十八日。イタリアのファシズム指導者。第一次世界大戦後ファシスト党を組織し、一九二二年に政権を獲得。一九三五年ヒトラーと提携し、枢軸国を形成。第二次世界大戦に参戦したが、形勢不利のうちに一九四五年四月、ミラノで民衆に惨殺された。

に関する記事を多く書いた女性ジャーナリストのロレーナ・ヒコックは「私が二十歳若く、三十五キロ軽ければ、合衆国におけるファシズム運動のジャンヌ・ダルクになることも十分想像できただろうに」と書いた。そしてルーズベルト自身もこう語っている。

「私は、イタリアを再建しようという彼（ムッソリーニ）の誠実な意図に、また彼のこれまでの業績に深い感銘を受けている」

研究者のなかには、復興局による合法カルテルは第一次世界大戦中の米国の戦時経済体制がモデルであり、欧州のファシズムを直接模倣したものではないとの見解もある。だがいずれにせよ、ファシズムの経済思想と同根であったことは紛れもない。それを裏付けるのは、公然たるファシズム国家であるイタリアやドイツ側からの高い評価である。

ルーズベルトは大統領に就任した一九三三年三月、著書『前を向いて』を刊行する。これを受けムッソリーニは同年七月、書評を発表し、互いの類似性をこう指摘した。

「青少年へのアピール、闘争を開始するときの決然たる態度と男らしい冷静さは、ファシズムがイタリア国民を目覚めさせた方法を想起させる」

同年、全国産業復興法の成立で国民経済の大部分に大統領の絶対的権力が与えられたことを知ると、ムッソリーニは「独裁者を見よ」と叫んだという。

翌年、ルーズベルト政権の農務長官ヘンリー・ウォレスの著書『新しいフロンティア』への書評で、ムッソリーニはあからさまにこう書いた。

「アメリカは何を欲するのかという問いへの答えはこうである。自由な、すなわち無政府的な経済に戻ること以外のすべてのもの。それではアメリカはどこへ向かっているのか。この本を読めば、アメリカは今世紀の経済形態であるコーポラティズム（協調組合主義）への道を進んでいることが明白になる」

ルーズベルトの大統領就任と同じ一九三三年に権力を掌握したドイツの独裁者**アドルフ・ヒトラー**も、ニューディール政策に親近感を抱いた。米国の駐独大使ウィリアム・ドッドに対し、こう話している。

「義務感、犠牲の覚悟、規律が国民全体を支配すべきであるという考え方において（ルーズベルト）大統領と一致している。大統領が合衆国の個々の市民全員に課したこれらの道徳的要求は、ドイツの国家哲学の核心でもあり、それは『私益に対する公益の優先』というスローガンに表現されている」

米独関係が緊張に向かう三八年になっても、ヒトラーはルーズ

アドルフ・ヒトラー：一八八九年〜一九四五年。第一次世界大戦後のドイツでヴェルサイユ体制打破、ユダヤ人排斥、反共産主義主義を掲げてナチス党を指導、国民的支持を受けて一九三三年に政権を獲得。以後、独裁政権を樹立してファシズム態勢を固めた。同時に近隣への侵略を開始し、第二次世界大戦の要因を作った。イタリア・日本との枢軸国を結成してアメリカ・イギリス・ソ連などの連合国と戦ったが全面的な敗北となり、一九四五年五月に自殺し、ドイツも敗戦国となった。

ベルトへの高い評価を変えなかった。

一方、ルーズベルト自身、ファシズムとの共通性を認識していた。ルーズベルト政権の内務長官ハロルド・イッキーズによると、ルーズベルトは内密にこううち明けたという。

「我々がこの国でやっていることは、ロシアでやっていることとほぼ同じだし、ヒトラーのドイツでやっていることとほぼ同じだとすら言える。しかし、我々のやり方は秩序正しい」

当時の日本の二大政党の一つ、政友会の顧問を務める政治家、**岡田忠彦**は一九三五年の春から秋にかけての半年間、欧米を視察する。視察先は米英独伊仏ソの六カ国である。最初の訪問先の米国を訪れたのは、同年五月末に最高裁が全国産業復興法に違憲判決を下した直後だったが、ルーズベルトは意気軒昂（いきけんこう）だった。岡田は「大統領が四十八億の予算の執行を議会から無制限に委託せられ、之（これ）を復興に充てんとする其（その）雄姿は唯（た）だ驚嘆の外は無い」と感嘆する。

議会から大統領への広範囲な権力の委譲は違憲判決の理由の一

岡田忠彦：一八七八年三月二十一日～一九五八年十月三十日。東京帝大法科大学卒業後、内務省に入省。埼玉、長野、熊本の県知事を歴任。一九一三年、衆議院議員当選。立憲政友会に所属。衆議院副議長、衆議院議長を経て、鈴木貫太郎内閣では厚相を務めた。

つだったが、当時の日本の政治家にとって特定の権力者への権限集中はすばらしいことに映り始めていた。

注目すべきは、その後ヒトラーが支配するドイツを訪れた際の岡田の感想である。岡田の観察するところ、ナチスドイツの政策は、失業対策や農村救済に重点があった。ニューディール政策と大差はない。ルーズベルトの「ヒトラーのドイツでやっていることとほぼ同じ」という発言を裏付けるともいえる。

岡田の視察記録を分析した歴史学者の井上寿一は「一九三〇年にはイデオロギーのちがいを超えて、英米独伊などの欧米諸国に共通する国家主義（国家中心主義）が台頭する」動きがあったと指摘する。そうだとすれば、当時の独伊をファシズム国家、米国をそれに対抗する民主主義国家と単純に色分けする教科書的な見方には、無理がある。

もちろんニューディール時代の米国は、一党独裁ではなかったことや、個人の自由が完全には抑圧されなかったこと、秘密警察が存在しなかったことなど、独伊との相違点も多く、完全に同列のファシズム国家と呼ぶことはできないだろう。それでも、きわどいところにあったのは間違いない。そうした事実を知らないまま、ニューディールを良いものと褒めそやすことは慎まなければならない。経済の自由の統制から自由全般の統制までの距離は、ほんのわずかなのだ。

公共事業の「成果」の現実

✢——仕事の中身は……

失業した多くの人々に仕事を提供した公共事業は、ニューディールのなかでもとくに人道的な政策だったと喧伝（けんでん）される。しかし実際には、公共事業はむしろ経済の自律的な回復を妨げた。

インフラ整備を中心とする大規模な公共事業の推進を担（にな）ったのは、一九三三年六月に発足した**公共事業局**（ＰＷＡ）である。同局長官は、共和党進歩派から政権入りした内務長官ハロルド・イッキーズが兼務した。

三十三億ドルという莫大な公共事業予算を預かったイッキーズは、公共事業の意味をこう誇らしげに語った。

「合衆国においては何百万ドルものお金を恒久的改善のために使

公共事業局（ＰＷＡ）：一九三三年六月の「国内産業復興法」によって創設された米国の大規模な公共工事建設の政府機関。内務長官のハロルド・イッキーズが指揮を取った。ダム、橋、病院、学校の建設のような大規模な公共工事を実施した。

うことができます。そのような支出によって、われわれは不況から救われるのみならず、人々の健康や福祉や繁栄のために多くのことを成すことができます。……人々をより健康的で幸せな人間にするように遣われるお金は、社会的に良い投資であるだけでなく、厳密に金融的視点からみても健全な投資であります」

こうして公共事業局は多数の公共工事を後押ししていく。

歴史家ウィリアム・ルクテンバーグは、その実績を次のように列挙する。

「一九三三年から三九年までにＰＷＡは、この国の新しい学校校舎の七〇％、郡役所、市公会堂、汚水処理場の六五％、病院および公衆衛生施設の三五％の建設を助成した。ＰＷＡはニューヨークからワシントンまでのペンシルヴェニア鉄道の電化、およびフィラデルフィアの第三十番駅舎の完成を可能にした。ニューヨークではＰＷＡは、トリボロー橋、リンカン・トンネル、ベルビュー病院の精神病棟の建設に手をかした。ＰＷＡはテキサスではキーウェストをフロリダ州内陸にむすぶブラウンヴィル港をつくり、またニュー・メキシコ大学のみごとな設計の図書館を建て、オレゴン沿岸街道にいくつもの橋を架けた」

日本の学校の教科書ではあまり強調されないが、助成の対象はこうした平和的事業だけではなかった。ルクテンバーグは続ける。

「ＰＷＡの割り当てで、海軍は空母ヨークタウンとエンタープライズ、重巡ヴィセンズ、そのほか多くの軽巡、駆逐艦、潜水艦、砲艦、戦闘機をつくった。陸軍航空部隊は百機以上の航空機、五十以上の軍用飛行場の交付金を受けた」

なんとも華々しい成果である。だが、経済的観点からは問題があった。公共事業の本質として、その原資は税金によって国民から強制的に調達するしかなく、その分、国民が自由に使えるお金が少なくなってしまうことである。一九三三年から三九年まで、連邦政府の公共事業（失業給付を含む）の四二・六％は増税で、五七・四％は国債で賄（まかな）われた。国債は最終的な償還に税が充てられるから、増税と同じである。

新しい鉄道や港、橋梁、軍艦、図書館、官庁の建物などは物理的にいかにも立派で、人の目をひきやすい。しかし、もし国民が公共事業のために税金を取られず、その分を自由に使えることができたなら、もっと経済的に意味のある民間の事業が実現したかもしれない。

ジャーナリストのヘンリー・ハズリットは一九四六年に刊行した著書『経済学ただ一つの鉄則』（邦題『世界一シンプルな経済学』）で、ニューディールの公共事業を念頭に、次のように指摘している。

「橋の建設に使われるのは税金である。橋に使われた予算はどの一ドルをとっても、納税者が払った一ドルだ。橋が千万ドルかかるとしたら、納税者は千万ドル失う。つまり納税者は、自分がいちばん必要とするものに使えたはずのお金をこれだけとられたことになる」

公共事業のおかげで立派な橋ができたではないかという政府の主張に対しては、ハズリットはこう反論する。

「政府のこの論拠もまた、物理的に目の前にあることしか見えない人々に説得力を発揮する。この人たちは、橋を見ることはできる。だが直接的な結果だけでなく間接的な結果にも注意を払うことを心がけていたら、想像力を働かせて、生まれ得なかったものも見られたはずだ。それは、建てられなかった家であり、作られなかった車や洗濯機、縫われなかった服、栽培されず売られなかった作物である」

政府はいつの時代も、目に見えることだけに気をとられがちな人間の弱点をいいことに、身内を潤す無駄な公共事業に巨費を投じるのである。

皮肉なことに、ニューディール政策の目玉である物価・賃金押し上げ政策のせいで、ただでさえ無駄の出やすい公共事業のコストが膨(ふく)らんだ。さらに、政府自身にとって一番困ったことに、大規模な公共工事の計画や準備に時間がかかりすぎ、雇用拡大の効果が遅々として表れなかった。著名コラムニストのウォルター・リップマンはこう嘆(なげ)いた。

「公共事業局は、経済回復の手段としては失敗以下のひどい代物だ。……仕事を生み出し、景気にテコ入れする緊急時の制度として、実績はお粗末である。創出された正味の雇用はとるに足りない」

そこでルーズベルトは一九三三年十一月、大統領令によって公務管理局（CWA）を発足させた。長官に任命されたのは、ルーズベルトのニューヨーク州知事時代から社会事業の専門家として働いていた四十二歳のハリー・ホプキンスである。ホプキンスは一気に公務員を四百万人増やす計画を打ち出した。彼らに仕事を与え、賃金を払うというのである。

これは驚くべき短期間で実現した。連邦政府の振り出した給与小切手の枚数は、一九三三年には一年間で三千三百枚だったが、公務管理局はその冬だけで七億二千万ドルの資金を六千万枚の小切手で支払った。クリスマスまでには四百万人の米国人が公務管理局で働いていた。三四年半ばには四百二十六万五千人が連邦政府から賃金を受け取っていた。

しかし、問題は仕事の中身である。経済学者の林敏彦によれば、「考えられる限りの仕事が連邦政府から提供された。技術者、測量技師、設計士、石工、レンガ積工、大工、修理工、コンクリートはつり工、舗装作業車運転手、肉体労働者がハイウェイで働いた。考古学者や文化人類学者は五つの州で歴史的遺跡の発掘調査に乗りだした。公務管理局のオーケストラは市民に無料コンサートを開いた。失業中の演劇関係者には実験的舞台をつくる機会があたえられた。二千人の芸術家が全国の郵便局や市役所や図書館に壁画を描いた。五千人以上の教師が成人学級から幼児保育までの緊急教育プログラムに参加した」

そのほか雑草取りや落ち葉掃き（は）があり、歴史家ジム・パウエルによると、「古代の安全ピンの研究」というのもあった。

一般の日本人向けに書かれた大恐慌史、林敏彦『大恐慌のアメリカ』は、ホプキンスが連邦政府の若い官僚らと成し遂げた、四百万人の雇用創出という「未曽有の難事」を称え、こう書いている。

「この二、三年で初めての給料を手にした人々は、はずむ心で商店に向かった。救済でもらった食料品引換票ではなく、現金で買物をすることがこんなに嬉しいことだったとは。しかもそれは自分が働いて稼いだお金なのだ」

だがこの評価には、重要な観点が抜け落ちている。人が「自分で働いて稼いだお金」と胸を張って言えるのは、自分が提供した商品やサービスと引き換えに、自発的に払われた金額である。郵便局の壁画であろうと、古代の安全ピンの研究であろうと、もし消費者がそれらに対して進んでお金を払ってくれたのであれば、立派な収入である。ところが公務管理局に雇われた人々が得たお金は、商品やサービスを消費者が望むかどうかにかかわらず、政府が課税によって強制的に取り上げたものだ。こうした仕事に人々が本当に誇りを抱いたかは疑問である。

公務管理局による「雇用創出」が決して胸を張れるものでないことは、長官のホプキンス自身、よく理解していた。ホプキンスはルーズベルト大統領にこう語ったという。

「私は四百万人を仕事に就けました。でも、どうかお願いですから、仕事の中身はお尋ねにならないでください」

同局は雇用創出にかかるコストの高さが問題となり、わずか二カ月半で活動を停止した。米会計検査院の試算によると、政府の雇用創出政策が年収一万四千ドルの仕事を生み出すためにかかるコストは、行政費用すべてを考慮すると、一件につき十万ドル以上に達したという。

✣——流域開発の内幕

ニューディール最大の公共事業を担ったのは、**テネシー川流域開発公社**（TVA）である。米中東部テネシー川流域の総合開発を目的とする同公社が運営する巨大なダムの写真は、歴史教科書などにもよく登場し、ニューディール政策の象徴とされることも多い。開発の狙いは、政府が周辺地域に安価な電力や肥料を供給して生産力を回復させるとともに、事業に多くの失業者を吸収して購買力を高めることにあった。だがそのもくろみは他の公共事業と同じく、失敗に終わる。事業規模からすれば、最悪の失敗だっ

テネシー川流域開発公社（TVA）：一九三三年五月、ニューディール政策の一環として、テネシー川流域の水運改善、治水管理、ダム建設などにより電力開発と土地の適切な利用をはかるために設立された公社。大規模な土木事業によって失業者を救済する目的でもあった。公社の運営は独立採算制がとられ、一九六〇年代までに四八の巨大なダムが完成。電力生産量は千二百万キロワット時に達した。

たと言える。

同公社の起源は、第一次世界大戦中に爆薬生産を目的として連邦政府によって建設された、アラバマ州マッスルショールズの硝酸塩工場とその電源用のウィルソン・ダムおよび発電所である。これらは平和時には肥料製造用として転用される予定だったが、戦争が終わってみると硝酸塩工場は規模が大きすぎ、かつ技術的に陳腐化しつつあったため、処理が難航した。

終戦直後の一九二一年に発足したハーディング政権は、民営化に踏み切ろうとした。この計画は自動車王ヘンリー・フォードが事業買収に名乗りを上げるところまでいったが、実現しなかった。議会でこれを阻（はば）んだのは、共和党（のちに無所属）左派に属する上院議員ジョージ・ノリスである。ノリスは農業州のネブラスカ州選出で、農民に安価な電力を提供するため、米国で前例のない大規模な国有電力システムを作りたいと考えていた。この案はハーディングに続くクーリッジ、フーバー時代には日の目を見なかったが、三三年にルーズベルトが大統領に就任するとチャンスが訪

テネシー川流域開発公社の建設したノリス・ダム

れる。

ルーズベルトはノリス案をほぼ全面的に支持したばかりでなく、さらに大規模な計画に拡大した。ノリス案では事業対象がテネシー川の二、三のダムについてだけだったのが、新構想では全長千キロメートルを超える流域全体に一挙に広がった。この地域は全米で最も貧しいといわれた一帯である。事業内容は電力開発のほか、周辺地域への電力供給、それを用いた肥料生産、その他の産業振興、洪水・侵蝕の防止、渓谷の土地や森林の整備・保全など多岐にわたる。ルーズベルトは、この一大事業を成功させるには「政府権力の衣をまとい、しかし、民間企業の柔軟性と積極性を備えた公社」が必要だと訴えた。

一九三三年五月十八日、公社設立の法律が成立した。公社は三人からなる理事会によって運営される。理事長に選ばれたのは、オハイオ州のアンティオック大学の学長で、五十五歳の洪水制御技師アーサー・モルガンである。中央指令型経済の熱心な信奉者で、流域開発を電力と肥料の生産だけでなく、住宅、教育、その他の分野にも広げることで、住民の生活を改善しようと夢見ていた。たとえ住民自身のなかに反対があってもである。モルガンはこう述べている。「土地所有の法を改正し、農業の永続を第一に使用しない者には土地の所有や占有を認めないようにしなければならない」

残る二人の理事は、テネシー大学学長で六十六歳の農業科学者ハーコート・モルガン（アーサー・モルガンと親戚関係はない）と、三十三歳の弁護士デビッド・リリエンソールだ。ハーバード大学で革新派教授のフェリックス・フランクファーターから教えを受けたリリエンソールは、電力会社相手の訴訟で名を上げ、ウィスコンシン電力委員会委員長を務めていた。三人は仕事を分担し、アーサー・モルガンがダム、ハーコート・モルガンが農業、リリエンソールが電力とその料金を受け持った。このうち公社の顔として頭角を現したのは、一番若く、弁舌に長けたリリエンソールである。

中央集権を支持するアーサー・モルガンに対し、リリエンソールは地域分権と地域社会の協力を強調した。しかし、これは願望あるいはポーズにすぎなかった。公社は事実上、政府と一体だったからである。その証拠に、公社の根拠法には、公社は合衆国の名において土地収用の権限を有すると明記してあった。公社自身が公正かつ合理的とみなす価格で所有者が不動産の売却を拒んだ場合、公社は必要とする不動産すべてを接収することができたのである。

こうした強制接収の標的の一つとなったのは、電力持株会社コモンウェルス・アンド・サザン傘下のテネシー電灯電力会社である。コモンウェルス社社長のウェンデル・ウィルキーは当時民主党員で、のちに一九四〇年の大統領選で共和党からルーズベルトの対抗馬として立候補したことで知られる。弁護士出身のウィルキーは私有財産の権利を主張して公社と法廷闘争を繰り広げたが、敗訴に終わる。

リリエンソールはまた、公社は「税金に頼らず、企業として運営している」と主張した。だが、これは表面的な話にすぎない。

理由は二つある。第一に、公社は費用に金利を計上していなかった。公社の経理処理を調査した会計検査院は「現在、金利が計上・支払いされていない結果、政府にかかる総コストを反映できていない」と報告したうえで、「財務省は（電力事業への）投資額にかかる金利を計算し、そのコスト分を国庫に返金させなければならない」と提言した。作家ディーン・ラッセルによると、一九三三年から一九四七年までに公社が支払いを免れ、結果的に納税者が負担することになった金利の額は、政府自身の金融緩和政策で押し下げられた金利水準で試算しても、一億二千万ドルに上るという。

第二に、公社は国税を免れていた。なぜなら公社は連邦政府そのものだからである。一九四七年時点で、民間電力会社が国税・地方税合計で総収入の一八・九％を払っていたのに対し、公社は地方税を三・九三％払うだけで済んだ。しかも公社は郵便や免税ガソリンの使用で優遇措置を受け、さまざまなライセンス料の支払いを免れていたうえ、一万五千人余りいる従業員の労災保険料も払っていなかった。

リリエンソールら公社幹部は、利潤を追求する民間会社よりも安価な電力を提供できるとアピールしていた。だが、ある会計専門家の試算によると、かりに公社が民間並みのコストを負担した場合、電力料金は約二倍に跳ね上がり、民間より高くなるという。

それでは経済効果はどうだったろうか。経済学者ウィリアム・チャンドラーが一九八三年に行った研究によると、公社の電力が届きにくい周辺地域は、むしろテネシー川流域と同等かそれを上回る経済成長を遂げていた。

チャンドラーは、全住民に公社の電力が届くテネシー州と、まったく届かないジョージア州とで一人あたり所得の伸びを比較した。両州の一人あたり所得は公社発足前、同水準だった。一九四〇年代までに公社のダムが相次いで完成するにつれ、ジョージア州の一人あたり年間所得の伸び率はテネシー州を上回り始める。これは調査期間の終わりである八〇年代までほぼ続く。

他の州との比較も行ったうえで、チャンドラーはこう結論した。

「合衆国南東部の九つの州について、一人あたり所得と公社による電力供給範囲の間には、本質的に逆相関（一方が増加すると他方が減少する）の関係がある。……しかも七つの州では、テネシー川流域にある郡は、公社の電力が届かない郡よりも貧しい」

なぜ、安価な電力は経済の繁栄につながらなかったのだろう。公社の電力がまったく届かないかあまり届かないジョージア、ノースカロライナ、アーカンソーなどの各州では、コストを吸収できない農家が製造業やサービス業で働くようになり、高い収入を得た。これに対し、安い電力を入手できる地域の農家は、慣れ親しんだ農業にとどまることができ、結果として転業が遅れ、所得が伸びなかった。皮肉なことに、貧しい人々を助けるために始められた巨大な公共事業が、その人々の足を引っ張ったのである。

ダム建設によって立ち退きを強いられた人々は一万五千人以上に及んだ。農地所有者には接収の対価として現金が払われたが、農地を持たない小作農には何の補償もなかった。ダムは治水に効果があるどころか、むしろ水害を悪化させた。

それでもダムは、政府と公社の威光を輝かせるには十分な役割を果たした。ノリス、ウィルソン、ホイーラーといったダムを見学に訪れる人数は一日千人を超えた。ライフ誌をはじめとするメディアはこぞってダムの写真を掲載し、リリエンソールは、公社の理念はさまざまなメディアに賛同されていると胸を張った。政府も公社に関するニュース映画を学校や劇場に無料で配布し、「成果」をアピールした。

巨大ダムは当時ピラミッドや聖堂によくたとえられたが、現代の歴史家ヴォルフガング・シヴェルブシュのように、巨大ダムと独ナチス政権が建設した高速道路アウトバーン、伊ファシズム政権によるポンティノ湿原開発との間に「大技術的モニュメンタリズム（記念碑主義）」という共通点を見いだす論者もある。物理的な巨大さに幻惑されやすい単純な人々を欺くには格好の手段といえる。

もともと戦争に起源を持つテネシー川流域開発公社は、第二次世界大戦中、ある特別な役割を果たす。テネシー州オークリッジにある極秘のウラン濃縮工場に電力を供給したのである。原子爆弾を開発・製造する「**マンハッタン計画**」の一環だった。小林健一『TVA実験的地域政策の軌跡』によれば、オークリッジが立地に選ばれた理由は、公社による巨大電源を利用できること、内陸部にあり敵の攻撃を受けにくいこと、丘陵地にあって人口が過密でなく、それにもかかわらず周辺地域から労働者を多数得られること、同じく丘陵地ゆえに工場と市街地を尾根で分離し、事故の場合の被曝(ひばく)を回避できることなどであった。

日本に原爆が投下され、第二次大戦が終わった後も、公社は生き延びた。現在も、原子力発電の比重を高めながら存続している。公社のホームページは誇らしげにこう記す。

「私たちの使命は、約九十年前に議会がTVAを創設したときと同じように、今も重要です」

マンハッタン計画：第二次世界大戦中にアメリカで進められた原子爆弾製造計画。一九四五年七月に史上初の核実験が行なわれ、八月に原子爆弾が広島・長崎に投下された。名称は、陸軍工兵科内に設置された「マンハッタン管区（暗号名）」で進められたことに由来する。

恐慌悪化を招いた規制と増税

✣——労働規制で失業者が増大

一九三五年五月、米連邦最高裁は州の権利を侵害するなどの理由で、全国産業復興法（ＮＩＲＡ）に違憲判決を下した。これにより全国復興局（ＮＲＡ）の介入政策がなくなると、米経済は一時活気を取り戻した。ところが一九三七年夏から秋にかけ、状況は暗転する。株式相場が下げ始め、実体経済も急速に冷え込んだ。一九三七年五月に一一・三％だった失業率は、一年後の三八年五月に二〇・一％まで上昇した。

一九三七年に始まったこの厳しい不況は「一九三七年恐慌（ルーズベルト恐慌）」といい、それまでの不況からまだ完全に脱却しないうちに始まったことから、「恐慌の中の恐慌」とも呼ばれる。なぜ、このようなことが起こったのだろうか。

通説では、財政・金融政策を引き締めたことが原因だと説明する。だが、それは恐慌のきっかけにすぎず、本質的な原因は他にあった。それはルーズベルト政権による規制と課税の強化である。

ルーズベルト政権は一九三五年以降、政府による介入政策をあらためて強化する。政権初期の第一期ニューディールに対し、第二期ニューディールと呼ばれる。その柱は労働規制の強化と社会保障制度の導入、および増税である。一九三七年恐慌をもたらしたのは、企業や個人に重いコストを背負わせたこれらの政策だった。

一九三五年七月、ルーズベルトの署名により、全国労働関係法が成立する。起案した民主党上院議員ロバート・ワグナーにちなんでワグナー法と呼ばれる。

全国産業復興法にも労働関係の規定はあったが、ワグナー法ではこれを大幅に強化した。具体的には、次のとおりである。

①労働者の団結権・団体交渉権・団体行動権を具体的権利として初めて明確に規定し、②これらの権利の保障を具体化するために、権利行使に対する経営者の干渉・制限、労働組合への支配・介入、労働組合員への差別、救済申し立てや証言をしたことによる解雇などの差別、団体交渉の拒否といった経営者の行為を不当労働行為として禁止した。さらに、③団体交渉制度の具体的な仕組みとして、労働者の過半数の支持を得た労働組合に排他的な交渉権限を認める排他的交渉代表制を採用し、④交渉代表の選出・認証および不当労働行為からの救済を管轄する機関として全国労働関係局を設置した。

ワグナー法は修正を加えられながらも、現在でも大枠で米労働法の基礎をなす。戦後日本の労働法制にも大きな影響を及ぼし、高校などの政治経済の教科書では常識として教えられる。だから現代では、ワグナー法が当時の米社会にとっていかに衝撃的だったか想像しにくい。

ニューディールの思想的影響を受けた日本国憲法が第二十八条で労働者の団結権、団体交渉権、団体行動権を保障するのに対し、合衆国憲法には同種の規定がない。むしろ連邦最高裁は憲法が保障する契約の自由を擁護する立場から、労組に優越的地位を与える法律を憲法違反と判断してきた。たとえば一九〇八年の**アデア対合衆国事件**では、労働者に組合に加入しないことを約束させる「**黄犬契約**（おうけんけいやく）」を禁止した連邦法が違憲とされた。

通説では、黄犬契約は経営者が労働者に押しつけたとして批判される。しかし、実際はそうではなかった。経済学者モーガン・レイノルズはこう説明する。

「（破壊的なストライキや取引妨害など）労組の暴力行為が続く時期

アデア対合衆国事件：一九〇六年、ルイビル&ナッシュビル鉄道の従業員を監督する地位にあった主任整備士のアデアは機関車火夫団という労働組合に所属していることを理由に、コパージを解雇。これにより、アデアは、アードマン法の十条に違反したとして連邦地方裁判所に起訴された。アデアはアードマン法は違憲だと主張したが、地裁は合憲だとし、百ドルの罰金を支払うよう命じられた。そこで、アデアは連邦最高裁に上告。一九〇八年一月二十八日、連邦最高裁判所は六対二の多数で、アードマン法十条は違憲であると判決した。

黄犬契約：雇用者が労働者を雇用する際に、労働者が労働組合に加入しないこと、あるいは、労働組合から脱退することを雇用条件とすること。これは労働基本権を雇用者が制限するものであり、不当労働行為として禁止されている。

には、黄犬契約を望む労働者が増えた。組合紛争や暴力行為に加わることを恐れる者は、黄犬契約を結ぶことで労働条件をより魅力的にできるからである。黄犬契約により、労働者は組合紛争に巻きこまれる恐れを小さくすることができた」

　黄犬契約の禁止は、労働者の選択の自由を抑圧するものだったのである。こうした労働契約の自由は、ニューディール以前にも、政府の介入によりしだいに狭められてはいた。しかしワグナー法は政府による規制を一気に強めた。たとえば、全国産業復興法ですら認めていた企業内組合を禁止した。

　一方でワグナー法は、特定の労組メンバー以外の雇用を認めないクローズド・ショップ制を認めた。排他的な交渉権限を得た組合は選挙で追認される必要はなく、ほとんど永久に労働者を代表することができる。結果としてニューディールのなかで成立した法律のなかで最も強圧的なものとなった。

　だから当初、ワグナー法は違憲とされるとの見方が米国内では強かった。このため同法が成立した後も、経済はしばらく回復を続けた。

　ところが一九三七年四月、全国労使関係委員会対ジョーンズ・ラクラン製鉄会社事件の判決で、最高裁はワグナー法を合憲とした。時あたかも、ルーズベルトの圧力を背景に最高裁がそれまでの立場を変え、ニューディールの諸政策を合憲とする判決を次々に下し始めた時期だった。合憲判断に関係者は驚き、シカゴ・トリビューン紙は判決を革命であると評した。

合憲判決をきっかけに、労働者の間に大きな変化が生じる。まず労働組合員が急増した。農業以外の労働者の組合加入率は一九三三年には一一・五％だったが、一九三九年までにその比率は二八・九％に拡大した。同じ期間中に組合員総数は三倍に膨れ上がった。

さらに賃金に上昇圧力がかかり、一九三七年には一一・六％上昇する。大恐慌中、二ケタの上昇率を記録するのはこれが二度目である。

果たしてワグナー法が引き起こしたこの変化は、労働者全体に利益をもたらしただろうか。残念ながら、そうとは言いにくい。第一に、失業の増加を招いた。基本的な経済法則が示すとおり、物やサービスの価格が上昇すると、それらに対する需要は減少する。労働市場に当てはめれば、賃金が上昇すると、求人は減少し、失業が増加する。

事実、一九三七年に始まる恐慌で失業率が大幅に上昇したのはすでに述べたとおりである。労働規制強化のもう一つの重要な法律として三八年に制定された公正労働基準法も、連邦レベルで時間あたりの最低賃金率を導入し、労働市場をいっそう硬直化した。第五章で詳しく述べるように、最低賃金の強制は経済に悪影響を及ぼすにもかかわらず、政府が人気取りのために実施するのは、今の日本も変わらない。

第二に、労組に加入している労働者とそうでない労働者の間で賃金格差を広げた。一九三五年にワグナー法が制定されたときには、労組に加入している労働者の所得は加入していない労働者より二％多いだけだったが、一九三九年にはその差は約一〇％になり、一九四一年には二三％以上にもなった。

第三に、職を持つ人と持たない人の格差も広げた。経済学者トマス・ホールとデビッド・ファーグソンはこう指摘する。

「ワグナー法は組合化を促進し、アウトサイダー（職を持たない人たち）を排除しようとするインサイダー（職を持つ人たち）の数を増やした。いったん高賃金が妥結すると、雇用者はアウトサイダーを雇わなくなる。そこで、インサイダーは自分の利益を守ることができた」

ニューディールの労働規制は、既得権益を握る労働組合には好都合でも、そうでない弱者には冷たかったのである。

✣───社会保障は「保険」という嘘

政府による社会保障は、労働組合の法的特権と同様、現代においては当然のものとみなされている。だがそれは本来、政府が行う必要のない業務だった。ルーズベルト政権は国民に重大な嘘をついてまで、社会保障制度を米国に導入した。その結果、短期ではもちろん、長期でも社会に大きなコストを押し付けた。

社会保障制度は進歩的な民主主義国家の象徴のように思われているが、それを始めたのは十九世紀欧州で最も専制的な国家の一つだった。鉄血宰相ことオットー・フォン・ビスマルクが統治したドイツである。ビスマルクは一八七一年のドイツ統一後、社会主義者を弾圧する一方で、社会保障をはじめとする社会主義的政策を推進した。その狙いは、国家に対する大衆の依存心を高めることにあった。ビスマルクは述べている。

「老齢年金を受け取る者は、そのような支援を受けられない者に比べ、はるかに満ち足りており、御しやすい」

その後、ドイツの社会保障制度は欧州諸国に広がった。ビスマルクの伝記を著した英国の歴史家A・J・P・テイラーは記す。

「社会保障によってあちこちで大衆の独立心が失われたのは間違いない」

一方、米国では、南北戦争の傷痍軍人に対する年金以外、連邦政府による社会保障制度はほとんどなかった。二十世紀に入ったころから、欧州からの移民の多くが、欧州式の政府による年金制

オットー・フォン・ビスマルク：一八一五年～一八九八年ドイツの政治家。プロイセン首相として軍備増強を強行、普墺戦争と普仏戦争を勝利に導いた。一八七一年、ドイツ統一を達成、帝国初代宰相となる。保護関税政策をとって産業を育成し、社会政策を推進した。一八九〇年、皇帝ヴィルヘルム2世と衝突して辞任。「鉄血宰相」と呼ばれた。

度を求めるようになるが、あまり支持を得られなかった。低所得の高齢者を支える仕組みが別に存在したからである。それは急成長する民間保険だった。

一九一一年、団体生命保険が発売され、会社の全従業員が加入時年齢による保険料の差なしに保険をかけられるようになった。団体生命保険の加入者数は個人生命保険の二倍のペースで増加し、民間年金を受け取る人が増えた。一九二九年に株価が大暴落しても、民間年金の運用への打撃は比較的小さく、大半の年金は平常どおり支払いが行われた。

政策アナリストのキャロリン・ウィーバーはこう書く。

「これらの事実は少なくとも、恐慌開始から約五年がすぎても、強制的な老齢保険を創設する法案が連邦議会に提出されなかった理由の一部を示している。単に、そのような政策が強く求められなかったからである。……労働者の多数は社会保険を求めていない。欧州では社会保険政策の背後に、ほとんどつねに政府当局の存在があった」

だが不況が長引いて職を失い、団体保険の掛け金を払えず、将来年金を受け取れない人が徐々に増えるにつれ、国営保険の導入を唱える政治家や活動家が現れた。ルイジアナ州選出の上院議員ヒューイ・ロング、カリフォルニアの医師フランシス・タウンゼントらである。

そこでルーズベルトは対抗上、自ら社会保障制度の創設に動く。一九三四年七月、法案作成のため検討委員会を設立した。委員長はフランシス・パーキンス労働長官、他の委員は**ヘンリ**

ー・モーゲンソー財務長官、ヘンリー・ウォレス農務長官、ホーマー・カミングス法務長官、ハリー・ホプキンス連邦緊急救済局（FERA）長官である。事務局長には、社会保障の専門家として知られる経済学者でウィスコンシン大学教授のエドウィン・ウィットが就いた。

ここで重大なごまかしが行われる。ルーズベルトや検討委員会のメンバーたちは、社会保障への政治的支持を得るために、それがあたかも国民になじみの深い民間保険と同じ仕組みであるかのように説明したのである。たとえばウィットは下院歳入委員会の公聴会で、老齢保険は「老齢年金の自助制度」だと述べた。

さらに政府要人らは、社会保障は保険であるばかりでなく、「契約した年金」に対する「契約上の権利」だと表現した。たとえばパーキンス労働長官は同委員会の公聴会で、社会保障の仕組みをこう説明している。

「（労働者に）給与から小さな割合の掛け金を払わせ、のちに保険金を払うための基金を積み立てます。これは六十五歳になったと

ヘンリー・モーゲンソー：一八九一年～一九六七年。ルーズベルト政権において、一九三四～一九四五年まで財務長官を務める。戦後のドイツの将来を決定する「モーゲンソー計画」を提案。戦後はIMF、世界銀行の設立に尽力した。

き、契約上の権利を得るものです」

しかし、社会保障は民間の保険とは異なる。民間の年金保険は、あらかじめ積み立てた掛け金とその運用収入で給付を行う「積立方式」で運用されている。これに対し社会保障の年金は、現役世代が払う社会保険料（米国の場合は社会保障税＝給与税）を現在の高齢者世代に給付する「賦課方式」をとる。すなわち社会保障は、パーキンスが述べたような、個人が自分の将来に備えて保険料を積み立てる仕組みではない。

また、保険料を払ったからといって、年金を受け取る契約上の権利は生じない。事実、検討委員会が作成した法案には、保険金支払いに対する契約上の権利という文言はどこにもなかった。それどころか、議会に対し「この法律の一部または全部の規定を変更・改正・廃止」する権利を留保していた。

だから法律さえ改正すれば、契約違反の法的責任を問われることなく、たとえば最近日本でも議論になっているように、給付額を減らしたり給付開始の年齢を遅らせたりできるわけである。にもかかわらず政府要人らは、「社会保障は保険」という宣伝を繰り返した。

主要メディアも、政府の不適切な言葉遣いをそのまま用いた。法案がまだ議会で審議中のころ、タイム誌は「合衆国政府は事実上、巨大な合衆国保険会社になる」と書いた。法案への大統領の署名を受け、ニューヨーク・タイムズ紙は社会保障を政府が運営する「年金プラン」と呼び、それにより労働者は「経営者と労働者が共同で積み立てた基金」から「他の所得にかかわらず年金を得る」と解説した。ニューズウィーク誌も「老齢年金」「保険掛け金」と表現した。

ただし政府関係者は、法案の文言では慎重に言葉を選んだ。当初の草案では保険用語を多用していたが、これを保険とは無関係な用語に書き改めた。連邦政府に保険事業を営む権限はないとして、最高裁が違憲判断を下すかもしれないと恐れたためである。法案の構成にも神経を使った。税を原資に年金を給付するという印象を与えないように、課税と給付は別々の部分に分けて書き、両者の関係について一切触れなかった。起草者の一人、トーマス・エリオットはのちに、法案をわざとわかりにくくしたと認めた。

こうして一九三五年八月十四日、政府の思惑どおり、社会保障法が成立する。すると政府関係者は再び、「社会保障は保険」と強調し始めた。もちろん大統領自身もである。

一九三七年十月、ペンシルベニア州での演説でルーズベルトはこう語った。

「（社会保障）法によって二種類の保険が労働者に提供されます。その保険には、ちょうどみなさんが他の保険契約で掛け金を払うように、経営者と労働者が掛け金を払います。この掛け金はお聞き及びのように税の形で集められます。一種類目の保険は老後に備えるものです。労働者が掛け金を一ドル払うごとに経営者も一ドル払いますが、ともに政府がもっぱら保管し、労働者が年をとったときの給付金に充てます」

社会保障の原資を確保するため、政府は社会保障税を課した。課税が始まった当初の一九三七年には労使双方の負担は一％ずつだったが、その後一年に一ポイントずつ上昇し、一九三九年には三％ずつにまで上昇した。会社側は別途、失業保険の積み立てとして従業員の給与の三％を支払った。もっとも、会社側の負担とはいっても、実際は従業員に支払う賃金を削って回しているにすぎず、従業員が得をするわけではない。これは今の日本も同じだ。

経済学者トマス・ホールとデビッド・ファーグソンは、社会保障について「（ワグナー法と並び）明らかに経済復興を妨げたもう一つの要因であった」と述べる。ある推計によると、社会保障の導入による賃金コストの上昇は失業率を二・二一ポイント押し上げた。

政府が国民に対し、権利でないものを権利であるかのように誤解させた結果、給付の削減につながるような改革を行うことがきわめて難しくなってしまった。ルーズベルトは自らへの政治的支持と引き換えに、その後雪だるま式に膨れ上がるコストを社会に押し付けたのである。現在の日本の社会保障制度と同じ構図である。

ある会計士から、社会保障がもたらす経済問題、とくに失業を生み出す傾向について問われたとき、ルーズベルトはこう答えたという。

「君は経済学的には正しいのかもしれないが、それらの（社会保障）税は経済学の問題ではない。徹頭徹尾（てっとうてつび）、政治なのだ」

✢――増税で企業と富裕層を狙い撃ち

一九三七年恐慌のもう一つの原因は、増税である。とりわけ三六年に導入された「留保利潤税」は、企業が利益を内部に積み上げることを困難にし、経済成長に欠かせない設備投資を妨げた。

留保利潤税は、株主に分配されずに法人内部に留保された利益に対して、累進課税を行うものである。今の日本でも導入が唱えられる「内部留保課税」と実質同じものだ。

一九三六年一月に最高裁が農業調整法（ＡＡＡ）に違憲判断を下したことで、同法に基づく加工税が徴収できなくなり、政府は歳入の源を奪われていた。新税はこの穴を埋める狙いがあった。またルーズベルトにとっては、「大企業が巨額の留保利潤を抱え込めないようにする」と大衆に訴えることで、再選を賭けた同年の大統領選を有利に運ぶ目的もあった。

ルーズベルト政権内の進歩派知識人のなかには、この税を社会改革につなげようとの思惑もあった。大企業による市場の独占・寡占を悪とみなす法学者出身の法務官ハーマン・オリファントは、それまで企業内に貯め込まれていた資金が配当の形で株主の手に分配されるようになると、内部留保の使い途に関する決定権はしだいに一般の株主投資家の手に委ねられていき、経済民主主義の促進につながると考えた。

また、経済学者出身で社会主義経済に関心を抱いていたレックスフォード・タグウェルは、企業内部に無為に貯め込まれている余剰資金を国家が吸収し、留保利潤税による新たな税収を原資として「産業準備基金」を設け、これを用いて財政支出を拡大することによって経済の安定化を図るという構想を描いた。

かりに企業がある年の利益をすべて配当金に回せば、留保利潤税は課されない。しかし社外流出を抑え、内部留保を手厚くするほど、高率の税を取られる。当初の法案では、年間の売上高が一万ドル未満の場合、内部留保の比率に応じて最低一〇%、最高四二・一四%の税を課される。売上高が一万ドル以上の場合、税率は最低四〇%、最高七三・九一%に跳ね上がる。

すでにあれこれ税を払った末に、企業の手元にようやく残る儲けの蓄(たくわ)えである内部留保にも税を課すというのだから、産業界は当然法案に猛反発した。連邦議会は上院と下院の委員会でそれぞれ公聴会を開き、企業側の意見を聴いた。反対意見はいずれも筋が通っていた。

まず、従業員が三~四人くらいしかいない零細企業が十五年から二十年という比較的短期間で、数百人が働く大企業に成長する際、設備投資の原資となるのは内部留保である。その典型はフォード・モーターで、借金に頼らず、内部留保を再投資することで国内最大の自動車メーカーに成長を遂げた。もし内部留保が課税対象になると、若い小さな企業は資金調達が不利になる。

その一方で、大企業は相対的に有利になる。課税を逃れるために、ある年の利益のすべて、あるいは大部分を配当金などに回しても、過去に積み上げた内部留保があるので、それを再投資に充てることができるからだ。ルーズベルトは大企業による市場の独占・寡占をしばしば非難したが、留保利潤税はむしろ独占・寡占の傾向を強めることになる。

また経営が順調な時期に蓄えた内部留保は、経済環境が厳しくなった際に損失を相殺し、業績のぶれを小さくする役割を果たす。内部留保が手薄だと業績が不安定になるし、従業員の解雇にもつながる。ところがルーズベルトはよりによって大不況のさなか、課税によってその備えを奪おうというのである。

もし証券市場が正常に機能していれば、少なくとも上場企業は新株や社債の発行によって内部留保の減少を補えただろう。しかし、ニューディールの一環として行われた証券取引監視や情報開示拡大など規制強化の影響で、証券発行はほとんどストップしていた。非上場の中小企業はそもそも証券市場で資金調達ができない。

ルーズベルトはこうした道理を一切無視し、大統領選中、新税に反対する経営者は民主主義に反対する「経済の王党派」であり、「大金持ちの悪人ども」だと非難した。一九三六年十月三十一日、ニューヨークのマジソン・スクエア・ガーデンで行った演説では、「産業・金融の独占企業」やその他の利己的な勢力を次のように攻撃した。

「米国史上、今日ほどこれらの勢力が結集し、一人の候補者を目の敵にしたことはありません。連中は私を一様に憎んでいます。望むところです。政権一期目、利己心と権力への渇望に満ちたこの勢力を相手に、我々は一歩も引きませんでした。二期目は打ち負かしてやりましょう」

ルーズベルトは選挙で大勝を収め、留保利潤税法案は最高税率の引き下げなど一部修正されただけで議会を通過した。新税の影響はただちに現れた。企業は内部留保への課税を嫌い、一九三六年と三七年の両年、配当金を大幅に増やした。米国企業の配当総額は三四年の二十六億四千二百万ドル、三五年の二十九億二千七百万ドルに対し、三六年に四十七億二百万ドル、三七年に四十八億三千二百万ドルと急増した。政府は配当金への課税で潤った。

一方、これも予想されていたとおり、企業は内部留保が減った結果、設備投資を縮小した。エコノミストのロバート・ヒッグスによると、民間設備投資（減価償却分を差し引いたネットベース）は一九三〇年代に合計三十一億ドル減少した。ルーズベルトの税制顧問ランドルフ・ポールは、ルーズベルトの税政策は「政府が回復させようとした不況を悪化させた」と述べた。ニューディール政策に好意的な経済学者H・W・アーントですら、「企業家の信認の喪失は事業活動と民間投資とを抑制する効果を持ったであろう」と認めた。

やがて留保利潤税は、政権に近い経済人や政権内部からも批判されるようになる。議会は一九三九年、ルーズベルトの反対に抗して、同税を廃止した。

このときに限らず、ルーズベルトは企業や富裕層を標的とする重税をしばしば打ち出した。それらは歳入にはあまり寄与せず、むしろ政治的アピールの手段としての意味合いが濃かった。一九三五年予算では、五万ドル以上の所得の税率を上げ、五十万ドル以上の最高の税率区分では七五％の税が課された。財産税や贈与税も引き上げられた。ルーズベルト自身がニューヨークの富裕層の出身だったため、裏切り者とみられることもあった。

しかし政治家ルーズベルトは、富裕層攻撃が一般有権者に受けることを知っていた。一九四一年七月、三期目の政策について協議する席上、ルーズベルトは予算責任者に対し、十万ドル以上の所得に一律九九・五％の税率を課してはどうかと提案した。責任者が面食らっていると、ルーズベルトはこう言った。

「いいじゃないか。君も私も、年十万ドルも稼ぐことなどないさ」

✣──ニューディールはみじめな失敗

ここまで大恐慌にまつわるさまざまな神話について述べてきた。しかしそのなかでも、「ニューディール政策のおかげで米国は大恐慌を脱した」という主張ほど明白な誤りはない。経済は一九四〇年代に入っても、ひどく低迷していた。これはルーズベルトがニューディール政策を始めて十年近くが過ぎても、成功しなかったことを意味する。

ニューディールの失敗を最も顕著に示すのは、失業率である。ニューディールを擁護する経済学者や評論家は、一九三七年から三八年への上昇を除けば、三三年以降、失業率は毎年低下したと称賛する。

しかし、それは的外れな見方である。当時の失業率を改めて見ると、まず水準が高すぎる。ルーズベルトが大統領に就任した一九三三年から米国が第二次世界大戦に参戦する四一年まで九年間の平均は一七・六%で、黄金の二〇年代と呼ばれた二三年から二九年までの平均(三・三%)の五倍以上である。繁栄を取り戻したとは、とても言えない。

そもそも米国史上、大恐慌以前の不況はたいてい二年以内、最長でも五年以内に終わっている。ニューディール開始以来、九年経っても不況が終わらなかったとすれば、問われるべきは「ニューディールはどのように大恐慌を終わらせたか」ではなく、むしろ「大恐慌はなぜそれほど長く続いたか」だろう。その答えはすでに述べてきた。通説とは正反対に、ニューディール政策による市場への介入こそが経済を弱らせ、回復を妨げたのである。

また、ニューディール政策が始まって以来、失業率が毎年下がったというだけでは、それがニューディールの成果によるものなのか、それとも市場経済の自律回復によるものなのか、判断できない。ここで参考になるのは、第一次世界大戦終結直後の厳しい不況とそこからの立ち直りである。

当時、自由放任主義のハーディング政権のもとで、失業率は一九二一年に一一・七％まで上昇したが、二年後の一九二三年にはわずか二・四％まで低下した。年平均四・五ポイント強の低下である。賃金を政府の力で無理に押し上げるようなことをせず、自然に下落するに任せた結果、雇用が増加したのだ。経済学者ロバート・マーフィーは「ローズヴェルト大統領がウォーレン・ハーディングのように経済不況の取り組みに成功していたなら、一九三五年の失業率は、ルーズベルト大統領時の二〇％超というよりむしろ一六％になっていたであろう」と書く。

ニューディールの成否は、過去との比較だけでなく、同時代の他国との比較でもわかる。隣国カナダの失業率は一九三〇年から三三年にかけ大きく上昇した後、改善に向かっている。注目すべきは、米国でニューディール政策が始まって以来、米国よりむ

世界恐慌期の米失業率

年	平均失業率(%)
1923-1929	3.3
1930	8.9
1931	15.9
1932	23.6
1933	24.9
1934	21.7
1935	20.1
1936	17.0
1937	14.3
1938	19.0
1939	17.2
1940	14.6
1941	9.9

＊マーフィー『学校で教えない大恐慌・ニューディール』

しろ改善の度合いが大きいことである。

フーバー政権時代（一九三〇～三三年）に米国の失業率はカナダを平均三・九ポイント上回っていたが、戦争前のニューディール時代（一九三四～四一年）にはその差が同五・九ポイントに広がった。両国の経済が密接につながり、かつカナダではニューディールに相当する介入政策が行われなかったことから判断すれば、ルーズベルトの失敗は明らかだろう。

欧州諸国の回復も米国より早かった。たとえば英国では一九三七年には失業率が一〇・三％まで低下した。同年の米国より四ポイント低い。

失業率以外の指標を見ても、ニューディール政策の成果は芳しくない。一人あたり国民総生産（GNP）が大恐慌開始時の一九二九年の水準をかろうじて回復したのは、一九四〇年のことである。本格的な成長は戦後まで訪れなかった。個人消費支出は四

米国とカナダの失業率比較（%）

年	米国	カナダ
1923-1929(平均)	3.3	3.1
1930	8.9	9.1
1931	15.9	11.6
1932	23.6	17.6
1933	24.9	19.3
1934	21.7	14.5
1935	20.1	14.2
1936	17.0	12.8
1937	14.3	9.1
1938	19.0	11.4
1939	17.2	11.4
1940	14.6	9.2
1941	9.9	4.4

＊マーフィー『学校で教えない大恐慌・ニューディール』

〇年になっても七百十九億ドルと、二九年の水準（七百八十九億ドル）を八％下回っていた。

著名な経済学者ヨーゼフ・シュンペーターは、第二次世界大戦中の一九四二年に刊行した著作『資本主義、社会主義、民主主義』で、ニューディール政策についてこう指摘した。

「アメリカ経済は急ピッチで回復できる可能性が十二分にあったのに……全く不本意な回復しか遂げられなかった」

ケインズ経済学の影響力が増した戦後の経済学会では、ニューディールは政府の介入政策の成功例として長らく称賛されてきた。しかし近年は、その風潮にも変化がみられる。

カリフォルニア大学ロサンゼルス校（UCLA）の経済学者リー・オハニアンとハロルド・コールは二〇〇四年八月、権威ある学術誌ジャーナル・オブ・ポリティカル・エコノミーに「ニューディール政策と大恐慌の持続」と題する論文を掲載した。それによると、一人あたり実質国内総生産（GDP）は、大恐慌が頂点に達した一九三三年には、それ以前の傾向から導いた理論値を三九％下回ったが、三九年になっても二七％下回っていた。同様に、民間労働時間は三三年に理論値より二七％少なかったが、三九年になっても二一％少ないままだった。

オハニアンとコールはこう指摘する。

「ニューディールの労働・産業政策は経済を大恐慌から脱出させなかった。……代わりに、労働者の交渉力を強め、高賃金を支払わせる一連の政策のせいで、正常な回復が妨げられた。独占利益を生み出し、インサイダーとアウトサイダー（規制の保護を受けられる者と受けられない者）の摩擦をもたらした結果、賃金が急上昇し、雇用を制限したためである」

ニューディール政策のせいで米経済の回復は七年遅れてしまったとみる。

ニューディール政策はみじめな失敗だった。そのことは当時から、政権内部の者が誰よりも痛感していた。ルーズベルト政権が二期目の終わりに近づいた一九三九年五月、財務長官ヘンリー・モーゲンソーはこう嘆いた。

「これまで支出しようとしてきた。またこれまで以上に支出しているのに効果がない。私の望んでいることはただ一つです。もし私が悪いのなら辞職しますよ。私はこの国に繁栄して欲しいし、国民に仕事に就いて欲しいんだ。それに国民に十二分に食べて欲しい。我々は公約を果たしていない。この八年間の政局運営の間、失業率は何ら初めの頃と変わってはいない。その上に莫大な債務を抱えるようになった。ただ座して時間を浪費するばかりで、くたびれ果ててうんざりだ。なぜだ。まったく見通しが立たない」

ニューディール政策は、当の政策担当者が「まったく見通しが立たない」と嘆くほど、情けない失敗だった。しかし政治の世界では今なお、ニューディールは輝かしい成功であったかのように持ち上げられ、それを口実に、米国でも日本でも有害な介入政策が推し進められようとしている。それは一段の経済悪化のサインである。

第四章

昭和恐慌も「政府の失敗」だった

「大きな政府」か「小さな政府」か

昭和恐慌とは何か

この章では目を日本に転じよう。二つの世界大戦間の日本経済は、「恐慌の時代」だった。第一次世界大戦終結後の「戦後恐慌」に始まり、関東大震災による「震災恐慌」、銀行の破綻が広がった「金融恐慌」と恐慌が相次ぐ。とどめを刺す形となったのが、世界恐慌の中で起こった「昭和恐慌」である。

教科書やマスコミでは昭和恐慌について、おおむね以下のように説明する。

経済界からは第一次大戦後まもなく金本位制に復帰した欧米にならって、金輸出解禁（金解禁）を実施して外国為替相場を安定させ、貿易の振興を図ることを望む声が高まってきた。一九二九（昭

浜口雄幸：一八七〇年五月一日～一九三一年八月二十六日。帝国大学卒業後、大蔵省に入省。その後、政界に転じ、立憲同志会に入党。蔵相、内相をへて、一九二七年民政党の総裁となり、一九二九年二十七代内閣総理大臣に。緊縮政策と金解禁を断行したが、ロンドン海軍軍縮条約調印が統帥権干犯として野党や軍部に攻撃された。一九三〇年十一月十四日、東京駅で佐郷屋留雄に狙撃され、～一九三一年八月二十六日死去。

昭和恐慌：一九二九年十月にアメリカ合衆国から端を発した世界恐慌の影響が日本にもおよび、翌一九三〇年から一九三一年にかけて日本経済を危機的な状況に陥れた。株価・物価の暴落、生産低下、失業の増大、国際収支の悪化を招いた。特に生糸、綿糸を中心に農産物価格の大暴落は農村経済に大打撃を与えた。恐慌は一九三二年まで続き、満州事変による軍需景気により収束した。

和四）年に成立した立憲民政党の**浜口雄幸**内閣は、蔵相に井上準之助前日銀総裁を起用し、財政を緊縮して物価の引き下げを図り、産業の合理化を促進して国際競争力の強化を目指した。そして一九三〇年一月には金輸出解禁を断行し、為替相場の安定と経済界の抜本的整理を図った。

解禁を実施したちょうどその頃、一九二九年十月にニューヨークのウォール街で始まった株価暴落が世界恐慌に発展していたため、日本経済は金解禁によって生じたデフレ不況とあわせて二重の打撃を受け、深刻な恐慌状態に陥った。これを**昭和恐慌**という。輸出が大きく減少し、正貨（金）は大量に海外に流出して、企業の操業短縮・倒産が相次ぎ、産業合理化によって賃金引き下げ、人員整理が行われて、失業者が増大した。

昭和恐慌時の株価と物価、生産量

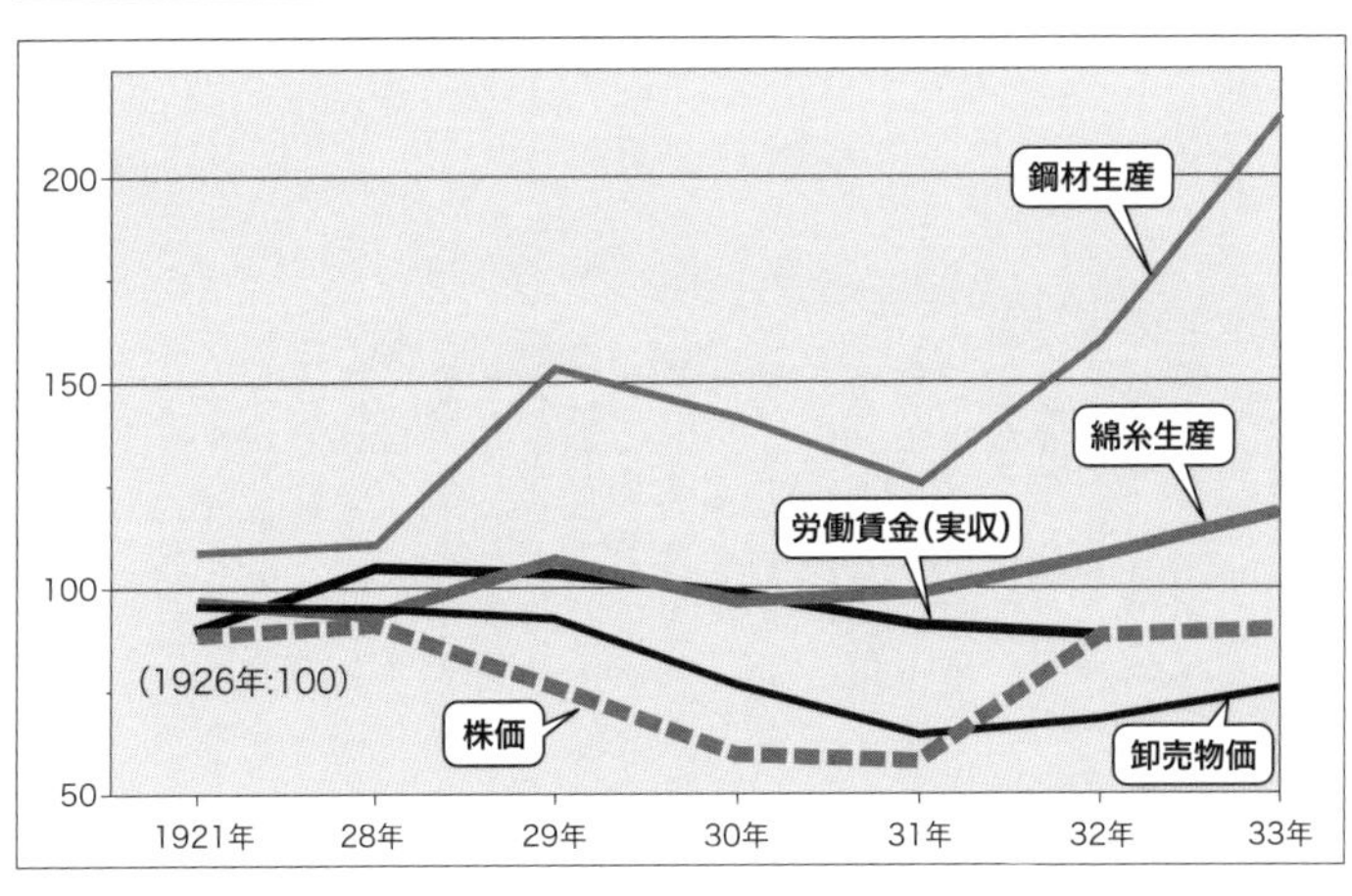

米価は一九二〇年代から朝鮮・台湾の植民地米移入の影響を受けて低迷していたが、昭和恐慌が発生すると米をはじめ各種農産物の価格が暴落した。恐慌で消費が縮小した米国への生糸（きいと）輸出は激減し、その影響で繭価（けんか）は大きく下落した。一九三〇年には豊作のために、さらに米価が押し下げられて「豊作貧乏」となり、翌一九三一年には一転して東北・北海道が大凶作に見舞われた。不況のために兼業の機会も少なくなったうえ、都市の失業者が帰農したため、東北地方を中心に農家の困窮（こんきゅう）は著（いちじる）しくなり（農業恐慌）、欠食児童や女子の身売りが続出した。

恐慌状態を背景に軍部が次第に台頭し、一九三一年九月に**満州事変**が勃発し、十二月には金本位制の維持が不可能となったため**犬養毅**（いぬかいつよし）内閣（高橋是清（たかはしこれきよ）蔵相）により金輸出再禁止が行われ金本位制を廃止した。三二年には恐慌を脱出したが、それ以降、日本経済は次第に戦時経済体制に移行していった。

以上が教科書やマスコミでおなじみの、昭和恐慌の一般的な解説だ。そこでは二人のキーパーソンが登場する。井上準之助と高

満州事変：一九三一年九月十八日、日本軍が満州で南満州鉄道の線路を爆破し、中国に対して攻撃をしかけて、満州を占領した事件。奉天（今の瀋陽）郊外での柳条湖事件を契機に始まった。一九三二年、満州国独立を宣言。さらに熱河省を占領、国民政府と塘沽タンクー停戦協定を締結して満州領有を既成事実化した。

犬養毅：一八五五年六月四日〜一九三二年五月十五日。慶応義塾大学中退後、新聞記者を経て、政界へ進出。第一回衆議院議員総選挙以来十七回連続当選。一八八二年立憲改進党結成以後、政党に関係し、立憲国民党・革新倶楽部の党首となる。普選運動や護憲運動にて指導的役割を果たす。その間、文相・逓相などを歴任。一九二九年立憲政友会総裁となり、一九三一年第二十九代内閣総理大臣に。満州事変の難局にあたったが、一九三二年五月の五・一五事件で射殺された。

山本権兵衛：一八五二年十一月二十六日〜一九三三年十二月九日。薩摩藩出身。海軍兵学寮卒業後、海軍に入隊。海軍の改革につとめ、第二次山県内閣、第四次伊藤内閣、第一次桂内閣で海相を歴任。日清・日露戦争では作戦を統括。一九一三年二月に第十六代内閣総理大

橋是清である。

井上準之助は一八六九（明治二）年、大分生まれ。東大英法科卒業後、日本銀行に入り一九一九年総裁、第一次大戦後の不況対策に当たる。二七年、金融恐慌の際に総裁再任。第二次**山本権兵衛**内閣、浜口雄幸および第二次**若槻礼次郎**内閣の蔵相を歴任し、関東大震災の善後処理や金解禁を行った。金本位制復帰による緊縮政策と世界恐慌のため経済の大混乱を招いたとされ、三二年、血盟団事件で暗殺された。

一方、高橋是清は一八五四（嘉永七・安政元）年、江戸の生まれ。井上準之助より十五歳年長だ。六七年渡米、苦学し、帰国後官吏となる。九二年日本銀行に入り、一九一一年総裁。その間**日露戦争**にあたって外債募集に尽力した。二一年**原敬**暗殺後に首相・立憲政友会総裁に就任。二七年金融恐慌に際して、**田中義一**内閣の蔵相として**支払猶予令**（モラトリアム）を実施して収束。満州事変後、犬養毅・**斎藤実**・**岡田啓介**各内閣の蔵相を歴任した。積極財政を推進して恐慌を克服したとされるが、三六年、**二・二六事件**

臣、一九二三年九月に第二十二代内閣総理大臣と二回組閣するが、それぞれシーメンス事件と虎ノ門事件で辞職した。

若槻礼次郎：一八六六年三月二十一日～一九四九年十一月二十日。東京帝国大学卒業後、大蔵省に入省。大蔵次官を経て、第三次桂太郎内閣、第二次大隈重信内閣で蔵相、第一次加藤高明内閣の内相を歴任。一九二六年一月、第二十五代内閣総理大臣。一九三一年四月に第二十八代内閣総理大臣。一九三〇年のロンドン海軍軍縮会議には首席全権として出席した。

日露戦争：一九〇四年二月より一九〇五年九月まで、日本とロシアが朝鮮と南満州（中国東北）の支配をめぐって戦った戦争。一九〇五年九月五日にポーツマス条約を締結し、講和した。日本が実質的に勝利し、大陸進出を果たした。

原敬：一八五六年～一九二一年。外務省退官後、大阪毎日新聞社社長に就任。立憲政友会創立に参画し、逓相・内相を歴任後、総裁に就任。一九一八年、第十九代内閣総理大臣として、「平民宰相による最初の政党内閣」を組織。交通の整備、教育の拡張など積極政策を行った。一九二一年、東京駅で中岡艮一に刺殺された。

で暗殺された。

二人とも暗殺で非業の死を遂げた点は共通するが、その経済政策は対照的だ。後述するように、井上準之助は産業合理化の推進など政府による介入を容認する部分はあったものの、基本的には自由放任主義を信奉し、「小さな政府」を目指す考えの持ち主だった。金本位制に復帰することで通貨量の操作や財政支出の拡大に歯止めをかけ、市場経済の自律的な回復を促そうとした。井上財政と呼ばれる。

これに対し、井上の死で蔵相を引き継いだ高橋是清は、金輸出を再禁止し金本位制度を停止した。これにより為替相場を円安に転換させ、世界的な不況の圧力を緩和しようとした。そして事実上の管理通貨制度に移行することによって、軍事費拡大などの積極的な財政政策を展開した。高橋財政と呼ばれ、「大きな政府」型の政策である。

つまり、井上財政と高橋財政の違いは、「小さな政府」か「大きな政府」かの違いである。通貨制度面でその違いを象徴するのが、

田中義一：一八六四年七月二十五日～一九二九年九月二十九日。日清・日露両戦争に従軍したのち陸軍省に入り、軍務局長・参謀次長を経て、陸相となる。一九二五年、立憲政友会総裁に就任し、一九二七年若槻礼次郎内閣のあとをうけて、第26代内閣総理大臣に。治安維持法改正・共産党弾圧などの反動政策を行い、対中国積極外交を推し進めた。一九二九年七月、張作霖爆殺事件により総辞職した。

支払猶予令（モラトリアム）：法律によって、債務者に一定期間債務支払の停止を認める法令。恐慌・戦争などに際し、経済の急激な変動・混乱を避けるため実施。一九二三年に起きた関東大震災の際、第二次山本権兵衛内閣が発布。一九二七年の金融恐慌でも、田中義一内閣が発布し、銀行は全国一斉に休業した。

二・二六事件：一九三六年二月二十六日から二月二十九日にかけて発生した、皇道派青年将校による日本のクーデター事件。岡田啓介内閣総理大臣、斎藤実内大臣らを襲撃したうえ、首相官邸・陸軍省・参謀本部などが集中する東京の麹町・三宅坂一帯を占拠し、「国家改造」を要求した。軍中枢の統制派によって鎮圧された。

金本位制採用の有無だ。現代の教科書やマスコミ報道では、金本位制を採用し「小さな政府」を貫こうとした井上準之助は昭和恐慌を招いた愚かな人物であり、金本位制をやめて「大きな政府」路線をとった高橋是清は恐慌を克服した偉大な財政家だとされる。これは「大きな政府」路線を加速させる現在の日本政府にとって、都合の良い見方であることは間違いない。

しかし、この通説は本当に正しいのだろうか。この章ではそれを確かめていきたい。そのためにはまず、明治時代の後期まで遡る必要がある。

✢――明治の時限爆弾

夏目漱石は一九〇九（明治四十二）年に朝日新聞で連載した小説**『それから』**で、主人公の代助に次のように語らせている。

「第一、日本ほど借金を拵らえて、貧乏震いをしている国はありゃしない。この借金が君、何時になったら返せると思うか。そりゃ外債位は返せるだろう。けれども、そればかりが借金じゃあり

斎藤実：一八五八年十二月二日～一九三六年二月二十六日。第一次西園寺公望内閣から連続して五つの内閣の海相を歴任。一九一九年に朝鮮総督に就任。一九二七年、ジュネーヴ海軍軍縮会議全権となる。一九三二年五月、第三十代内閣総理大臣に就任し、挙国一致内閣を組織。のち内大臣となり、二・二六事件で暗殺された。

岡田啓介：一八六八年一月二十日～一九五二年十月十七日。海軍大学校卒業後、海軍大将、海軍軍事参議官、第一艦隊司令長官兼連合艦隊司令長官を経て、一九二七年に田中義一内閣および斎藤内閣で海軍大臣に。一九三四年七月、第三十一代内閣総理大臣。二・二六事件では首相官邸で襲撃されたが、難を逃れた。太平洋戦争末期には重臣として終戦工作に尽力した。

夏目漱石：一八六七年二月九日～一九一六年。日本の教師、小説家、評論家。帝国大学英文科卒業後、愛媛県尋常中学校教師や熊本県の第五高等学校教授などを務めたあと、イギリスへ留学。帰国後、東京帝国大学の講師となる。一九〇五年、処女作となる『吾輩は猫である』を執筆し、高い評価を得る。代表作に、『坊っちゃん』『三四郎』『それから』『こゝろ』『明暗』などがある。

やしない。日本は西洋から借金でもしなければ、到底立ち行かない国だ。それでいて、一等国を以(もっ)て任じている。そうして、無理にも一等国の仲間入をしようとする。だから、あらゆる方面に向って、奥行を削って、一等国だけの間口を張っちまった。なまじい張れるから、なお悲惨なものだ。牛と競争をする蛙(かえる)と同じ事で、もう君、腹が裂けるよ」

当時は日露戦争（一九〇四～〇五年）の終決から四年後。大国ロシアを破りナショナリズムが高揚するなかで、漱石の冷ややかな目は日本の暗い将来を見通していた。

西南戦争による戦費調達で生じたインフレーションを解消するため大蔵卿・**松方正義**(まつかたまさよし)が行った緊縮政策（松方デフレ）から日清戦争前までの日本経済は、原則として「小さな政府」で運営されてきた。それが日清・日露戦争を境として、「大きな政府」へと転換していく。

結論を先取りしていえば、一九三〇年から翌三一年にかけて日本経済を危機的な状況に陥れた昭和恐慌とは、日清・日露以来の

『それから』：夏目漱石の小説。一九〇九年六月二十七日より十月十四日まで、東京朝日新聞・大阪朝日新聞に連載。『三四郎』『それから』『門』は夏目漱石前期の三部作をなす。

西南戦争：一八七七念二月十五日から九月二十四日まで、西郷隆盛らが起こした反乱。日本国内で起こった最後の内戦。征韓論がやぶれて帰郷した西郷の開いた私学校を中心とする士族たちが挙兵し、熊本城を攻めた。しかし、政府軍の反撃を受け、田原坂の戦いなどでやぶれ、鹿児島の城山の戦いを最後に鎮圧された。

松方正義：一八三五年三月二十三日～一九二四年七月二日。元薩摩藩士。パリ万国博の事務局副総裁として渡欧。帰国後、大蔵卿、蔵相として紙幣整理、増税を推進。また日本銀行を設立し、金本位制を実施。一八九一年五月の第四代内閣総理大臣、一八九六年九月の第六代内閣総理大臣と、二度の内閣を組織し、蔵相を兼ねた。後年は元老として力をふるった。

この「大きな政府」路線が行き詰まった結果であった。

『それから』に戻ると、漱石が気に懸けたのは、日露戦争の戦費を賄（まかな）うために背負った莫大な「借金」であった。

日露戦争の軍事費予算の財源をみると、臨時軍事費および各省臨時事件費の総額は十九億八千六百万円で、そのうち公債発行と一時借入金が七八％を占めた。公債は一九〇四～〇五年にかけて国内で五回にわたり総額四億七千三百万円の国債が、また海外では四回にわたりおもにロンドンとニューヨークで総額八千二百万ポンド（約八億円）の英貨公債が発行され、国内債の発行額を上回った（杉山伸也『日本経済史』）。

この外債発行交渉を担当したのが、当時日本銀行副総裁だった高橋是清である。高橋はこれ

国家予算に占める軍事費の割合

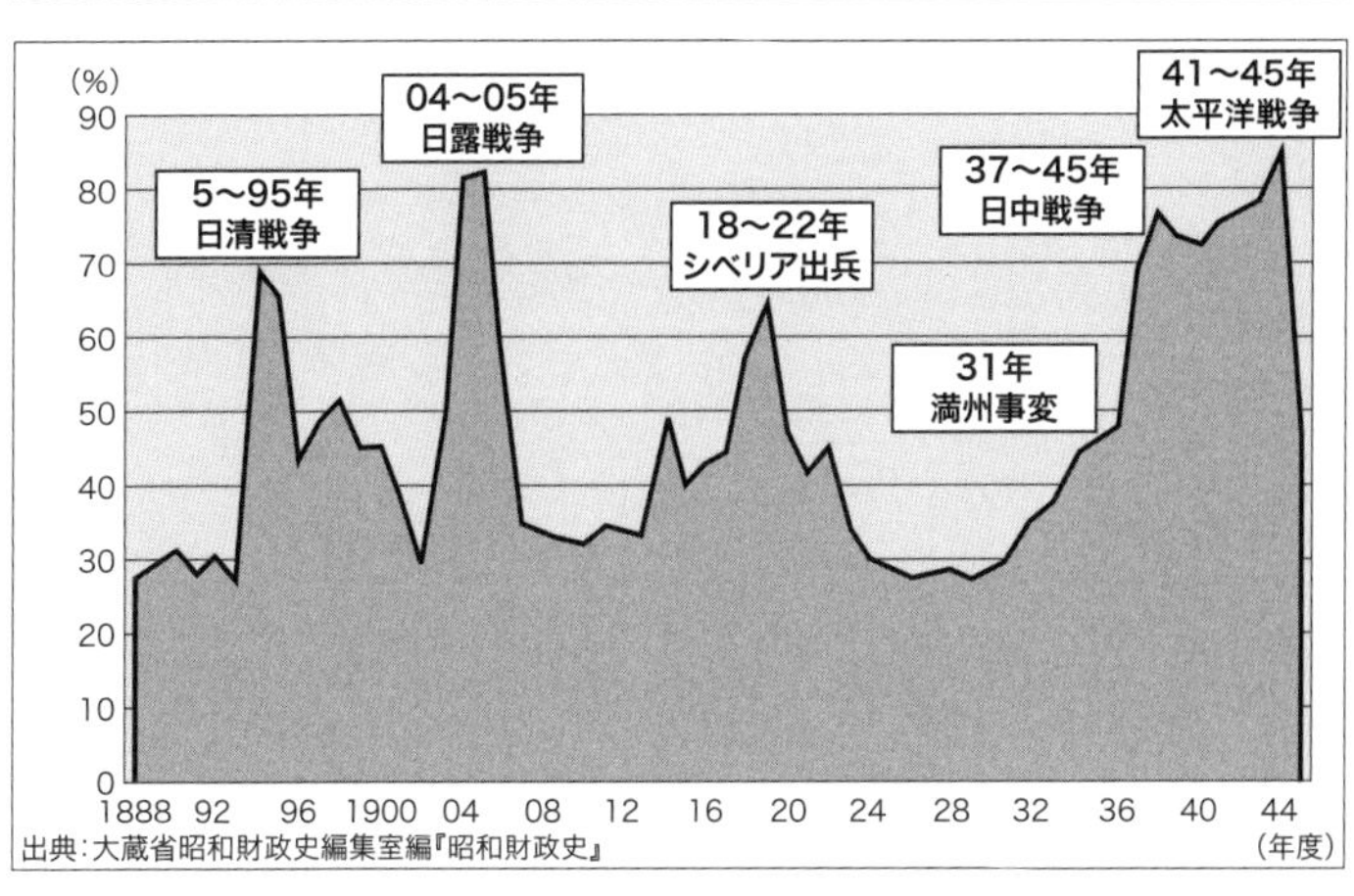

出典：大蔵省昭和財政史編集室編『昭和財政史』

により財政家としての地位を確立した。また、高橋と同じくのちに日銀総裁・蔵相を務める井上準之助は、日露戦争が始まったとき、日銀京都支店長だった。京都支店は国内債の募集で東京、大阪について三位の成績を上げ、戦争の後半、大阪支店長に代わったが、大阪でも好成績を残し、戦後、叙勲の対象になった。

日露戦争をきっかけに、それまで外資にあまり頼らずにきた日本経済は、一転して巨額の外国債に依存することになる。しかも中国から多額の賠償金を獲得した日清戦争と違い、ロシアからの賠償金はまったくなかった。その結果、戦時中に募集した国債が戦後の借金として残ってしまった。

作家の板谷敏彦によると、開戦前の一九〇三年に五千六百万円だった内外の公債残高は、一九〇七年には内国債十億千万円、外国債十二億六千万円と、合計二十二億七千万円にまで膨らんだ。これはこの年の名目国民総生産（GNP）の六一％、一般会計歳出六億二百万円の約三・八倍に相当する。対GNP比率は、第一次世界大戦の始まる直前の一九一四年までに五〇％を下回ることはなかった。

外債の利払い負担は国民に重くのしかかった。利払い費は一九〇七年に年五千九百五万円に達すると、その後も増加し、一九一三年には八千五百万円にまで増加した。

多額の借金を背負っていても、借り入れた資金が工場や鉄道などの生産的投資に振り向けられていれば、やがては貿易赤字が黒字に変わり、外債の返却も可能になるだろう。一九一三年十二月、蔵相だった高橋是清は次のように借金政策を擁護した。

「世間往々にして借金政策をもって恐るべきもののごとく見るものあるも、元利金を消却してなお余りある有利な事業なりせば、借金政策また可なるにあらずや」

借金をしても投資した事業が利益を生めば問題ないという高橋のこの主張は、原則論としては正しい。しかし問題は、東京大学名誉教授の石井寛治が著書『日本の産業革命』で指摘するように、当時の日本の対外債務の中心は日露戦争の軍事支出に充てるために発行した軍事公債（内国軍事公債の借り換えを含む）であり、高橋のいうような生産的事業との結びつきが少ない点

GNPと公債残高

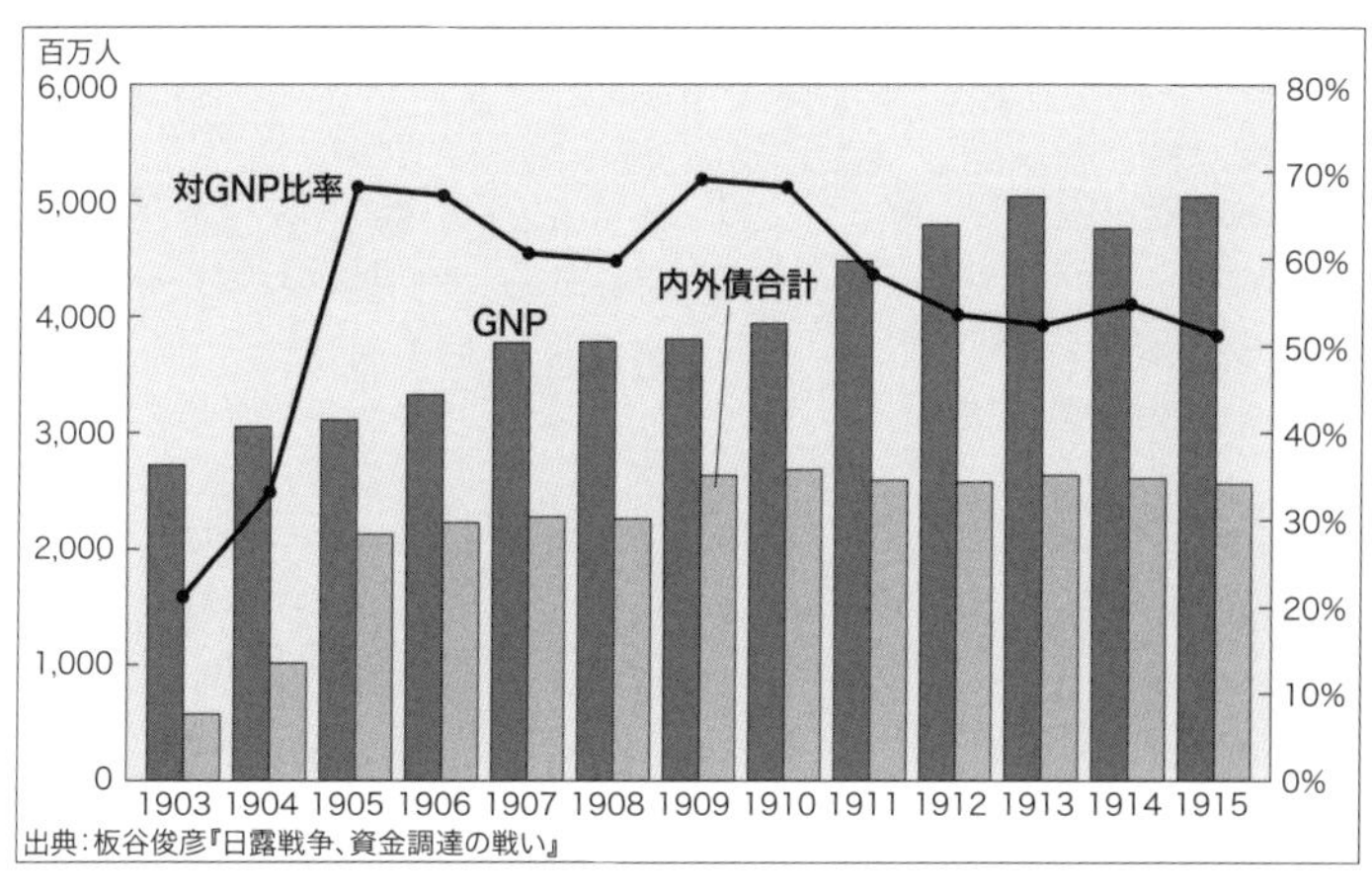

出典：板谷俊彦『日露戦争、資金調達の戦い』

にあった。

それでも日露戦争が日本の防衛上、どうしても避けられない戦いだったのであれば、巨額の借金もやむをえないかもしれない。しかし、そうではなかった。

作家・**司馬遼太郎**のベストセラー小説『坂の上の雲』などに影響されて、日露戦争は「祖国防衛戦争」だったと信じている人が多いかもしれない。だが、その見方には無理がある。

「祖国防衛戦争」という言葉が成立するためには、当然、日本に攻めて来ている相手がいなければならない。しかし、ロシアが日本に攻めて来た事実はもちろん存在しないし、ロシアにその意図もなかった。日露戦争の戦場は、日本でも日本の周辺でもなく、中国の満州だった。**東郷平八郎**（とうごうへいはちろう）率（ひき）いる連合艦隊がロシアの**バルチック艦隊**を破った日本海海戦も、ロシア海軍が日本に攻めてくるのを防衛するための海戦ではなかった。日本軍が満州で戦闘を続けるための海上輸送・補給ルートを遮断しようと日本海にやってきた、バルチック艦隊を迎え撃ったものである（高井弘之『誤解だら

司馬遼太郎：一九二三年八月七日～一九九六年二月十二日。日本の小説家、ノンフィクション作家、評論家。産経新聞社記者として在職中に、『梟の城』で直木賞を受賞。代表作に『竜馬がゆく』『燃えよ剣』『国盗り物語』『坂の上の雲』などがある。

東郷平八郎：一八四八年一月二十七日～一九三四年五月三十日。旧薩摩藩士。薩英戦争、戊辰戦争に参加。一八七一年にイギリスに留学。帰国後、海軍中尉に任官。日清戦争に豊島沖海戦で活躍。日露戦争には連合艦隊司令長官としてバルチック艦隊を破り、一躍名将としての名をあげた。

バルチック艦隊：ロシア連邦海軍の主要な艦隊の一つ。正式名称は太平洋第二艦隊。日露戦争にあたり，ヨーロッパから回航して、東郷平八郎率いる連合艦隊と対馬海で戦い、壊滅的な打撃を受け敗走。この結果、ロシアは戦争継続を断念し、日露講和へと動いた。

けの『坂の上の雲』)。

一歩譲って、ロシアはすぐに日本まで攻めてくる意図はなかったにせよ、もし朝鮮半島の支配を許せば次の狙いは日本だから、やはり日露戦争は必要だった、という見方はどうだろうか。こうしたロシア脅威論も説得力に乏しい。

政治学者の北岡伸一は、ロシア脅威論に反論してこう述べている。

「仮に朝鮮半島が清国あるいはロシアの影響下に落ちても、それで日本の独立が直ちに危うい かどうかはわかりません」

朝鮮半島がロシアの支配下に落ちた場合には、日本は海上輸送などの問題で非常に窮屈な立場に置かれるだろうが、日本の独立まで脅かされるなどということは一概に断定できないという。

北岡の指摘が正しいとすれば、しなくてもよい戦争をして、国力に不相応な巨額の借金をこしらえた、それが日露戦争だったということになる。外債のうち約二億四千万円分は一九三一年に償還期限を迎えることになっていた。

日露戦争の残した負の遺産は、借金だけではない。日露戦争後のポーツマス条約により日本は関東州の租借権をロシアから継承し、その統治のため一九〇六年、旅順に**関東都督府**を設置する。同府の指揮下、満州に駐留することになった二個師団約一万の兵力こそ、一九三一年に満州事変をひき起こす関東軍の前身である。

巨額の外債と関東軍は、いわば日露戦争によって、昭和へ向けてしかけられた二つの時限爆弾である。明治の日本がロシアを破ったナショナリズムの高まりに酔いしれるなかで、二つの爆弾は四半世紀後の爆発に向け、静かに時を刻み始めていた。

✣――二人のキーパーソン

昭和恐慌の二人のキーパーソンである高橋是清と井上準之助は、恐慌時に前後して経済政策を指揮した蔵相として知られる。どちらも日本銀行出身で国際金融に明るく、テロで非業の死を遂げた点も共通している。しかし経済政策に対する考えは対照的だった。高橋は積極財政と金融緩和の拡張路線、井上は緊縮財政と金融引き締めの緊縮路線である。その背景には、当時の二大政党の政策方針の違いがあった。

前述のとおり、日本は日清・日露戦争をきっかけに「小さな政府」から「大きな政府」へと転換していく。日本経済はそれまで

関東都督府：日露戦争後の一九〇六年、旅順に設置された関東州統治機関。関東州の政務を管掌し、南満州鉄道株式会社の業務の監督に当たった。一九一九年に廃止され、関東軍司令部と関東庁にかわった。

伊藤博文：一八四一年十月十六日～一九〇九年十月二十六日。長州萩藩の足軽出身。一八六三年、藩留学生として渡英。維新後は外国事務掛などを歴任し、一八七一年に岩倉使節団として随行。一八八二年にも憲法調査のため渡欧し、学んだプロイセン憲法学説をもとに大日本帝国憲法立案に取り組む。一八八五年、内閣制度を創設し、初代総理となる。初代統監となって日韓併合に尽力するが、一九〇九年十月、韓国のハルビン駅で安重根に暗殺された。

立憲政友会：明治後期から昭和初期まで、立憲民政党と並び二大政党の一つ。一九〇〇年、伊藤博文が西園寺公望・原敬らとともに、憲政党の星亨や一部官僚と提携して組織。一九一八年、原敬総裁時に政党内閣を組織した。一九二五年、田中義一が総裁に就任すると

中央を中心に発展してきたが、日清・日露を境にして地方への富の再分配が要求されるようになる。とくに鉄道や道路、通信設備などのインフラ建設が地方の要求として高まっていった。こうした地方の要求を取り入れながら政治基盤の確立に力を入れていったのが、一九〇〇年に**伊藤博文**（ひろぶみ）を初代総裁として発足した**立憲政友会**であった。

一方、一九一六年には**加藤高明**（たかあき）を総裁として憲政会が結成される。支持基盤は政友会に比べてやや都市部に多い。当初は官僚的性格が強かったが、しだいに政友会より自由主義的政策を掲げるようになる。一九二七年に政友本党と合同し、**立憲民政党**となる。

第一次世界大戦が終結した一九一八年から一九三二年までの時期は、政友会と憲政会（民政党）の二大政党がほぼ交互に政権を担当する政党政治の時代で、両党は対外政策と経済政策で対照的な政策をとった。経済史学者の杉山伸也が著書『日本経済史』で述べるように、政友会が国内的には積極財政による経済成長路線、対外的には対外膨張・大陸進出政策をとり、対外均衡（国際協調）よ

山東出兵や共産党の弾圧を強行した。五・一五事件で犬養毅首相が暗殺されてからは軍部の圧力に屈し、一九三九年四月に二派に分裂。翌年七月に解党し、大政翼賛会に合流した。

加藤高明：一八六〇年一月二五日～一九二六年一月二十八日。東京帝国大学卒業後、三菱に入社。岩崎弥太郎の娘と結婚。その後、外務省に転じ、イギリス駐在公使を経て、伊藤・西園寺・桂・大隈の各内閣の外相を歴任した。特に第一次世界大戦当時の外相で、二十一カ条要求を推進した。一九一三年に立憲同志会を結成。一九一六年に憲政会総裁となる。一九二四年六月十一日、第二十四代内閣総理大臣として内閣を樹立。翌二十五年憲政会単独内閣を組織したが、その在任中に病死。

立憲民政党：昭和初期に、立憲政友会と並び二大政党の一つ。一九二七年六月、田中義一政友会内閣に対抗し、憲政会と政友本党が合同して結成。総裁は浜口雄幸。その後浜口・第2次若槻礼次郎両内閣を実現し，協調外交・緊縮財政などの政策を実施した。金解禁以後党勢は衰え，斎藤実、岡田啓介両内閣の準与党となったが軍部に屈伏。一九四〇年八月解党し、大政翼賛会に合流した。

りも対内均衡（国内経済）を優先する「大きな政府」路線をとったのに対して、憲政会（民政党）は国内的には均衡財政、対外政策は幣原外交（幣原喜重郎外相による協調外交）や金解禁（金本位制復帰）に象徴される国際協調路線をとり、対内均衡よりも対外均衡を重視する「小さな政府」路線をとった。

政友会の「大きな政府」、民政党の「小さな政府」という路線の違いは、財政・金融政策面では「高橋財政」と「井上財政」の違いとして表れた。

高橋財政とは、高橋是清が一九三一年十二月に犬養毅内閣の蔵相に就任して以降推進した財政政策を指す。財政拡大の足かせとなる金本位制を離脱し、赤字国債の日銀引き受けで調達した資金を軍事費や農村不況対策に充てるとともに、低金利政策による景気浮揚を図った。

一方、井上財政とは、浜口雄幸内閣、第二次若槻礼次郎内閣と民政党政権で蔵相を務めた井上準之助が一九二九～三一年に行った財政政策をいう。直後の高橋財政とは対照的に、金本位制への復帰と緊縮財政がその特色である。

さて、高橋是清が積極的な財政政策を打ち出したのは、昭和期の高橋財政が初めてではない。たとえば大正時代の一九一八年九月、第一次世界大戦が終わりに近づいた頃、原敬政友会内閣で、高橋は二度目の蔵相に就任した。当時日本経済は「**成金景気**」と呼ばれる戦時ブームに沸き、物価や株価は高騰しており、本来なら景気を沈静化させるために徐々に財政を引き締め、金利を上昇させるべき時期だった。それにもかかわらず、政府はこれと反対の政策をとる。積極財政の継続である。

米ピッツバーグ大学教授リチャード・スメサーストは、高橋の評伝でこう説明する。

「政府支出は一九一九年度には一五％増加し、一九二〇年度にはさらに一七％増加し、一九二一年度にも一〇％近く増加した。支出の多くは軍事費であり、一九二〇年度の一般会計歳出予算の四八％に達した。これには（臨時軍事費特別会計で別途経理された）**シベリア出兵**の費用は含まれていない。一九二〇年度の陸軍費は一九一五年の二・六倍に、海軍費は五・七倍以上になった。物価の急激な上昇分を差し引いても、軍事支出は一九一五年から二一年までの間に七五％増加した。さらに、鉄道、港湾施設、道路、通信網の建設、高等教育機関の拡充のための支出も大幅に増加した。実際、一九二一年度の一般会計における逓信省の歳出予算規模は、陸海軍に次ぐ三番目であった。このように、インフレ抑制のために財政歳出を抑えなければならなかったときに、原内閣では政府

成金景気：明治時代末期から慢性的な不況と財政危機に悩まされていた日本経済は、第一次世界大戦をきっかけに空前の好景気を迎えた。日本は参戦したものの、アメリカとともに大戦の直接的な被害はほとんど受けず、全世界に日本商品を売り込むこととなった。この景気を「大戦景気」とも呼び、一九一五年後半に始まり、一九二〇年三月の戦後恐慌の発生まで続いた。

シベリア出兵：一九一八年から一九二二年までの間に、第一次世界大戦の連合国（イギリス・日本・フランス・イタリア・アメリカ・カナダ・中華民国）によるロシア革命に対する軍事干渉。シベリアに抑留されたチェコ兵捕虜の救出という名目だったが、真の狙いは反革命軍（白軍）を支援して、ロシア革命軍（赤軍）を倒すことだった。

支出を五〇%も増やしたのである」

政友会内閣のこの積極政策に対しては、野党である憲政会（のちの民政党）が強く批判する。一九二〇年一月二十三日、憲政会幹部の浜口雄幸（のち民政党初代総裁、首相）は国会で質問演説に立ち、「財政計画の基礎が薄弱であるが、将来反動期に入ったとき歳入の均衡について成算ありや」とただした。これに対し高橋蔵相は「政府の財政計画を悲観的に観察することは不当である」として、反動不況がやってくるとの見方を認めなかった。

ところがこの応酬からわずか二カ月足らずのちの三月十五日、東京株式相場が大暴落し、それをきっかけに全国的な反動恐慌に突入する。緊縮財政に転じるべきときに拡大路線を続けたツケである。

高橋に好意的なスメサーストも、さすがにこのときの政策判断には厳しい見方をしている。

「高橋はブレーキを強く踏みすぎることで不況に陥り失業が発生することを危惧していたが、皮肉なことに、ブレーキの踏み方が弱すぎたために、彼自身がまさに避けようとしていた不況の発生に加担してしまったのであった」

高橋は、第一次大戦の際に離脱した金本位制への復帰（金の輸出解禁＝金解禁）にも慎重だった。米国が一九一九年六月に金本位制に復帰した際も、これに追随しようとしなかった。欧米各国と競争して将来、対中国投資が必要になることを考えると、正貨（金）は国内に持っておかなければならない、という政治的理由からだった。

さて他方、井上準之助は原政友会内閣当時、日銀総裁を務めていたことなどから、一般には政友会系とみられていた。それがのちに浜口民政党内閣の蔵相に就任し金解禁を断行したことから、通説では井上は考えを豹変させたとされる。

しかし杉山伸也が指摘するように、実際には井上は「一貫して金本位制論者」であり、一九二〇年代においても「緊縮財政」「財界整理」「軍事費抑制」「産業合理化」を主張していた。その財政経済論は政友会よりむしろ、憲政会の系譜につらなるものだった。

米国に追随せず金解禁を見送った際には、井上は日銀総裁として高橋是清蔵相の政治的判断に従ったものの、「経済上の立場から云えば、当然金の輸出解禁を為すべきものと考えて居った」と述べている。

杉山は井上準之助の経済論の特徴について、次のようにまとめている。

「井上の経済論はきわめて明快で、その特徴は、金本位制の自動調整機能にもとづく十九世紀の古典派的な自由主義経済論と、大銀行を経済システムの中心機関と考える二十世紀的な金融資本主義論を融合した点にあった。こうした金本位制に対する信頼と銀行資本の機能に対する期待は同時代の欧米の多くの金融家に共通してみられたもので、金本位制を「常態」、したがって金輸出禁止の状態を「変態」とみなし、人為的な通貨収縮や為替相場の操作、関税引上げなどは最小限にとどめ、「天然自然」の市場メカニズムを重視する、基本的に「小さな政府」を志向するものであった」

井上は、産業合理化の推進など政府による介入を容認する部分はあったものの、基本的には自由放任主義を信奉し、「小さな政府」を目指す考えの持ち主だった。それは同時代の欧米金融家に共通する思想だった。井上はその思想に基づいて、金本位制を支持した。井上は膨大な読書やニューヨーク駐在の経験などを通じ、こうした経済観を育んだとみられる。

一方、経済的な国際協調を重視した井上に対し、高橋是清は海外経験が豊かであるにもかかわらず、一国資本主義の考えが強かった。これは高橋が青年時代に**森有礼**、**前田正名**といった薩摩系官僚のナショナリズムに強く影響されたためだと、政治学者の三谷太一郎は述べている。

高橋は貿易についても自由貿易論者ではなく、保護貿易論者だった。このため自国産業の育成と自国市場の重視を打ち出した。スメサーストは井上と高橋の経済観の相違をこう記す。

森有礼：一八四七年八月二十三日～一八八九年二月十二日。薩摩藩の藩命でイギリス・アメリカに留学。帰国後、新政府に出仕し、学校取調掛・清国公使・イギリス公使などを歴任。一八八五年、第一次伊藤博文内閣の文相となり、ドイツの教育思想を背景に学校令を制定。一八八九年二月十一日、憲法発布の日の朝に襲撃を受け、翌日死去。

前田正名：一八五〇年四月二十三日～一九二一年八月十一日。薩摩藩出身。フランスに留学後、大蔵省に入省。一八八四年「興業意見」を編集して太政官に提出。殖産興業政策を推進した。のちに山梨県知事、東京農学校長、農商務次官、貴族院勅選議員などを歴任した。

「井上は、金本位制を含む英米の制度は、日本にとって理想のモデルとする水準に達していると信じていたが、高橋にとってはあくまで目的を達成するための手段であり、必要性がなくなれば廃棄しうるものであった」

高橋と井上の対立する経済理念は、どちらが正しかったのだろうか。その答えは、これから昭和恐慌の史実を見直すなかで明らかになるだろう。

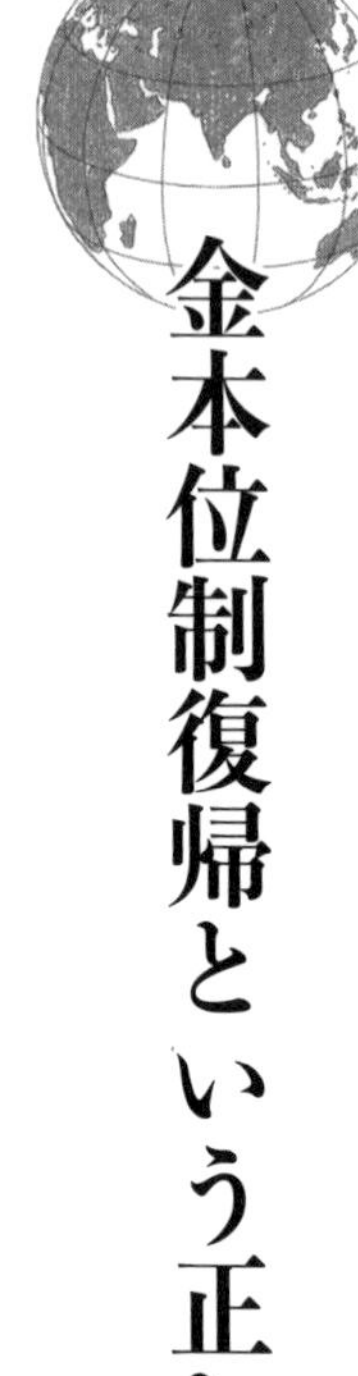

金本位制復帰という正しい決断

✣——復帰は必然だった

昭和恐慌の焦点の一つは、浜口雄幸民政党内閣によって一九三〇（昭和五）年一月に実施された金解禁（金輸出解禁＝金本位制復帰）への評価である。実施したタイミングが世界恐慌に重なり、日本は金解禁によるデフレ不況とあわせて二重の打撃を受けたとして、暴風に向かって窓を開けるに等しい誤った政策だったとする見解が一般的である。しかし、その見方は本当に正しいのか。検証してみよう。

まず金解禁に至る経緯を簡単に振り返っておく。日本にとって、金本位制は西洋からの輸入品ではない。明治政府による金本位制の採用は明治初期、一八七一年の新貨条例によるものだが、すでに江戸時代には、江戸を中心とする東日本で小判などの金貨が用いられていた（西日本は銀貨）。

経済学者の三上隆三は「江戸後期、とくに末期は、形式こそは整っていないが実質的には金本位制度であり、したがって明治金本位制度は形式的整備上は創造ではあっても〔略〕実質的には（江戸時代と）同じものだった」と述べている。

その後、国内外の経済事情により銀が多用されるなどして金本位制は空文化していたが、日清戦争で多額の賠償金を得たのを契機として一八九七年に貨幣法が制定され、名実ともに金本位制に移行する。日露戦争時に大量の外債を発行できたのも、金本位制をとっていたのが大きな要因である。

しかし第一次世界大戦が始まると、主要国にならい、日本も一九一七年に金輸出を禁止し、金本位制から離脱する。その後、大戦中に巨額の外貨を蓄積した米国は一九一九年六月にいち早く金本位制に復帰したが、日本は復帰の機会を

内外卸売物価指数の動向（1914年7月〜35年12月）

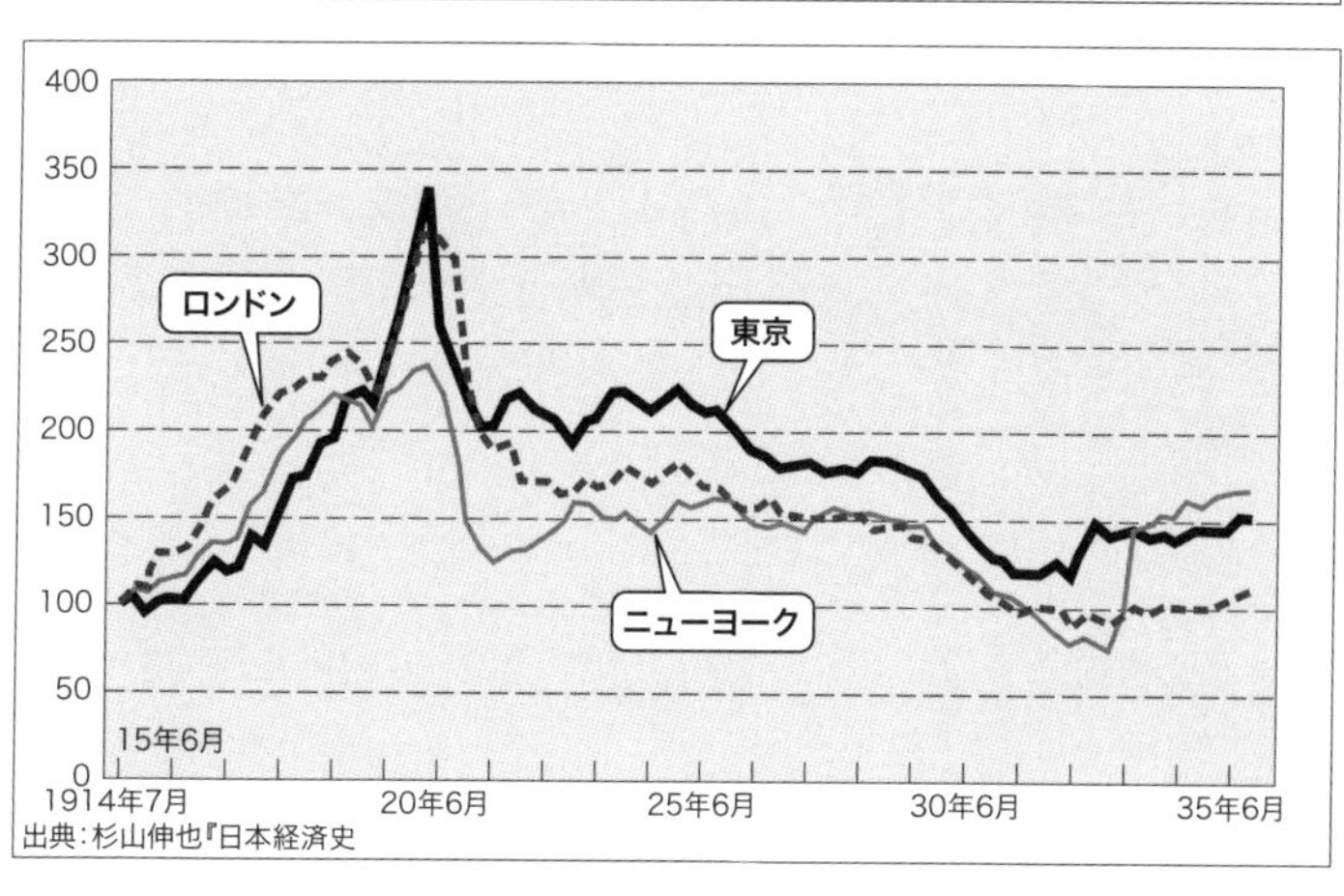

逃(のが)した。だが、一九二〇年代には輸入超過の増加にともない、在外正貨(海外市場にある金地金と金貨)の減少と円相場の下落に悩まされるようになる。

輸入超過が続いたのは、国内物価が海外物価に比べ高かったからである。高い国内物価の背景にあるのは、大戦ブームで肥大し、不効率になった経済構造だった。本来なら大戦終結後の一九二〇年三月に反動恐慌に見舞われた際、不健全な経営で行き詰まった企業や銀行を破綻させ、整理しておけばよかったのに、政府は日銀の特別融資でそれらを救済した。このときの蔵相は高橋是清、日銀総裁は井上準之助である。

経済界の整理をさらに先送りさせたのは、一九二三年九月一日の**関東大震災**である。震災直後に成立した第二次山本権兵衛内閣(井上準之助蔵相)は震災手形割引損失補償令を出し、震災前に銀行が割り引いた手形のなかで決済できなくなった分について、日本銀行がそれを補償し、日銀の損失額は一億円まで政府が補償することにした。ところが震災手形のなかには、震災を受ける以前

関東大震災:一九二三年九月一日の正午に発生した神奈川県および東京府(現:東京都)を中心に関東の広い範囲に甚大な被害をもたらしたマグニチュード七・九の地震災害。埼玉県、千葉県、東京都、神奈川県、山梨県で震度六を観測。死者・行方不明者は推定十万五千人で、明治以降の日本の地震被害としては最大規模だった。

に振出人が反動恐慌などで打撃を受け、焦げ付いていた手形も便乗していた。このため回収が進まず、経済界は新たな問題を抱えることになった。

こうした構造問題は結局、一九二七年三月に起こった金融恐慌で一気に表面化する。その前年、二六年一月に成立した若槻礼次郎憲政会内閣は二七年中の金解禁（金輸出解禁＝金本位制復帰）実施を決定し、準備工作を進めていたが、金融恐慌の発生でその試みは頓挫（とんざ）した。二七年四月に成立した田中義一政友会内閣（高橋是清蔵相）のもとで金融恐慌は終息するが、二八年六月、日露戦争の落とし子である関東軍が**張作霖（ちょうさくりん）爆殺事件**（満州某（ぼう）重大事件）を引き起こし、田中内閣は総辞職する。後を受けて発足した浜口雄幸民政党内閣（井上準之助蔵相）によって、金解禁はついに実行されることになる。

浜口内閣の成立は一九二九年七月である。米国の金本位制復帰からすでに十年が経っていた。この間、欧米各国は相次いで金本位制に戻り、一九二八年にはフランスが復帰したことで、主要国

張作霖爆殺事件：一九二八年六月、奉天郊外の満鉄線が爆破され、満州軍閥の張作霖が殺された事件。関東軍の参謀であった河本大作大佐らは張をあやつって満州独立を企てたが、張が従わなくなったとみて敢行。真相は隠されていたが、一九二九年に立憲民政党が満州某重大事件として責任を追及し、天皇・元老も政府の処置に不満を表明したため、田中義一内閣は崩壊した。

で金本位制に戻っていないのは日本だけとなっていた。日本には金解禁への国際的圧力が高まる。同年二月にはドイツの賠償金問題を再検討するヤング委員会で**国際決済銀行（BIS）**設立案構想が討議され、日本は例外的に参加を認められたものの、出資国および国際連盟財政委員会の構成国は金本位制国に限るとされ、主要国に取り残されることへの懸念が高まっていた。

金解禁は浜口政権が暴走して決めたのではない。民間の支持があった。金本位制を採用している国同士であれば為替相場は事実上固定されるが、日本は金本位制でないため為替相場が乱高下していた。これに悲鳴を上げたのが、海外業務を手がける銀行・企業である。

たとえば田中義一内閣当時の一九二八年十月、東京手形交換所理事長・池田成彬（しげあき）（三井銀行）と大阪手形交換所委員長・八代則彦（住友銀行）は連名で、三土忠造（みつちちゅうぞう）蔵相に金解禁の即時断行を建議した。建議書は冒頭で「金輸出解禁の問題は数年に亘（わた）りて解決せられず、為（た）めに為替相場の変動甚（はなは）だしく、関係当業者は一定の計画

国際決済銀行（BIS）：Bank for International Settlementsの略。一九三〇年に設立された中央銀行をメンバーとする組織。本部はスイスのバーゼルに本部がある。ドイツの第一次世界大戦の賠償支払に関する事務を取り扱いのために設立されたが、中央銀行間の協力促進や中央銀行からの預金の受入れなどの銀行業務も行っている。二〇二二年六月末時点で、六十三カ国・地域の中央銀行が加盟している。

を樹つる能わず、其蒙れる損失甚大にして、延いては経済界の真正の回復を阻止する事蘚少ならず」と述べ、為替相場を安定させるため一日も早い金解禁を求めている。

三井や住友などの財閥系銀行や証券会社の場合、金融恐慌の過程で整理された都市二流銀行や中小銀行から預金が流れ込んだものの、国内に有利な投資先を見つけることができず、遊休資金の海外での運用のためには為替相場の安定が必要という事情もあった。金融界のほか、紡績業界や蚕糸業界、商工会議所なども為替相場の安定を求めて金解禁の論陣を張った。

しかし最大の問題は、かつて日露戦争の戦費調達のため高橋是清が奔走して発行し、一九三一年一月に償還期限を迎える英ポンド建て公債（発行額二千五百万ポンド、利率四％）の未償還分二千三百四十五万ポンド（二億三千万円）の借り換えだった。これに先立つ一九二五年に償還を迎えた英ポンド建て公債はなんとか借り換えることができたものの、六％以上の高い利率を強いられるなど条件が非常に不利で、「国辱公債」と非難された。一九三一年償還分について欧米の銀行家は、円相場が不安定なままで借り換えは難しいとの危惧を表明していた。

鎮目雅人『世界恐慌と経済政策』によれば、金解禁の前後に財務官として欧米銀行家と調整にあたった津島寿一はのちに、「英米銀行家は現在（金解禁前）のように円為替が不安定では外債の発行はむずかしい。通貨安定が先で、外債発行はそのあとにすべきだというのが一致した意見でした」と回想している。

借り換えができなければ、日本の国家財政は破綻してしまう。金本位制への復帰はもはや待ったなしだった。明治の日露戦争で背負った対外債務が、昭和の政府にそれ以外の選択を許さなかったといえる。金解禁は必然だったのだ。

一九二九年十一月二十一日、浜口内閣は臨時閣議を開き、翌年一月に金解禁を実施する方針を決定した。

金本位制復帰には、経済的な目的とは別に、もう一つの狙いもあった。軍部の膨張を抑制することである。作家の城山三郎は、浜口雄幸を主人公とする歴史小説『男子の本懐』で、わかりやすくこう書く。

「この当時は軍縮の時代だが、しかし、一皮剝げば、その下には、張作霖暗殺事件に見るように、軍部の拡張主義が息づいている。仮に、その軍部がおどり出し、軍事費を増大させようとしても、金本位制である限りは、通貨をむやみ勝手に増発することはできない。資金の面から、自動的にブレーキがかかってしまう」

浜口内閣にとって、金解禁と軍縮は表裏一体のものだったといっていい。一九三〇年一～四月に開かれた**ロンドン海軍軍縮会議**では、補助艦艇の制限をめぐる議論が行われた。海軍司令部は「統帥権干犯（とうすいけんかんぱん）」と批判したが、浜口内閣は海軍主流派などの支持を得て批准（ひじゅん）に漕ぎ着けた。

一九二九年十月二十四日にはニューヨーク株式相場が暴落し「暗黒の木曜日」と呼ばれたが、

当時はそれが何年も続く大恐慌に発展すると予想する人はほとんどなかった。むしろ当初は、米国で金利が下がることから、円の価値の維持に有利だという予測が一般的だった。

だから大恐慌とほぼ同じタイミングで金解禁を実施したといって浜口内閣を非難するのは、無理があると言わざるをえない。それどころか経済史学者で静岡大学名誉教授の山本義彦がいうように、「大恐慌の直前に緊縮財政を開始していたことが、恐慌の打撃を少なくしたということさえ言いうる」のである。

✣――旧平価か新平価か

金解禁をめぐるもう一つの論点として、いくらの為替相場（平価）で実施するべきかという問題があった。一九一七年に金輸出を禁止した当時の相場（旧平価）は百円が約五十ドルだった。その後、昭和の初めの市場実勢（新平価）では百円が四十ドル前後に低下していた。解禁が近づくと、旧平価での解禁を支持する意見が多数を占めたが、「新平価四人組」と呼ばれたジャーナリストの**石**

ロンドン海軍軍縮会議：一九三〇年四月、ワシントン会議に続く海軍軍縮のための国際会議。イギリス・アメリカ・日本・フランス・イタリアにより海軍軍縮条約が締結。ワシントン海軍軍縮条約で規定された主力艦建造休止期限を五年延長すること、英・米・日の補助艦保有比率を百：百：六九・七五とすることなどが定められた。

橋湛山、高橋亀吉、小汀利得、山崎靖純のように、旧平価に比べ約一〇%円安水準である新平価での解禁を主張する声も一部にあった。実際には浜口政権は旧平価で解禁に踏み切った。

現在の経済学者やエコノミストの間では、新平価での解禁は日本経済の実力に見合っており、新平価解禁を唱えた石橋湛山らの判断を現実的だったと評価する一方で、旧平価解禁を実施した浜口首相、井上蔵相の政策判断は現実を無視するものだったとする批判が多い。果たして、その批判は正しいだろうか。

まず金解禁の目的の一つは、対外債務の返済をできるだけ有利に行うことだった。そのためには、金解禁の際には円高復帰が望ましいはずである。円高の分、返済額の負担が小さくなるからである。久留米大学教授の大矢野栄次は「日本政府の対外債務返済問題の存在を考慮するならば、井上準之助の旧平価による金解禁とは、円高によって国民に与える返済計画の負担を低下させるために考慮した英断であったと考えるべきではないだろうか」と指摘する。

石橋湛山：一八八四年九月二十五日〜一九七三年四月二十五日。早稲田大学哲学科を卒業後、東京毎日新聞を経て東洋経済新報社に入社。自由主義的経済評論家として活躍する。一九三九年、社長に就任。早くからケインズ理論に学び、戦後の第一次吉田茂内閣、第一〜三次鳩山一郎内閣では経済閣僚として入閣。占領軍と対立して一時公職追放となるが、一九五六年〜一九五七年2月、自由民主党総裁。一九五六年十二月、第五十五代内閣総理大臣に。日ソ・日中友好にも貢献した。

次に、市場実勢より約一〇％割高な旧平価での解禁は、それほど非現実的なものだったのかという問題がある。

歴史学者で名古屋大学名誉教授の川田稔は「一〇％余りの為替差では、それほど事態を変えるような影響はなかったのではないか〔略〕しかも、旧平価解禁による原料その他輸入品価格低下によって、この差は実質的にはかなり相殺される」と述べる。

静岡大学名誉教授の山本義彦によれば、米国、英国、スイス、オランダなども旧平価で解禁している。一方、新平価で解禁した国は、たとえばフランスはフランを八〇％切り下げて約五分の一の価値に、イタリアはリラを七三％切り下げて約四分の一の価値にするなど、それぞれ大幅な切り下げを行っていた。ベルギー、デンマークなども同様だった。すなわち、新平価で解禁した国々は、金輸出禁止下において大幅なインフレーションによって為替相場が極端に低下しており、旧平価復帰は事実上不可能で、日本の新平価解禁論者の主張するような一〇％程度の切り下げを行った国はほとんどなかったのである。英国も日本同様、実勢の為替相場より一割程度高い旧平価で解禁していた。

英国は割高な旧平価で金本位制に復帰したことにより、深刻な不況に陥ったとされる。しかし、それは旧平価解禁よりはむしろ、英国の硬直的な経済構造に問題があった。山本義彦はこう述べる。

「当時、新平価をとって安定していたフランスが旧平価で窮地に陥ったイギリスとよく比較されるわけであるが、それはたんに平価の新か旧かの問題として処理することは不可能である。フランスでは大量の外人労働者が存在し、不況のさいにかれらがいちばんに解雇されフランス人は大丈夫であったこと、農業生産に大きく依存していたことなど検討すべきことは多い」

経済史学者で慶応大学名誉教授の杉山伸也は、新平価解禁論について「漸進的であるだけに『財界整理』は迅速にはすすまず〔略〕平価切下げに伴う外債元利払の負担増が政府財政を圧迫し、経済再建が遅れることが予想された」と指摘する。

金本位制復帰によるデフレ政策は、古典派経済学が支配的だった当時においては、オーソドックスな政策であった。それればかりでなく、デフレを過度に恐れる現代経済学の色眼鏡を外して冷静に見てみれば、筋の通った施策だと納得できるだろう。金解禁は正攻法により、日本経済の構造問題を正面突破する政策だったといえる。

✣──日本の柔軟な賃金構造

事実、浜口政権下で経済改善の兆しは見えていた。その背景にあったのは、戦前日本の柔軟な賃金構造である。

井上準之助は蔵相として旧平価での金解禁に踏み切り、日本の産業をいわば裸のままで国際競争にさらした。それは現在では無謀と非難されることが多いけれども、井上は、日本には国際競争で優位な要因があると考えていた。それは当時の日本の低賃金である。実際、低賃金あるいは賃金の下がりやすさは、高橋財政期の景気回復に大きな役割を果たした。

大恐慌が始まった一九二九年以降、日米英の三カ国の失業率を比較すると、米国では四人に一人が職を失い、英国でも六人に一人が失業者となった。一方、日本の失業率は最高でも推定六%(一九三〇年)にとどまり、米英の最高値に比べるとかなり低い。

これは米英で政府の介入や規制によって賃金が高めに維持され、企業が雇用を増やすことをためらったのに対し、日本では労働市場が比較的自由であったことによる。これは企業活動と労働者に好影響をもたらした。

慶応大学名誉教授の西川俊作はこう指摘する。

「一九二九~三一年の景気後退において貨幣賃金はアメリカなみに——伸縮的に——低下し、その結果として企業利潤の減少に歯止めがかかったが、物価の米国以上の伸縮的下落によって実質賃金はスランプ中にわずかながら上昇したのである。石油危機後の流行語でいうなら、これは日本経済の柔構造というところであろう」

秋田博『凛(りん)の人 井上準之助』によれば、福井市の織物業者は井上蔵相に宛てた手紙で、業績好転に明るい兆しが見えてきたとして、次のようにしたためた。

「果然昨月以来、当県下輸出織物は、人絹、縮緬、富士絹、羽二重等何れも原料安と労賃安の採算に入り、海外よりの注文は殺到して、一時休業致居候機業家は復興し、尚機台を増加致すの状況に御座候……」

「労賃安」という言葉に注目したい。賃金の低下は企業収益回復の支えになったのである。それはまた、失業者にとっても職の確保につながった。同じ手紙で織物業者は、職工の失業問題など昔の夢となった、と述べている。

低賃金が業績回復につながったというと、企業が労働者を犠牲にしたような印象を持つかもしれない。しかし労働者にとって、失業すれば収入はゼロだが、たとえ低賃金でも職を得れば、収入を確保できる。どちらが望ましいかは明らかだろう。また企業が利益を出せなければ、より成長性のある分野に投資できないだけでなく、企業自身の存続も難しくなり、長い目で雇用創出につながらない。

旧平価による金解禁は、決して現実離れした政策ではなかった。しかし井上準之助が旧平価による金解禁を通じて目指した、市場原理による自律的な経済回復は、政府の大々的な介入政策によって前途を絶たれる。高橋財政である。

井上準之助の慧眼（けいがん）、高橋是清の過信

✣──高橋財政始まる

一九三〇（昭和五）年十一月、浜口首相が右翼に狙撃され、第二次若槻礼次郎内閣（蔵相は井上準之助が留任）を経て、一九三一年十二月、犬養毅政友会内閣（高橋是清蔵相）が成立する。民政党から政友会への政権交代である。これ以降、一九三六年の**二・二六事件**で高橋が暗殺されるまでの財政政策を総称して「高橋財政」と呼ぶ（ただし一九三四年七～十一月は藤井真信蔵相）。

高橋財政は、不況からの回復をおもな課題とする前期（一九三一～三四年）と、軍事費削減・公債漸減をはかる後期（一九三四～三六年）に分けられる。

高橋財政前期について、通説では高く評価する。一例を『角川新版日本史辞典』から引用しよう。

「昭和恐慌の最中に蔵相に就任した高橋は、ただちに金本位制を離脱。低為替による輸出増進をはかる一方で、増税を行わず、赤字公債の日銀引受発行により調達した資金を、軍事費や農村不況対策である時局匡救事業などの公共事業費予算にあてるとともに、低金利政策による景気浮揚をはかった。また、市中銀行預金の増加をみて日銀の手持ち公債を市場に売り出し、インフレ高進を防止。これにより日本は、列国に先駆けて恐慌から脱出した」

右の記述にあるとおり、高橋是清蔵相は一九三一年十二月、金輸出再禁止を実施する。金本位制からの離脱である。これにより円相場はかつての一〇〇円＝約五〇ドルから大きく下落し、翌一九三二年には同二〇ドル割れを記録する。

円安をきっかけに、輸出は急増する。一九三二年には早くも一九二九年の水準を超え、一九三五年には二九年よりほぼ七〇％高い水準に達した。この間、世界の輸出はほとんど半減しており、日本の輸出の驚異的な伸びが際立つ。

景気も急回復した。鈴木隆『高橋是清と井上準之助』が指摘するように、日本銀行が計算した鉱工業生産指数の比較によると、ニューヨーク株暴落の一九二九年を一〇〇とすると、一九

各国の鉄工業生産指数の比較(1936年)

米国	88.1
英国	115.8
ドイツ	106.3
フランス	78.0
イタリア	87.5
日本	151.1

(1992年＝100)

三六年に主要各国の値は別表のようになった。日本の回復が主要国で最も大きかったことがわかる。

この景気回復こそ高橋財政の成果だとして高く評価するのが、通説の立場であり、教科書で多くの日本人が学ぶ見方である。しかし、それに対しては異論が唱えられている。たとえば東京大学名誉教授で近代日本政治史が専門の坂野潤治は、「経済史の専門家でもない私が断定することは避けますが」と断りつつ、次のように疑問を投げかける。

「評判が高い高橋是清財政の具体的内容は、満洲事変の軍事費を公費で賄(まかな)ったことと、地方を不景気から脱却させるために土木予算を出したことでした。時局救済、現代風に言えば『当面の景気対策』です。農村にカネをまいて公共事業を起こし、それによって失業者は職を得られるという、一挙両得の政策でした。しかし〔略〕このことだけで、その後に企業の生産性が上昇して国際競争力が高まり、経済の活況が生まれたと考えるのには無理があります。〔略〕浜口内閣の井上財政の下で、失業や企業の破綻が相次いだのは事実ですが、その最中に多くの企業が徹底したリストラに取り組み、産業の再編が行われ、輸出産業の経営合理化と技術革新が進みました。この時期の労使一体となった必死の経営努力があったからこそ、次の経済回復の基盤がつくられたと思います」（大野健一『途上国ニッポンの歩み』）

高橋財政をきっかけに景気が急回復したのは、それに先立つ井上財政の緊縮政策によって経営合理化と技術革新が進み、回復の基盤がつくられたからではないか、という指摘である。

経済学の専門家にも、同様の意見がある。右の坂野の意見を紹介した政策研究大学院大学教授の大野健一は「状況を顧慮しないドグマ的引締め政策には大きな問題があった」と井上財政に批判を加えながらも、「非効率企業の退場と生き残った企業の必死の努力を強制した井上のデフレ政策は、のちの高橋財政とともに、一九三〇年代半ばの景気拡大を可能にした前提とも考えられる」と述べる。

元東京大学教授で経済学者の加瀬和俊も次のように指摘する。

「この政策（高橋財政）は、二年半に及ぶ緊縮政策によって不良企業の多くが整理されてしまっていたこと、不況下の生産低迷などによって在庫水準が低下していたこと、失業者の増加によって低賃金で追加労働力が容易に得られるようになっていたことなど、井上財政の成果に支えられたこともあって、一九三二〜三五年の間は一応の成果を上げることができたのである」

高橋財政下で景気が急回復したのは、井上財政の緊縮財政によってその素地がつくられたからだという見方は、同時代にもあった。高橋是清は昭和恐慌以前からしばしば蔵相として登板し、一九二九年の金融恐慌を含め、不況から脱する手腕を発揮したとされる。しかしジャーナリストの清沢洌（きよし）は、高橋への高い評価に疑問を呈した。

「彼（高橋是清）の蔵相就任は多くの場合、前任者の緊縮財政が極端になって、何れ（いず）は転向を余儀なくされる際においてであった。即ち膨張政策に移る下準備が完成した時においてであった。この時に彼がこの楽観経済を提げて立つのであるから、一番得をするのがかれである。たとえば現在の輸出旺盛が浜口内閣時代の緊縮と整理によって可能であつたという事実は、最早一般の常識になって来ている。しかし世人は浜口内閣は『不景気内閣』であって、高橋財政は好景気を表象すると考える。この場合富籤を抽くのが高橋なのは申すまでもない」

元大蔵省事務次官・西村淳一郎も同様の趣旨の発言をしている。

「井上（準之助）さんが実行された例の緊縮政策、あれによって産業経済界全般にわたって徹底した合理化が行われ、ふまじめな企業は続々倒れたため、井上さんは不幸にして世間の不評を買った」「ああいう極度の合理化の後だけに、高橋（是清）さんの公債政策は極めて能率よく生産に寄与することになった」「功績の大部分は高橋さんにいってしまい、井上さんはひどい貧乏くじを引かされたと言ってもよいかと思う」（加藤出『日銀、「出口」なし！』）

井上財政による緊縮政策は、日本経済に自律的で持続的な回復をもたらす可能性があった。高橋財政による介入政策は、その可能性を阻んでしまったのである。

一方で、高橋財政は経済に悪影響をもたらす。その一つは、交易条件の悪化である。

交易条件の悪化とは、輸入価格に対する輸出価格の比率の低下を意味する。円安の下では日本製品が海外で安く売られるようになるのに対して、輸入品価格は高くなるため、日本製品と外国製品との交換比率は日本に不利になる。高橋財政による円安政策の結果、それが実際に生じて、日本は輸出を増やしても輸入額も増えて貿易収支の改善が進まなくなった。

円安による輸出急増は国際関係の悪化も招いた。諸外国から為替ダンピング（輸出品の対外競争力を強めるために、自国通貨の為替レートを実勢レートより切り下げること）と非難され、やがて日本商品の輸入阻止に発展したのである。

また、東短リサーチ社長の加藤出が指摘するように、多くの労働者の賃金はインフレの進行によって目減りを続けていた。当時の名目賃金を表す民間工場労働賃金指数（定額と手当てを合わせた実収額）をみると、高橋財政によるインフレ政策が始まる前年の一九三一年の平均を一〇〇とすると、三二年末は一〇一・六、三三年末

戦間期の民間工場労働賃金（1931年平均＝100）

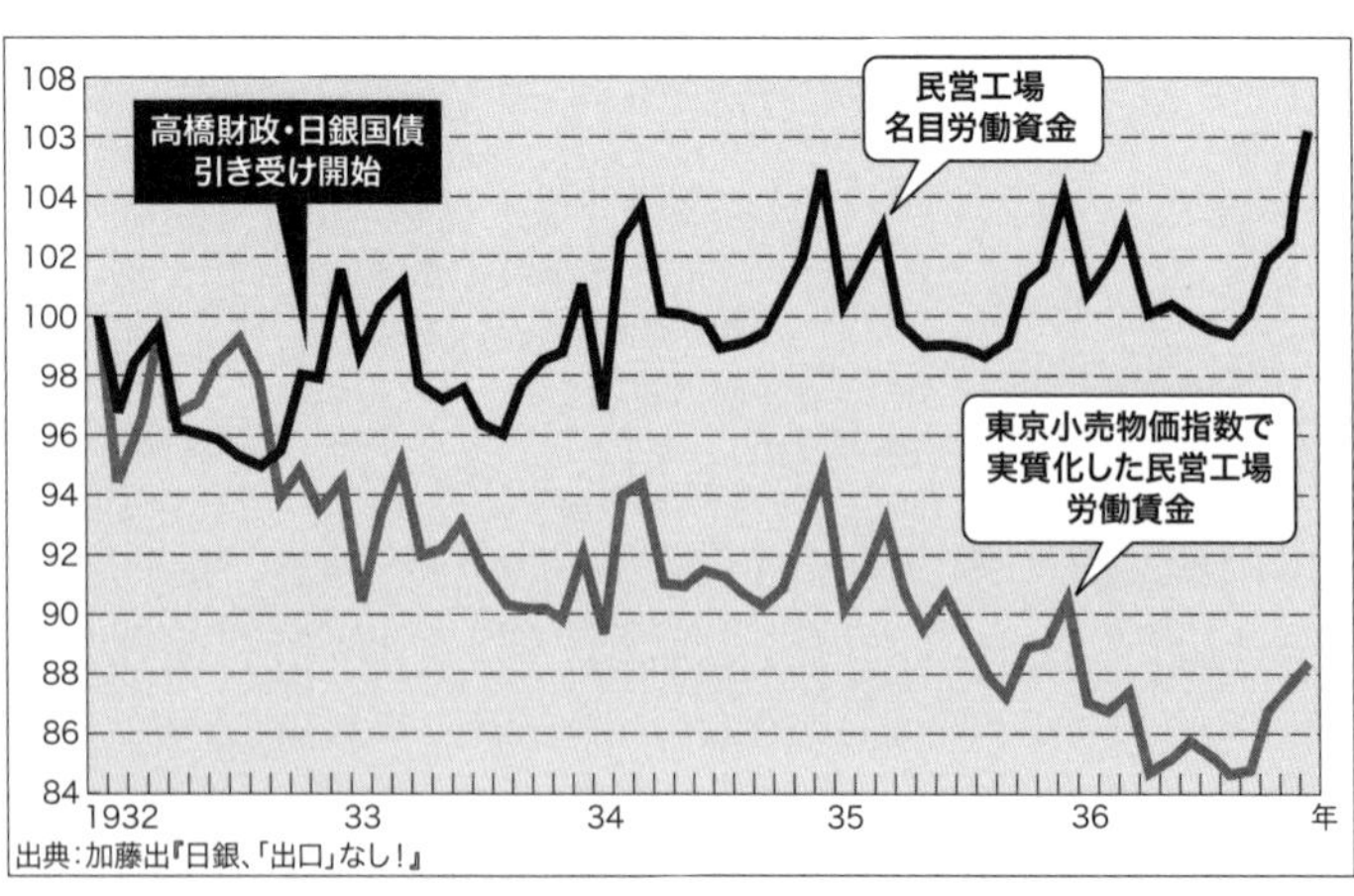

出典：加藤出『日銀、「出口」なし！』

は一〇一、三四年末は一〇四・八、三五年末は一〇四、三六年末は一〇六・一と緩やかな増加を見せた。

しかし同指数を東京小売物価指数（一九四一年基準）で実質化すると様相が異なる。三一年平均を一〇〇とすると、三二年末は九四・三、三三年末は九一・九、三四年末は九四・七、三五年末は九〇・四、三六年末は八八・三と顕著な下落傾向が続いた。明らかに賃金上昇がインフレを下回っていたのである。

高橋財政による景気回復は、円安による外資借入の負担増、輸入品価格上昇、国際的孤立、ダンピング批判などをもたらし、「反作用が多く長続きしない回復」だった――。経済学者の加瀬和俊はそう結論づけている。

✣――農村救済事業のお粗末

高橋財政は、軍事費と時局匡救事業（じきょくきょうきゅうじぎょう）を支出面の二本柱にした。このうち時局匡救事業とは、恐慌の打撃がとくに厳しかった農村の救済対策である。ケインズ政策を先取りするものとして高く評価する見解がある一方で、効果は限定的だったとする見方があり、評価が分かれている。

一九三二年に起こったクーデター未遂事件（五・一五事件）で犬養毅首相が殺害されたことを受け、海軍大将・斎藤実（まこと）を後継首相とする斎藤内閣が成立する（蔵相は高橋是清が留任）。当時相次いだテロやクーデターの底流には、恐慌の影響が深刻化するなかで農村対策を講じない政府への反感があった。こうした事情を背景に、斎藤内閣は時局匡救事業によって農村対策に乗り出す。

政治学者の北岡伸一は、時局匡救事業について次のように説明する。

「斎藤内閣が内政で最も力を入れたのは、不況の克服とくに農村の救済であった。（一九）三二年八月の第六十三臨時議会において、内閣は一億六千万円の追加予算、いわゆる時局匡救予算を提出した。その中心は農村関係時局匡救土木事業費八千六百万円とこれに伴う地方費分担五千六百万円、合計一億四千四万円であって、これによって河川・港湾・道路・用水・排水・暗渠排水などの土木工事や桑園整理や米穀貯蔵倉庫設置に対する助成などを行い、農家の現金収入をつくりだし、景気回復を図ったものであった。全体では、農村匡救計画は三年間四億円のものであり、さらに勧業銀行などから低利融資四億円を用意し、あわせて八億円の資金を農村に流入させようという計画であった」

しかしこの多額の資金すべてが、農民の厳しい生活を救うことに使われたわけではない。経済史学者の大門正克は次のようなエピソードを伝える。

「一九三三年（昭和八）一月十七日、信濃毎日新聞に『救農二面相』と題するスクープ記事が載った。長野県南安曇郡温村（安曇野市）の救農土木事業を報じたこの記事では、料亭前に居並ぶ自動車と、その一方に「厳寒酷風と戦う労働者たち」の写真を掲げている。料亭では、町村長や土木請負師らが長野県土木課長を接待していた」

大門が独自に調べたところ、温村の救農土木事業でもっとも多かったのは、冬季に一カ月前後、村内下層の農民に働く機会を与えることであった。規定の日当がそのまま支払われれば、ひと冬に十四円から三十一円稼ぐことになる。年間所得の一割から四割に相当する高い額である。

しかし、実際は違った。新聞記事によると、インフレ景気で高騰した蛇籠（じゃかご）の鉄針代と蛇籠詰めの丸石不足のあおりで、日当は五十銭弱まで下げられる。実際の賃銀はひと冬で十円から二十二円五十銭程度にとどまったことになる。大門は「温村の場合、追加所得の効果は限定的であり、事業費は材料代や請負師、利権屋に流れたように思われる」と推測する。

大門によれば、信濃毎日新聞には救農土木事業の記事が多数掲載され、利権やインフレ景気で事業が予定どおりに進まない状況を伝えた。これは恐慌期に各地の農村を訪ねた、猪俣津南雄（いのまたつなお）の評価と一致するという。

マルクス経済学者の猪俣は、現地調査の結果を一九三四年の著書『窮乏の農村』にまとめた。農村救済事業の実態を生々しく伝える報告をいくつか抜粋しよう。

・ほとんどすべての県に共通した出来事から言おう。救農工事として何をやるかは村で決定する。そしてその事業が許可になり、工事費総額が仮に三千円であるとすると、その三分の二の二千円は補助される。残る千円は、村で支弁することになっている。ところが、その千円の分担を実際に支出した村はすくなかろうといわれていた。一文も出さないのも相当多かった。つまり補助金の二千円しか使わずに、表面は三千円の工事をしたように取りつくろったわけである。したがって、表向は一円の労賃になっていても、実際は七十銭しか払わぬといった結果になった。この場合、労賃の支払を受ける者はもちろん貧農であり、わけても下層貧農である。

・長野。工事の一例を見ると、労賃として支払われた部分は総経費の二割二分強にしか当らない。働きに出た農民たちがめいめいに貰った賃銀は、南信地方では一日三十銭ないし六十銭である。信州の農民たちは、所がら、数理の観念が進んでいるので、「救農事業で儲かった者は、地主、監督、セメント会社、鉄材料店だ」などと至極わかりがよい。

・三重。松阪附近の賃銀は七十銭。但し、それを渡さずに村税などの滞りを差引いた村が多かった。そのために方々の村で紛争が起こった。

・山形。救農工事は自作ほどには小作をうるおさなかった。自作は家族が多いので工事に出た。しかし、小作は百姓仕事の何もかも自分の手と足でやり、細々したことに煩わされ通しで、出られなかった。

右に挙げたのは個別の事例だが、マクロで見ても農村救済を目的とした土木事業の効果には疑問が投げかけられている。

経済学者の加瀬和俊は、財政支出のマクロ分析に基づいて事業効果を判定している諸論文について、「公表された統計・資料類の批判的吟味がない上に、論者によっては、統計数値の意味の誤解・恣意的解釈にもとづいて推論を重ねているために、政策に対する弁護論的姿勢が露骨にあらわれている面をなしとしない」と批判する。

たとえば高橋財政を高く評価する代表的論者である中村隆英・東京大学名誉教授の論文『「高橋財政」と公共投資政策』について、加瀬は「統計操作における恣意的過大評価」があるとして、次のように指摘する。

「具体的には〔略〕事業費に占める賃金の比率を極めて高くしている。土木事業の中心をなす内務省事業では賃金比率が（基本的に民間事業である）農林省事業のそれよりもかなり低いことを認めながら、土木事業全体の賃金総額を推定する際には、相対的にマイナーな比重にすぎない農林省事業の、その中でも最も賃金比率の高い耕地事業の数値を全事業費に乗じるという方法をとっている上、耕地事業の賃金比率は農林省耕地課が示した予定比率を用いている。こうした何重もの操作の結果、年間二億円という過大な賃金額が推計されている」

時局匡救事業が農民にもたらした所得は農閑期の一時的なもので、農家が抱えた多額の負債の整理は進まなかった。事業内容の中心は橋梁や道路で、農業生産力の向上に果たした役割も小さかった。農村救済の効果は限定的だったとみるのが妥当だろう。

✣——軍事費膨張を許す

高橋財政で支出増加の中心となったのは軍事費である。軍事費の増大は日本経済を恐慌から回復させる役割を果たしたといわれる。しかし引き換えに払った代償の大きさを考えれば、懸命な選択だったかは疑問である。

前述のように、高橋財政期には、井上財政期の緊縮財政から一転して積極的な財政拡大策がとられた。浜野潔ほか『日本経済史一六〇〇―二〇〇〇』によれば、一般歳出の規模は、一九三一年度の約十六億円から三二年度には十九億五千万円、三三年度には二十二億四千万円へと増加した。財政支出拡大の最大の要因は満州事変費を中心とした軍事費であり、一般会計における軍事費支出は一九三一年度の五億六千万円から三四年度には十億六千万円とほぼ倍増した。

これは海軍軍令部や**枢密院**の反対を抑えてロンドン海軍軍縮会議を締結し、軍縮を進めた民政党政権とは正反対の政策転換だっ

枢密院：一八八八年に大日本帝国憲法草案審議のため設置された天皇の諮問機関。議長、副議長、顧問官からなり、いずれも四十歳以上の元勲および練達の者が選ばれた。法的には憲法および憲法付属の法令、緊急勅令、条約等につき諮問に応ずるにすぎなかったが、旧憲法の番人として天皇大権の防衛に当たり、議会（帝国議会）の第三院的機能を発揮した。一九四七年、日本国憲法の施行によって廃止された。

た。高橋の下で始まった、日銀による国債の直接引き受けが財政の急膨張を支えた。

軍事費の膨張は重工業に恩恵をもたらした。有沢広巳監修『昭和経済史』（上巻）によれば、重工業の生産額は一九三一年から一九三五年の間に二倍に増大し、株価指数は約二倍に、製造工場の純益率も二倍以上に上昇した。

一般的には、高橋財政による軍事費膨張は日本経済を恐慌から脱出させる「テコ」の役割を果たしたと評価されている。しかし一方で、引き換えに払った代償も大きかった。

最大の代償は、軍部の力を増大させたことである。

経済学者の加瀬和俊は「中国侵略・満州国建国を強行した軍部に対して、潤沢な軍事費が国庫から提供され、職業軍人のポストも増加していったため、軍事費の制約を突破するためには対外行動を拡大すればよいという発想が軍部のなかに定着した」と指摘する。

軍部に定着したこのような発想は、合理的な財政運営のための配慮を不可能にした。

加瀬はこうも述べている。

「戦争を起こしてしまえば、本国政府はその戦争のために予算と人員を認めざるをえなかったから、対外侵略戦争への独断行動は、軍人の意識においては、退役させられた仲間の失業問題を打開するための連帯行動の意味も持っていたのである」

政府と高橋蔵相は軍事費拡大により、自ら軍部へのコントロールを困難にしてしまったと言える。潤沢な予算を手にした軍部が中国で軍事行動を拡大した結果、円安政策による輸出の急増と相まって欧米の反発を招き、日本の国際的孤立にもつながった。その後戦争に発展し、多数の国民が生命を奪われたことを考えれば、軍事費の拡大が恐慌脱出の手段として賢明だったとは決していえないだろう。

高橋是清は、軍事費の拡大による不況からの回復が財政的に健全でないことはよく理解していた。しかしやがて健全な状態に戻るだろうと、甘い見通しを抱いていた。ところがその見通しは狂い、一九三四年四月には次のように苦悩を吐露することになる。

「昨年の私の考えは、昭和十年度予算編成頃に至って財政建直しに着手出来やせぬかと期待し、またそう出来ればまことに結構だと思っていた。〔略〕満州事件費その他すべての軍事費は先々幾らかずつ減るだろうと思っていた。／しかるに内外の情勢は、私の考えていたところと違って、非常な変化を起した。〔略〕今日でも早く財政の収支の均衡を維持するような方にいきたいと勿論思っているが、今後国際間の関係、内外の情勢がどう変化していくか、前途暗黒である。見通しがつかない」(『経済論』)

ニューディール政策の失敗を嘆いたモーゲンソー米財務長官の「まったく見通しが立たない」という言葉を思い出す。

こうしたなか、赤字国債の発行が悪性インフレーションを引き起こす懸念が強まり、高橋は軍事費の削減と公債漸減の方針に転換する。高橋財政の後期である。一九三六年度の予算編成にあたって高橋は軍事費支出を抑制し、赤字国債の増発を認めない方針を明確にしたために軍部との軋轢が強まり、一九三六年の二・二六事件で暗殺される。

晩年、高橋是清が軍部の軍事費拡大要求を認めず、毅然として拒んだことから、反軍国主義者・平和主義者として高く評価されることがある。果たして、この評価は正当だろうか。

たしかに最後の局面だけ見れば、高橋の態度は立派だったといえる。しかしすでに述べたように、軍部の力が増した責任の一端は、軍事費膨張を許した高橋自身にあった。高橋は金本位制を離脱し、軍事費を拡大させ始めた際、いざというときには政治力で軍部を抑え込める自信があったのかもしれない。もしそうだとすれば、その自信は過剰なものだったと言わざるをえない。

早稲田大学教授の鎮目雅人は、日本が金本位制を離脱したことにより財政の規律に生じた変化をこう指摘する。

「金本位制がまがりなりにも機能していた時期においては、国際金融市場を通じた健全財政への圧力が財政の維持可能性を支えていたと考えられる。一方、『高橋財政』期の予算編成においては、財政規律を確保するメカニズムは制度としては存在せず、財政規律の維持は高橋是清という個人の能力と意志に委ねられていた面が大きい」

金本位制は市場経済の力を利用して財政規律を保つ制度として、曲がりなりにも機能していた。その制度を放棄してしまった後で財政規律を維持するものは、もはや「高橋是清という個人の能力と意志」しかなかった。しかしいくら高橋が優れた財政家であったとしても、個人は能力に限界があるし、誤りも犯す。実際、高橋は内外情勢の先行きを見誤り、「前途暗黒である。見通しがつかない」と頭を抱え、嘆いたのである。

✣――国民に多大な経済的犠牲

高橋の暗殺後、財政規律は完全に失われ、戦時統制経済と戦後の急激なインフレーションにつながっていった。それらについてまで高橋の責任を問うのは酷だろう。しかし東短リサーチの加藤出が述べるように、高橋によって日銀の国債直接引受という「便利な制度」が発明されていたために、財政拡張の道筋をつけてしまった面はある。高橋の死後、日銀信用をバックとしてほとんど無制限に近い軍需融資が実施された。終戦直後も、日銀国債引受を原資に復員軍人への補助金支払いや復興金融公庫債の発行が行われ、急速なインフレを招く。第五章でも触れるように、一九四六年二月に預金封鎖、同三月に新円切り替えが実施され、貯蓄のほとんどが無価値になってしまった国民も多い。

歴史にｉｆ（もし）は禁物とされるが、もし金本位制が放棄されず、マネーの膨張に歯止めがかかっていれば、日本はここまで悲惨な経験をせずに済んだのではないか。それを思うと、あくまでも金本位制を守り抜こうとした井上準之助は、財政家として、より遠くを見通す眼力を持っていたといわざるをえない。

もちろん井上は完璧ではなかった。以前は第一次世界大戦後の反動恐慌、関東大震災、金融恐慌に際し、日銀総裁や蔵相として不良銀行・企業への救済融資を指揮している。これは古典的自由主義に反する施策である。その結果、経済の構造調整を遅らせ、国力の低迷を招いた。新平価と異なり根本的な構造改革につながる旧平価での金解禁に井上が熱意を燃やした背景には、自分が救済融資によってもたらした結果に対する「深刻な反省」があったと青山学院大学名誉教授の三和良一はみる。

高橋是清は晩年、軍部と対決したことで、反軍国主義者として評価される。しかし井上も、軍部が国を戦争に引きずり込む危険について、高橋に劣らず警戒していた。第二次若槻礼次郎民政党内閣当時の一九三一年、民政党と政友会による大連立内閣構想が浮上したが、蔵相の井上はこれに強く反対し、次のように述べた。

「昨今唱えらるる所謂挙国一致内閣或は政民連立内閣は〔略〕軍部を掣肘し統制せんとする強力なるものには非ずして、寧ろ軍部に媚んとするものなれば、国家の前途を思うては到底賛することを得ず、此上軍部をして国際関係を無視して其の計画を進むるが如きあるに於ては国家は滅亡に瀕すべし、現政府は微力なりと雖も兎も角も今日あらゆる手段により軍部の活動を制御しつつある次第なり」（坂野潤治・三谷太一郎『歴史をつくるもの』）

井上は大連立内閣構想は軍部を縛り、独走を防ぐためのものではなく、むしろ軍部に媚びようとするものだと断じ、国家の前途を思えば到底賛成できないと明言している。軍部が国際関係を無視して軍事作戦を推し進めれば国家は滅亡に瀕するだろうという予言は、その後の日本の歩みに照らせば、慧眼としかいいようがない。

戦後の大物日銀総裁として知られる**一万田尚登**は回想で、「井上さんが口癖のように軍が政治を左右するようになれば国が亡ぶと憂慮せられていたことは、いまなお、記憶に新しい」と述べている。一万田は、井上が金本位制維持を主張したのは、「軍を押えて戦争に赴くことを回避するためには、たとえ金の流出減少を来すとも金本位制を固く守り、軍費の無限の増大を防がねばならぬとの堅い信念に基づくものではなかったかと思う」と推測してい

一万田尚登：一八九三年八月十二日〜一九八四年一月二十二日。東京大学を卒業後、日銀に入行。一九四六年、日本銀行総裁となり、第二次大戦後の復興に尽力。銀行界などに強い発言力を持ち、「法王」と呼ばれた。サンフランシスコ講和会議では全権委員として交渉に当たる。総裁退任後は鳩山一郎内閣の大蔵大臣に就任。衆議院議員選挙に当選し、政治家として活躍した。

る。

井上にとって、金本位制は軍部を押さえるための頼みの綱だった。だが、その綱は政権交代後、高橋是清によって断ち切られてしまう。

井上は蔵相を退いた後の一九三二年二月九日、血盟団員・小沼正によって暗殺される。すでに政府は高橋財政の下、金本位制を離脱し、軍事費を膨張させつつあった。

同年十二月二十五日付の米紙ニューヨーク・タイムズは、金本位制離脱は井上蔵相の下で軍縮と健全財政主義の複合効果により実施された経済効果を犠牲にするものであり、高橋財政による軍事費の増大に伴う「不均衡財政は結果的に信用力の喪失」であると評した。

事実、井上に続き高橋是清も暗殺に斃れた後は、日本政府は完全に野放図に国債を発行するようになり、第二次世界大戦に至った。積み上がった多額の政府債務は、事実上の増税である激しいインフレによって返済されることとなる。作家の板谷敏彦は「借りた金は返さなければならないということ。公債の発行は、増税の先送りでしかない」と指摘する。

高橋財政は、井上財政の自由放任政策がもたらそうとしていた民間主導の自律的な経済回復を、政府に依存した軍事経済に変質させた。その結果、日本経済の信用力を失わせ、国民に多大な経済的犠牲を強いたのである。

政府・日銀は、第一次世界大戦後のバブル崩壊に、関東大震災も重なって経営不信に陥った企業を財政出動や金融緩和で救済しようとした。その結果、今でいうゾンビ企業が大量発生し、経済の基盤をもろくした。これが昭和恐慌の根本の原因だったといえる。昭和恐慌をもたらしたのは「市場の失敗」ではなく、「政府の失敗」だったのである。

現代の日本経済は一九九〇年代のバブル崩壊後、二〇一一年の東日本大震災を経て、政府・日銀の介入政策が繰り返されたにもかかわらず、いや繰り返されたからこそ、長い停滞が続いている。日本の経済・社会をこれ以上疲弊させないためにも、介入主義者の高橋是清を恐慌の救世主として称えることをやめ、志半ばで斃れた自由主義者・井上準之助の見識を再評価しなければならない。

第五章

世界恐慌を生き抜くには近未来経済予測

お節介な「不況対策」にノーを

✣—不況を長引かせる六つの方法

本書の締めくくりとなるこの章では、これまで明らかにした世界恐慌の真の歴史から導かれる教訓を踏まえ、今後世界や日本で世界恐慌並みの経済危機が迫り、襲った場合、どのように対応しなければならないかを考えてみよう。

これまで述べてきたように、俗説によれば、アメリカ大恐慌発生時の大統領フーバーは自由放任を信じ、経済対策をやらなかったため不況を深刻にしたという。それは嘘である。フーバーは「大きな政府」を信じ、それが大恐慌を引き起こしたのである。手短におさらいしよう。

フーバーは株価暴落直後の一九二九年十一月、金融業者や実業家をホワイトハウスに集め、賃金水準の維持を呼びかけ、同意を勝ち取った。物価の下落によって実質賃金は大きく上昇する。企業は雇用を抑え、失業率の上昇をもたらした。

フーバーは農民を助けるためとして、一九三〇年に施行したスムート・ホーレー関税法で何千もの輸入品に高い関税をかけた。その結果、外国人は米国に輸出がしにくくなって米国の輸出品を買うドルが少なくなり、純輸出産業だった米国農業は皮肉にも最も苦しんだ。

フーバーは就任後最初の二年間で政府歳出を四二%も増やした。これは自由放任の神話とは裏腹に、典型的な介入主義の景気刺激策である。しかし失業率は下がるどころか、二〇%以上に上昇。フーバーは打つ手がなくなり、介入政策を放棄した。

フーバーの政策は自由放任からかけ離れていた。規模は小さいものの、むしろ後任ルーズベルトのニューディール政策とよく似ている。皮肉にもルーズベルトは大統領候補時代、フーバーの政策を「もっとも向う見ずで放蕩（ほうとう）に満（み）ちたもの」と批判した。

こうした大恐慌のさまざまな事実からわかったのは、不況を終わらせようとする政府の対策が、かえって不況を長引かせ、深刻にしてしまうことである。それでは、もし政府が不況をできるだけ早く終わらせ、バブルでない正常な繁栄を取り戻したいのであれば、何をなすべきだろうか。

この問いに対し、本書で何度もその見解を紹介してきたオーストリア学派の米経済学者、**マレー・ロスバード**は、一言でこう答える。

「市場の調整過程に干渉するな」

ロスバードの著書『アメリカの大恐慌』（初版一九六三年）によれば、恐慌を脱する方法は公的債務を増やすことではなく、民間部門の拡大である。財政縮小による肥満国家の縮小は、景気拡大につながる。公共部門が縮小すればするほど、民間企業部門は拡大することができる。経済を牽引するのは公的債務ではなく、自由化された市場で栄える起業家精神である。

民間部門は、利益の見通し以上の刺激を必要としない。民間企業の活動条件が改善され、利益期待が高まれば、投資は増加する。雇用が増え、所得が増加する。利益期待の高まりは設備投資を促し、経済成長率を高める素地が整う。支出を減らし、貯蓄を増やし、自由放任主義（レッセフェール）を貫くことが、正しい危機対策である。

一方、政府の干渉が市場経済の自律調整を妨げるほど、不況は長く厳しくなり、完全な回復が難しくなる。ところが実際には、政府はつねに「不況対策」と称して市場経済に干渉し、事態を悪化させてきた。

ここでロスバードは反面教師として、政府がよくやる「不況対

マレー・ロスバード：一九二六年三月二日〜一九九五年一月七日。アメリカ合衆国の経済学者、歴史学者、政治哲学者。自由市場による通貨供給、中央集権的な計画経済の糾弾など、オーストリア学派の概念を構築。アメリカ合衆国のリバタリアニズムの形として「無政府資本主義」と名付けた自由市場無政府主義の理論体系を提唱した。著書は「自由の倫理学」「新しい自由のために」「政府はわれわれの貨幣に何をしてきたか」など多数。

策」を列挙する。これらは市場の調整過程を妨げ、政府のかけ声とは裏腹に、不況を長引かせる元凶なのだ。米政府を念頭に置いたものだが、現在の日本でもおなじみの代物ばかりであることに驚くことだろう。

一．企業整理の妨害・先延ばし……傾いた企業に融資する、銀行に追加融資を求めるなど。

二．貨幣量のさらなる膨張……貨幣の供給量を増やして必要な物価下落を阻み、調整を遅らせ、不況を長引かせる。融資を拡大させると、誤った投資がさらに増え、いずれのちの不況で整理されなければならない。政府の「金融緩和」は、市場で必要とされる水準に金利が上昇するのを妨げる。

三．賃金率押し上げ……不況下で賃金率を人為的に高めに維持すると、大量の失業が絶え間なく続くことになる。それだけでなく、貨幣量が収縮すると物価が下がるので、賃金率を据え置くということは実質賃上げを意味する。企業への需要が落ち込むなかで、これは失業問題をはなはだ深刻にする。

四．物価押し上げ……価格を自由な市場で決まる水準より高く維持すると、買い手のつかない過剰な生産につながり、経済成長への回復を妨げる。

五．消費刺激・貯蓄妨害……貯蓄を増やし消費を減らせば経済の回復は早まるし、逆に消費を増やし貯蓄を減らせば資本不足に拍車をかける。政府は食品配給券（フードスタンプ）の支給や失業給付などで消費を刺激することもあるし、高率の課税、とりわけ富裕層や企業・資産への課税によって貯蓄と投資を妨げることもある。実際のところ、いかなる増税も政府支出も貯蓄と投資を妨げ、消費を刺激する。なぜなら政府支出とは、すべて消費だからだ。民間の資金であれば、一部は貯蓄され投資に回る。だが、政府の資金はすべて消費される。したがって政府の経済に占める相対的規模が少しでも大きくなれば、社会の消費投資比率を消費寄りにシフトさせ、不況を長引かせることになる。

六．失業への補助金……失業者に失業保険や給付金の形で補助を行うと、失業をいつまでも長引かせ、労働者が仕事のある分野に移るのを遅らせてしまう。

これらはいわば、「不況を長引かせる六つの方法」である。政府がこうした政策を連発するようだと、不況からなかなか脱出できないどころか、さらに深刻になる恐れすらある。大恐慌が米国史上最悪の不況となったのは、これら「不況対策」のせいだった。

一般的な大恐慌の解説本には、当時のフーバー政権が自由放任主義にこだわり、何もしなかったから不況が深刻になったと書いてある。だが実際には、第二章で述べたように、フーバーはニューヨーク株暴落の直後から、盛りだくさんの「不況対策」を次々に実行した。フーバーは自由放任主義者などではなかった。恐るべき介入主義者だった。さらに不幸なことに、後任大統領のルーズベルトとその側近たちは、フーバーに輪をかけた介入主義者だった。彼らの誤った介入政策こそが、空前の大不況をもたらした。大恐慌は市場の失敗ではない。政府の失敗だった。

繰り返せば、政府にとって不況時に最も大切な心得、それは市場の調整過程を邪魔しないこと、何もしないことである。だが、あえていえば、やれることが一つある。経済における政府自身の役割を小さくすること、具体的には政府支出の削減と減税である。減税は、とくに貯蓄と投資を妨げる課税を減らすことが望ましい。政府が課税・支出を減らせば、民間でより多くの貯蓄が可能になり、それが投資に回り、より早い経済回復が可能になる。

一言でいえば、不況時に政府がなすべき政策とは「厳密な自由放任」なのだ。ほとんどの病気と同様に、不況も、大きな手術や危険な薬ではなく、休息、水分補給、栄養補給、新鮮な空気で「治す」ことができる。お節介な「不況対策」には断固、ノーと言わなければならない。

このような主張は、一般の人はあまりにも「市場原理主義」的だと感じ、すんなり受け入れにくいかもしれない。経済学者やエコノミストの間にも、不況時に政府が何の景気対策もせず、厳しい市場競争にさらすのは、病人を鍛えるため激しい運動をさせるような「シバキ主義」だと非難する声がある。

しかし大恐慌の歴史が示すとおり、政府の介入は患者をいつまでも健康にせず、むしろ病気を悪化させる。表面上は一時元気が出たように見えても、体の奥では病状が進行する。間違った治療は、その程度がはなはだしい場合、患者を死に至らせるかもしれない。日本経済が長期にわたり低迷しているのも、過度な金融緩和を長らく続けたために、本来ならば存続しえない「ゾンビ企業」が低金利や円安で生き延び、経済全体の生産性が低下したことが根本の原因だ。

自由放任主義に基づく経済政策について、より具体的にみてみよう。

✣――経済支援は減税で

経済が不調に陥ると、財政で大盤振る舞いをすれば回復させることができると政府は主張し、それを多くの人が支持する。毎度おなじみの光景だ。

けれども残念ながら、政府の財政支出による対策は、経済不振を根本から改善することはできない。対策費が無駄遣いされたりして、むしろ停滞を長引かせる恐れさえある。

その最新の例が、新型コロナウイルス対策だ。日本経済新聞が二〇二二年四月に報じたところによると、十二兆円余りの「コロナ予備費」のうち最終的な用途を正確に特定できたのは六・五%の八千億円強にとどまり、九割以上は具体的にどう使われたのか追い切れなかったという。会計検査院の調べで、コロナ対策費の大幅な使い残しや医療機関への過大支給なども明らかになった。また、持続化給付金をめぐる不正受給が次々と明るみに出た。

注意が必要なのは、もし支援金や助成金が正しく給付されたとしても、経済を根本から改善できるとは限らないことだ。本来なら破綻するはずの「ゾンビ企業」まで存続させ、経済全体の活力を奪う恐れがあるからだ。

経済が発展する条件の一つは「創造的破壊」だ。停滞する産業・商品に代わって新しい成長産業・商品が絶えず登場する経済のダイナミズムを指す。経済学者ヨーゼフ・シュンペーターによれば、創造的破壊は資本主義経済の本質をなす。ところが政府の財政支援は、創造的破壊を妨げる。シュンペーターはこう強調する。

「資本主義とは本来、経済がどのように変化していくかという変化の形態・方法であり、決して静態的なものではないし、静態的ではあり得ない」(『資本主義、社会主義、民主主義』)

経済が大きな転換点に立たされているときこそ、創造的破壊による産業構造の変化が急がれる。

もちろん成長産業が育つには一定の時間がかかる。その間の痛みを和らげる政策はあっていい。そのためには補助金、助成金、給付金といった政府から支給されるお金よりも、優れた方法がある。減税だ。

会計検査院：政府の行政機関のひとつで、内閣から完全に独立して存在。国・政府関係機関の決算、独立行政法人などの会計、国が財政援助する地方公共団体の会計などの検査を行い、決算検査報告を作成することを主要な任務とする。一八八〇年に大蔵省から監査部門を独立させる形で設置された。

支給と減税は、個人や企業の手元のお金が増える点で似ていても、その意味や使い勝手は大きく違う。補助金や助成金は原則、特定の目的に限って支給され、それ以外の目的に使うことはできない。

これに対し、減税で手元に残ったお金は自分のお金だから、何に使おうと自由だ。コロナ対策の影響で客足が減って苦しむ飲食店の店主であれば、生活費の足しにしてもいいし、新しい商売の準備に使ってもいい。用途を縛られたお金より、自由に使えるお金のほうがありがたいに決まっている。

また、政府から支給されるお金は、手元に届くまでに時間がかかりがちだ。新型コロナ対策の柱の一つとなった一人十万円の給付金は、厚生労働省の雇調金のオンライン申請システムにトラブルが発生し、一時停止してしまった。何ともお粗末だが、減税なら、そんな無駄な時間はかからない。

補助金、助成金、給付金の違い

	給付金	助成金	補助金
目的・内容	事業資金を支給	労働者 (労働環境改善) への投資の補填	事業拡大への 投資の補填
交付元	国・自治体など	おもに 厚生労働省	おもに 経済産業省
条件	要件をクリア	要件をクリア	審査合格
入金時期	先払い	後払い	後払い
返済義務	なし	なし	なし

減税を主張すると、決まって出てくるのが「金持ち優遇」という批判だ。とくに所得税の最高税率の引き下げや相続税廃止に対して、そういわれる。たしかに、これらの減税が金持ちを楽にすることは事実である。だが、それは悪いことではない。金持ちの多くは企業のオーナー、つまり投資家だ。投資で得た利益が減税によって多く手元に残るようになれば、投資に対する意欲が高まり、やはり製品・サービスの供給増につながる。

また、「減税分の財源を示さないのは無責任」という批判がある。これも筋違いだ。企業と利用者の関係にたとえてみればわかる。たとえば動画配信サービスを解約するときに、「売り上げの減少にどう対処すればいいか、言わないのは無責任」などと批判されることはない。それは企業側が考えることだ。同様に、減税にともなう財政のやりくりを考えるのは、納税者ではなく、政府の仕事である。国会議員や高級官僚は高い収入を得ているのだから、それくらいは頭を使ってほしい。企業なら普通、出費を削るだろう。コロナ対策でわかったように、税金の無駄遣いはあふれているのだから、いくらでも削り代はあるはずだ。政府が恩着せがましく押しつける福祉政策にしても、あとで述べるように、その現実は弱者を苦しめる劣悪なサービスでしかない。政府は手を引き、純粋な民間事業として行ったほうがいい。

ただし政府は企業と違い、税の不足分を通貨（お金）の発行で埋めるという荒技がある。せっかく減税が実現しても、その穴をお金の発行で埋められてしまったら、国民はインフレの形で財産を奪われることになる（インフレ税）。だから減税とともに、通貨の発行にも目を光らせる必要がある。日銀がお金の量を増やす金融緩和は、事実上の税金の穴埋めであり、すぐにやめなければならない。

個人や法人を対象にさまざまな減税を進めれば、不況による国民の痛みを和らげることができるだけでなく、企業が投資に回すことのできるお金も増え、新しい産業の成長につながる。良いことづくめで、やらない理由はない。政府が減税しなければ、個人が工夫して節税するのももちろんありだ。

しかし世間には、一円でも税収を減らしたくない政治家や官僚の宣伝を真に受けて、減税や節税を良くないことのように信じ込んでしまっている人が少なくない。

たとえば、配偶者控除を「主婦の特権」と批判する人がいる。共働きで夫婦とも稼ぎが多ければどちらにも税がかかるのに、妻が主婦で一定以下のパート収入しかなければ税控除を受けられるから、特権に見えるのだろう。しかし、その見方は果たして正しいだろうか。「主婦の特権」をなくすため、控除を廃止したり、控除の条件を厳しくしたりするべきだろうか。

もう一つの例は、超高層のタワーマンションを使った節税だ。景観のよい高層階の部屋は、低層階と同じ面積でも取引価格が高い。一方で、部屋にかかる相続税や固定資産税は面積で決まるため、取引価格の割に税金が安い。このため富裕層の間で節税策として購入する動きが広がり、「富裕層の特権」と非難された。政府はこうした声を受け「タワマン節税」の防止に乗り出している。これは富裕層の特権を許さない政策として喜ぶべきだろうか。

結論からいえば、これらに代表される税控除や免税、税制の抜け穴を利用した節税などを特権と呼ぶのは正しくないし、その撤廃・縮小を求めるのは間違っている。

補助金や助成金の場合、財源となるお金（税金）をもともと稼いだ納税者は、運よく補助金や助成金の対象にならない限り、自分のお金を取られたままになってしまう。一方、補助金や助成金の受領者は、それが払った税金を上回れば、本来自分のものでないお金を使うことができる。これは政府権力の介入によって可能になる特権である。

それに対し、税控除や免税、節税の場合、納税者は本来自分のものであるお金を持ち続けるだけだ。自分で稼いだお金は、その人が金持ちでも貧しくても、本来自分のものである。手元により多くのお金が残るからといって、補助金とは違う。だから特権と非難するのは正しくない。財産権という当然の権利である。

したがって、主婦のいる家庭に対する税控除や、富裕層によるタワーマンション節税を特権と非難するのは正しくないし、それを特権と呼ぶのは間違いである。

税軽減を受けられない他の納税者が、自分の負担が重くなったと感じ、特権だと非難したくなる気持ちはわかる。しかしそれはたとえるなら、奴隷が自由になった仲間をねたみ、憎むようなものである。悪いのは自由になった奴隷ではない。他の奴隷に自由を許さない奴隷主である。

減税措置を受ける人は悪くない。悪いのは無駄な補助金や助成金を削ろうともせず、他の納税者に負担を押しつける政府である。

ところが多くの人々は減税措置を受ける人を責め、政府がその「特権」をなくそうとすると、自分が楽になったわけでもないのに喝采を送る。まるで逃げた奴隷を連れ戻す奴隷主を「ご主人様は偉い」と崇めるように、である。

このような国民は政府にとって何と御しやすいことか。私たちが情けない奴隷根性から抜け出さない限り、税の苦しみから逃れることはないだろう。

✣──政府主導の賃上げは失業をもたらす

岸田文雄首相は二〇二三年三月十五日、首相官邸で政府と経済界、労働団体の代表者による会議に出席し、最低賃金の全国加重平均を二〇二二年の九百六十一円から二三年に千円へ上げる目標を示した。非正規雇用も含めた幅広い賃上げを訴え、「今年は千円を達成することを含め最低賃金審議会で明確な根拠のもと、しっかり議論いただきたい」と述べた。

やる気を見せる岸田首相には悪いが、企業の実力を無視し、政府が主導する賃上げは失業の増大をもたらす。とくに最低賃金引き上げの場合はそうだ。これは最低賃金上げを求める人々が認めたがらないことだが、たいていの経済学の教科書に載っている、経済学のイロハである。念のため、簡単におさらいしておこう。

ある商品やサービスの価格は、需要と供給が一致した点で決まる。これを「需要と供給の法則」といい、経済の基本原則である。需要と供給が一致する点を均衡点という。

たとえば、ある商品の価格が均衡点より高いとき、供給が需要よりも大きくなる。すると売れ残ったものが倉庫に積み上がる。売り手は売れ残りを処分したいので、消費者が買いたいと思う価格まで値下げする。値下げされると、需要が増えて供給が減り、やがて双方が一致する均衡点で出合う。売れ残りはなくなる。

これは労働というサービスにもあてはまる。労働の場合、賃金が価格に当たる。賃金が均衡点より高いとき、労働の供給（求職）が需要（求人）よりも大きくなる。たくさんお金がもらえるなら、働きたいと思う人が増えるし、逆にお金を払う側の企業は人を雇（やと）

岸田文雄：一九五七年七月二十九日〜。早稲田大学法学部卒業後、日本長期信用銀行に入行。議員秘書を経て、一九九三年、衆議院議員初当選。以来、連続九期選挙区当選。自民党青年局長、経理局長を経て、二〇〇一年に小泉内閣で文部科学副大臣。二〇〇七年に第一次安倍改造内閣で内閣府特命大臣として初入閣。二〇一二年、第二次安倍内閣で外務大臣に就任。二〇一七年、防衛大臣を兼任。二〇二一年十月、第一〇〇代内閣総理大臣に就任。

うのに慎重になるからだ。すると商品の売れ残りにあたる失業が増える。

失業をなくすには、企業が雇いたいと思うところまで賃金を下げればよい。ところが最低賃金規制があると、それができない。最低賃金の水準が高ければ高いほど、賃金を引き下げる余地が小さくなる。その分、多くの失業者が生じることになる。

人は買い物をするとき、誰もが「自分が考える価値より高い価格で買いたくない」と考える。それは人を雇う企業の経営者も同じである。だから、こうなるのは避けられない。以上が、最低賃金を引き上げると失業が増えるメカニズムである。

それだけではない。最低賃金引き上げがもたらす失業というコストは、社会の全員で平等に負担するわけではない。多くの場合、失業に追いやられるのは、低い賃金だからこそ仕事にありつける、技能に乏しく貧しい人々である。一番助けなければならない弱い立場の人々を苦しめることになる。

技能に乏しくてもなんとか職を失わずに済んだ人々は、引き上げられた最低賃金を享受することができる。しかしその一方で、一部の人々に失業という深刻な犠牲を強いるのであれば、とても人道的な政策とはいえない。

最低賃金の引き上げが失業を増やす理由を、あらためて簡単な計算式で示そう。

ある会社で一時間に払える賃金が合計五十万円で、最低賃金が時給八百円のとき、雇える人数は最大六百二十五人（五十万÷八百）だ。最低賃金が千円に引き上げられると、雇える人数は最大五百人（五十万÷千）に減る。減った分、失業が増える。

会社に残れる人は賃金水準が底上げされてハッピーかもしれないが、失業した人は収入ゼロだ。ひどい所得格差である。格差社会を批判する人の多くが最低賃金上げを支持するのは、不思議なことだ。

さて、この不都合な事実を突きつけられると、最低賃金引き上げを支持する人々は、よくこう反論する。「理屈はともかく、現実には最低賃金を上げても雇用は悪化していない」と。

たしかに、専門の経済学者にもそれに近い見解を述べる人はいる。米プリンストン大学教授のアラン・クルーガーは二〇一五年の「現代ビジネス」記事で、過去二十五年間以上にわたる多くの研究によると、最低賃金は「雇用にはほとんど、または全く影響がないことが明らかにされている」と述べる。

しかし気をつけなければいけないのは、クルーガーが、最低賃金に「適切なレベルで設定されている場合」という慎重な条件を付けていることだ。では、「適切なレベル」とはどのくらいなのか。

クルーガーはこう述べる。

「最低賃金を時給十二ドルに設定した場合は、低賃金労働者にとりマイナスよりプラス面が多いが、国としての最低賃金を時給十五ドルにすると、それは我々にとって未知の世界となり、望ましくないリスクや意図せぬ結果をもたらしかねない」

最近の円相場から一ドル＝百四十円とすると、十二ドルは約千五百円、十五ドルは約二千円。日本の一部の左派論客は最低賃金二千円への引き上げを主張するが、これは最低賃金引き上げに好意的なクルーガーですら、「望ましくないリスクや意図せぬ結果をもたらしかねない」と警告するほど常軌（じょうき）を逸（いっ）した高水準ということになる。

クルーガーが賛同する千五百円程度の水準にしても、雇用に単純なプラスではなく、「マイナスよりプラス面が多い」と表現していることに注意が必要だ。プラス面とは職を失わずに済んだ人々が引き上げられた最低賃金を享受することを指し、マイナス面とは失業を意味する。

これは前述した、一部の人に失業という犠牲を強いて他の人々が得をする構図である。賃金の総額を計算すれば差し引きプラスになるとしても、左派の理想とする、弱者を救う人道的な政策とはとてもいえないだろう。もしそれを承知で掲（かか）げているとしたら、ひどい偽善である。

低収入に苦しむ人々が、より高い賃金を望むのは当然である。しかしそれを政府に頼って実現しようとしても、誰かを犠牲に誰かが得をするだけだ。なぜなら、政府は自分自身で新たな富を生み出せないからである。

富を生むのは企業である。企業家が労働者の助けを借り、消費者（労働者自身を含む）が望む良質で安価な商品やサービスを競い合ってつくり出す。労働者全体がより豊かになる方法は、その王道以外にない。そのためには左派の主張とは反対に、企業が自由に活動できる規制緩和や減税が必要である。最低賃金引き上げなどという甘い罠に騙されてはいけない。

じつは最低賃金制度の歴史的な起源をたどると、そもそもこの制度は立場の弱い労働者を守るための仕組みではなく、むしろ人種差別による偏見から一部の労働者を排除するために考案された制度だという、衝撃の事実が明らかになる。

欧米で最低賃金制度が生まれたのは一八九〇年から一九二〇年代にかけてだが、制度導入を推し進めた左派の経済学者たちは、経済学の教科書が教えるとおり、最低賃金規制が失業を生み出すことを知っていた。しかし同時に、それが社会に利益をもたらすと信じていた。なぜか。能力が劣り、安い賃金でしか働けない人々を労働市場から排除することによって、一国の経済の効率が高まると考えたからだ。

この考えの背景には、当時大流行していた優生思想がある。劣った子孫の誕生を抑え、優れた子孫を増やすことにより、社会や民族全体の「健康度」を高めようとする思想だ。ナチスドイツがこの思想を信奉していたことは有名だが、米国の優生学者はドイツと密接なつながりがあり、米国はむしろドイツの優生政策の先駆者だったといわれる。

優生思想はエセ科学に基づくものだが、優生思想を信じた経済学者たちは、最低賃金法が失業をもたらすことを経済学に基づき正しく理解していた。そして「劣等な」黒人労働者や移民を排除するために最低賃金法を導入したのである。

ところが現在、最低賃金を支持する人々の多くは経済の道理を理解せず、最低賃金が弱い労働者を救うと本気で信じている。政府の働きかけで最低賃金が引き上げられれば、それは失業増の圧力をもたらし、とりわけ非正規労働者がその圧力をもろにかぶることになるだろう。

米国の大恐慌時、賃金切り下げを防ごうとするフーバー政権の圧力の結果、膨大な失業者が街にあふれたことを忘れてはいけない。最低賃金を含む賃金水準の引き上げを政府が推進しようとしたら、それはさらなる経済悪化の前兆だと警戒しよう。

政府のマネー支配から逃れよう

✣――本当は怖いデジタル円

「**デジタル円**」の導入が現実味を帯（お）びてきた。財務省は二〇二三年四月、制度設計に向けた論点を整理する有識者会議を新設した。実証実験を進めてきた日銀は同月、民間企業も交えた実証実験の最終フェーズに入った。経済恐慌の到来が心配されるなかで、デジタル円は個人の財産を守る味方になってくれるだろうか。

　デジタル円は、通常の硬貨や紙幣と同じように使える「中央銀行デジタル通貨（CBDC）」の一種と位置づけられる。そのメリットは「いつでも、どこでも、誰でも」使える点だといわれる。**暗号資産**や**キャッシュレス決済**だと、この店では使えるけれど、あの店では使えない、とか、使うのに手数料がかかる、といったこ

デジタル円：日銀が発行する、デジタル通貨は、正式名称「中央銀行デジタル通貨（CBDC）」といい、新しい形態の電子的なお金のこと。財務省では発行に備え、二〇二一年四月からシステム上で検証を進めている。二〇二三年四月からは、個人用のスマホやICカード、店舗用の端末を使って決済することを想定したパイロット実験を行っている。

暗号資産：インターネット上でやりとりできる財産的価値であり、次の性質を持つものと定義されている。
①不特定の者に対して、代金の支払い等に使用でき、かつ、法定通貨（日本円や米国ドルなど）と相互に交換できる
②電子的に記録され、移転できる
③法定通貨または法定通貨建ての資産（プリペイドカードなど）ではない

とがある。しかし、デジタル円が紙幣や硬貨と同じく、政府が認める法定通貨となれば「強制通用力」を持つため、店は受け取りを拒否できなくなる。

キャッシュレスは、たしかに便利だ。ふだん使うスマホや一枚のカードで電車や地下鉄、バス、タクシーまで乗れるだけでなく、飲食店やスーパー、コンビニエンスストアなどさまざまな店舗で支払いもできるのは重宝（ちょうほう）するし、財布が小銭で重くならないのも助かる。それがデジタル円でさらに便利になり、「いつでも、どこでも、誰でも」使えるようになるといわれたら、素直に歓迎したくなるかもしれない。

しかし民間で自然に発達したキャッシュレスと違い、政府が主導する中銀デジタル通貨には注意が必要だ。個人に対する政府の管理を強化し、財産の自由を奪う恐れがあるからだ。中銀デジタル通貨が導入されれば、中央銀行はすべての取引にアクセスできるようになり、さらに口座を凍結することもできるようになる。

全体主義的な政府だけが行うようなディストピア的な話に思え

代表的な暗号資産には、ビットコインやイーサリアムなどがある。

キャッシュレス決済：お札や小銭などの現金を使用せずにお金を払うこと。キャッシュレス決済手段には、クレジットカード、デビットカード、電子マネー（プリペイド）やスマートフォン決済などの手段がある。

るかもしれないが、経済混乱期などに国内外で銀行預金が凍結されたケースは少なくない。これが中銀デジタル通貨になれば、政府が反対者を監視・管理し、さらには取引の遮断、口座の凍結、資産の押収によって、直接罰するために使用することができるようになる。政府は、犯罪の疑いから政治的な反対意見まで、さまざまな理由で、いつでも誰のお金でも凍結することが技術的に可能になる。

金融政策の自由度を高めることも、政府が中銀デジタル通貨を導入したがる理由だ。もし市民全員が現金の代わりに中銀デジタル通貨の口座を持っていたら、政府は中銀デジタル通貨の口座の残高を減らすだけでマイナス金利政策を実施することが可能かもしれない。「**ヘリコプターマネー**」と呼ばれる、市民へのお金のばら撒きも非常に容易になる。すべての人が中銀デジタル通貨口座を持っていれば、口座の残高を簡単に増やすことができるからだ。しかしこのことは、政府のさじ加減一つで、市民の保有するお金の価値が今以上に薄まりやすくなることを意味する。

ヘリコプターマネー：ヘリコプターで上空から市中に現金をばらまくように、政府や中央銀行が協力して、対価を取らず国民にお金を渡す政策のこと。定額給付金の直接給付や最低所得の保障、日銀の国債買い入れによる財政資金供給などさまざまな形態がある。米国の経済学者、ミルトン・フリードマンが著書のなかで用いた比喩が由来となっている。

世界の中央銀行の約九割が中銀デジタル通貨の研究に着手している。米国では二〇二二年三月にバイデン大統領が研究の加速を指示。ユーロ圏は二六年以降の発行を見据えて研究を進めている。中国は北京五輪で「デジタル人民元」をお披露目した。銀行口座がなくてもスマホがあれば利用できるため、金融サービスが行き届いていない新興国が積極的に導入している。

先行事例として注目されているのが、中国のデジタル人民元だ。中国は二〇二〇年十月に広東省深圳市でデジタル人民元の実証実験をスタートし、複数の主要都市に広げた。二二年の北京五輪でもＩＣカードを通じて海外訪問客にデジタル人民元を初提供している。

政府は中銀デジタル通貨を使えば、デジタル

マイナス金利

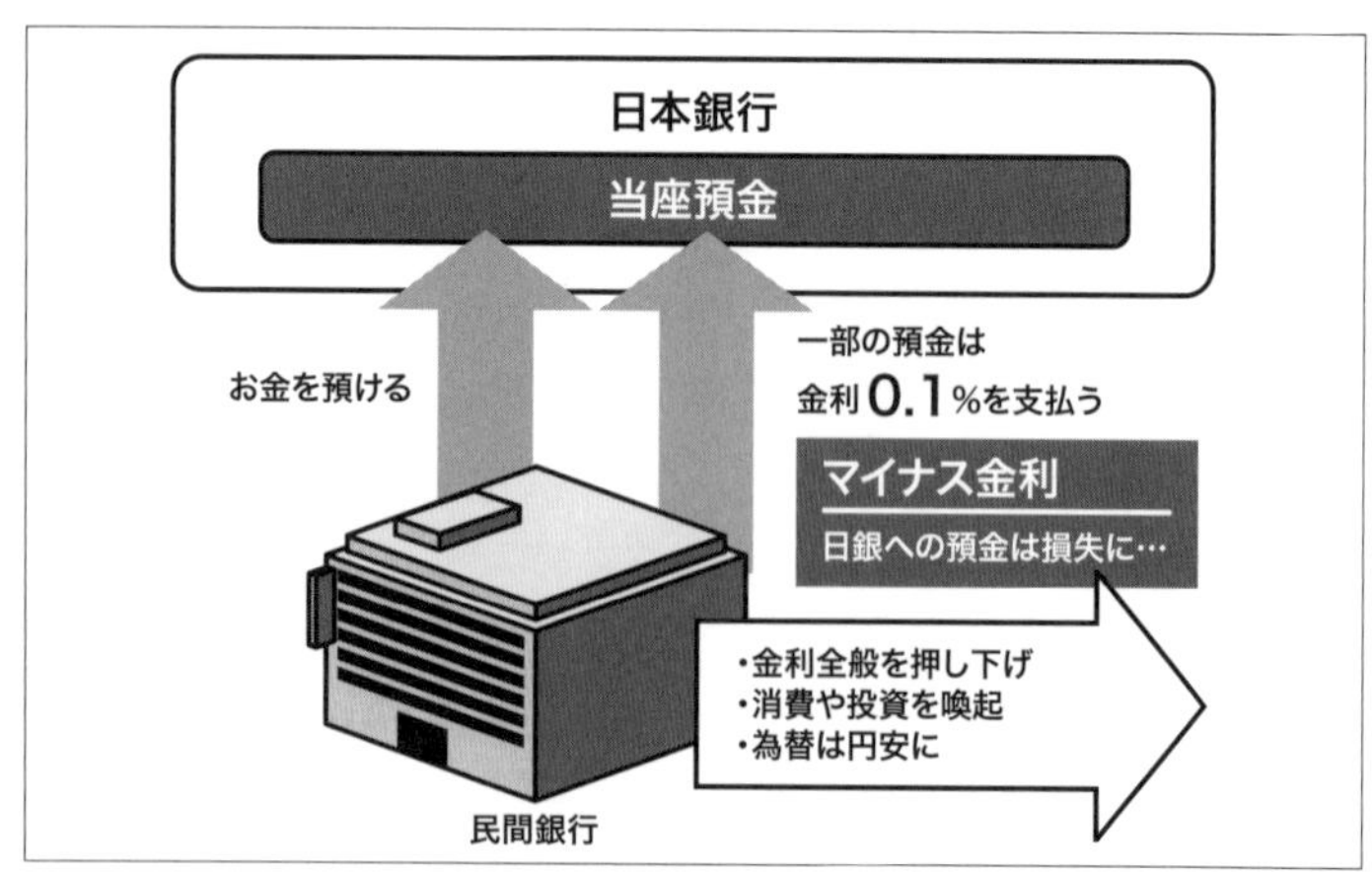

決済を簡単に追跡できる。ブルームバーグ通信は、デジタル人民元の実証実験が始まった際に掲載した記事で、デジタル通貨は「中国当局に、現金では不可能な高度な管理を提供する」と述べている。中銀デジタル通貨を導入することで、中国政府はモバイルアプリの購入をより詳細に監視することもできる。ブルームバーグによると、中国の中央銀行である中国人民銀行は、一部の取引規模に制限を設けたり、大規模な取引を行う際に予約を必要としたりする可能性がある。こうした決済の仕組みは、模範的な行動をとる市民が「ホワイトリスト」に登録され、犯罪やその他の違反がある市民は除外されるという、新しい社会信用制度と関連している可能性がある。

中国政府は事実上、現金廃止を目指しているのかもしれない。しかし、それは中国だけではない。**国際通貨基金**（ＩＭＦ）は二〇一七年、キャッシュレス社会への移行方法について、国民の強い反対を押し切ってでも政府に導入を提案する文書を発表した。政府や中央銀行は、キャッシュレス社会への移行が犯罪防止や一般市

国際通貨基金（ＩＭＦ）：ＩＭＦとはInternational Monetary Fundの略。一九四四年七月のブレトン・ウッズ会議で創立が決定、一九四七年三月に業務を開始した国際機関。二〇二一年十月末現在の加盟国は百九十カ国。おもな目的は、加盟国の為替政策の監視（サーベイランス）や、国際収支が著しく悪化した加盟国に対して融資を実施することなどを通じて、国際貿易の促進、加盟国の高水準の雇用と国民所得の増大、為替の安定などに寄与すること。

民の利便性向上につながると主張している。だが現金廃止の本当の狙いは、政府による個人への管理強化にある。

経済恐慌に襲われたとき、デジタル円が導入されていれば、政府の信用をバックに人気を集めるかもしれない。しかし資産凍結やプライバシー侵害などのリスクを考えれば、自分の財産を守る手段として安心できるかどうかは疑問だ。一見、便利で歓迎したくなるかもしれないが、実際に導入された後が怖い。童謡の歌詞ではないが、「行きはよいよい、帰りは怖い」のが中銀デジタル通貨であり、デジタル円だといえる。とりわけ政府がどんな乱暴な政策に乗り出すかわからない経済恐慌のさなかには、政府によるマネーの支配から少しでも遠ざかり、逃(のが)れるのが賢明だろう。

中銀デジタル通貨がそれほど危ういなら、**ビットコイン**など民間の暗号資産（仮想通貨）はどうだろう。ビットコインの利点の一つは、中央銀行の発行するお金と違い、勝手に発行量を増やすことができず、そのため価値が薄まりにくいことだ。言い換えれば、政府のお金よりも質が良い。事実、それを理由にビットコインを

ビットコイン：二〇〇八年にサトシ・ナカモトの名で構想と論文が発表され、翌二〇〇九年にリリースされた世界で初めての暗号資産（仮想通貨）。通貨単位はBTCと表記される。ビットコインの取引は「ブロックチェーン」という技術によって管理され、世界各地に散らばる「ノード」によって取引履歴が記録される。そのため、ブロックチェーンは「分散型台帳技術」と呼ばれている。

購入する人は少なくない。

しかし中銀デジタル通貨はビットコインなどと競争するために、それより高い質を保つ必要はない。そこそこ優れていればいい。あとは政府の規制で、どうにでもなる。

政府・中央銀行には、政府通貨を支えるいくつかの手段がある。一つは、法定通貨とすることだ。法定通貨はすべての取引でその通貨を使うよう強制するものではないが、利用者に対し、ローンの返済やその他の用途で、他の貨幣よりも優先的に使用するように促すことができる。さらに政府は、税金の支払いを政府が選んだ通貨で行うよう義務づけることができる。また、税法を使って私的通貨の使用を罰することができる。代替通貨にキャピタルゲイン税を課すのも一つの方法だ。

このように政府は民間暗号資産にいろいろ嫌がらせをすることができるから、それによって中銀デジタル通貨はいやおうなく普及していくかもしれない。その場合は支払いや財産保全の手段として、できる限り、暗号資産や、廃止されていなければ現金などの代替手段を使うのが賢明だろう。もし政府が借金を埋め合わせるため、デジタル円を大量に発行し続けたら、ハイパーインフレが起こるかもしれない。そうなればさすがに、デジタル円は利用者から見捨てられ、税制や規制で不利でも暗号資産の人気が改めて高まるかもしれない。逆にいえば、暗号資産という代替手段が存在する限り、政府はデジタル円が見捨てられることを警戒し、無茶苦茶なマネー発行には一定の歯止めがかかるかもしれない。

既存のクレジットカードや電子マネーは、銀行預金の保有が前提となるため、銀行預金そのものの安全性とリスクを考える必要がある。これについては、次で説明しよう。

✢──銀行破綻と預金封鎖

経済恐慌を生き残るうえで、銀行破綻のリスクを避けることは最も重要なことの一つだ。序章で触れたように、二〇二三年春に米シリコンバレー銀行、シグネチャー銀行の破綻、世界金融大手クレディ・スイス・グループへの公的資金投入が相次ぎ、銀行破綻のリスクに懸念が広まった。世界恐慌時の米国で多数の銀行が連鎖倒産したことも本書で紹介したとおりだ。

銀行破綻のリスクを避けるには、銀行が破綻する理由を正しく理解しておく必要がある。

信用を失った銀行に預金者が払い戻しを求めて殺到することを「取り付け騒ぎ」という。銀行にとってきわめて深刻な事態だ。預金の払い戻しに応じることができず、破綻する恐れが大きいからである。大恐慌下では米国各地の銀行の前に列ができたし、シリコンバレー銀行破綻の際もオンライン取引を中心に取り付け騒ぎが起こった。

そもそも、なぜ銀行は預金の払い戻しに応じることができないのだろうか。たとえば、倉庫会社は顧客から多くの物品を預かっているが、預かった物品を返すことができず倒産したという話は聞いたことがない。

銀行と倉庫会社の違いは何だろう。倉庫会社は預かった物品を必ず倉庫に保管しているのに対し、銀行は預かったお金の大半を貸し出しに回してしまう。預金者から一斉に預金の払い戻しを求められても、貸したお金は急には返してもらえないので、払い戻しに応じられず破綻するのである。

もし銀行が倉庫会社のように、預かったお金をいつでも返せるように手元に置いておけば、たとえ多数の預金者が一斉に押しかけようと、払い戻せなくなることはないはずだ。しかし実際には貸し出しに回して手元にないので払い戻せない。これが銀行が破綻する根本の理由だ。つまり、自業自得である。群集心理に駆られて払い戻しに走る預金者が悪いわけではない。

おそらく金融の知識のある人ほど、この説明にとまどうことだろう。求められればすぐに返さなければならない預金を、返してもらえるまでに時間のかかる貸し出しに回す、つまり「短期で借りて長期で貸す」商売は、どの銀行もやっている普通のビジネスだ。それを否定したら銀行業は成り立たないし、経済にも大打撃になる。素人考えはやめてほしい――。こんな反論が目に浮かぶ。

しかし「短期で借りて長期で貸す」ビジネスモデルこそ金融危機をもたらす元凶だという指摘は、決して素人考えではない。金融を知り尽くしたプロがいっている。英国の中央銀行であるイングランド銀行の元総裁、マービン・キングである。キングは著書『錬金術の終わり』で、銀行のビジネスモデルに警鐘を鳴らす。

　金融危機の根底にある原因とは何か。キングはそれを「錬金術」という言葉で表現する。同氏のいう錬金術とは、銀行が流動性のない経済の実物資産（工場、資本設備、住宅、建物）を現金や流動性にさっと変換できるように見せかけることである。

　銀行などの金融仲介機関はどんなときも、流動性の高い負債を発行して、流動性の低い資産を取得する資金を調達しようとする。資産から得られる利益から負債に支払う金利を引いたものが、金融仲介機関の儲けになるからである。

　しかし問題は、投資家や預金者に約束している流動性を供給できるのは、その時点で銀行に対する請求権を現金化したいと思っている人が少数である場合に限られることである。全員が同時に請求権を現金化しようとすれば、流動性はたちまち蒸発する。少人数なら可能かもしれないが、集団全体では不可能である。

　ほかの人がお金を引き出そうとするだろうと預金者が考えると、自分も同じようにできるだけ早く行列の先頭に立つことが合理的となるため、問題が悪化してしまう。それが取り付け騒ぎである。取り付け騒ぎは金融システムの根底にある錬金術を反映したものとキングは指摘する。

取り付け騒ぎが取り乱した群集心理によって起きるように考えていた人は、この指摘に衝撃を受けることだろう。本当の原因は銀行に殺到する預金者の側ではなく、銀行の側、しかも「短期で借りて長期で貸す」という銀行経営の構造そのものにあるというのだから。リスクの高い長期の資産に投資しながら、預金は安全だというふうに装うのは、まやかしだとキングは批判する。

金融危機の原因が銀行の構造そのものにあるとすれば、歴史上、危機が繰り返し起こってきたことにもうなずける。

銀行預金という形での貨幣の創造と、長期のリスクが高い投資の資金調達とを結びつける試みは、平常時には魅力的に映る。それを可能にする錬金術が、真のコストを覆い隠すからだ。しかし危機が発生すると、潜んでいた脆弱性をさらけ出す。

そこで政府が力を貸す。預金を保証することを決め、預金保険をつくり、中央銀行は商業銀行に巨額の資金を貸し付けた。銀行の規模が大きくなればなるほど、経営難に陥ったときには政府が税金を投入して救済する可能性が高くなった。いわゆる「大きすぎてつぶせない」状況である。

これらの施策は、銀行取り付けに走る預金者のインセンティブ（誘因）をある程度取り除く効果はあった。しかしその代償として、銀行の資産が抱えるリスクが納税者に転嫁された。

それればかりか、何かあったときには中央銀行が救ってくれると銀行が考えるようになった結果、多くの銀行が健全な経営方針を放棄し、過剰なリスクを取るようになった。「モラルハザード」（自己規律の喪失）と呼ばれる現象だ。それが新たな金融危機を誘発する。もろく崩れやすい銀行経営は、健全な市場競争の産物ではない。政府の保護で可能になった不健全なビジネスモデルがもたらしたものである。

キングは改善策として、預金の一〇〇％を裏付ける流動資産を支払準備として銀行に保有させる「**シカゴプラン**」を提案する。こうした抜本的な改善策がとられない限り、銀行破綻の潜在的なリスクはなくならない。万が一の破綻の際には元本千万円とその利息までは保護されるが、それ以上の財産を安心して預けることができるかは心もとない。

経済恐慌が襲った場合、銀行預金はさらに大きなリスクにさらされる恐れがある。政府による預金封鎖だ。

預金封鎖とは、銀行預金の引き出しを制限・禁止することをい

シカゴプラン：一九二九年の世界恐慌時に、現行の貨幣・銀行システムの変更が提案され、シカゴ大学のフランク・ナイトら八人の経済学者によって「シカゴプラン」が練り上げられた。完全準備金制度といわれ、準備金の率を百％まで引き上げるという提案。それにより民間銀行は信用創造ができず、信用収縮も起こらないとされ、政府や中央銀行は流通に必要な分だけ貨幣を発行することになる。

う。米国の大恐慌時にルーズベルト政権によって実施されたが、日本も無縁ではない。第二次世界大戦終結直後、緊急措置の一環として強行された。

大戦中、日本政府はカネの工面を国民への貯金奨励や国債に頼った。貯金集めは隣組を通じて行われ、貯金しないと物資配給の切符を渡さないなど事実上強制した。だが終戦から半年後、政府は巨額の債務返済を狙い、電撃的に預金封鎖を宣言する。五円以上の旧銀行券をすべて銀行など民間金融機関に預けさせ、生活や事業に必要な額だけを新銀行券で引き出させた。

預金引き出しが制限される間に急速なインフレが進み、人々の貯金は実質無価値になった。酒もたばこもやらずこつこつ貯金し続けた漁師の男性は、預金封鎖でほぼ全財産を失う。やけを起こして漁をやめ、酒浸(びた)りになった。購入が事実上義務づけられた戦時国債も紙くずとなった。

一般国民にとってせめてもの慰(なぐさ)めは、こんな非道な政府の暴力からも、多少は逃れる余地があったことだ。預金封鎖を事前に察知して預貯金を大量に引き出して株券などに替えておき、新銀行券に切り替わって安定してから現金化した人々もいたという。新たに導入された過酷な財産税（預貯金、株式などの金融資産や不動産に最高九〇%を課税）による事実上の資産没収も、貴金属なら隠せないことはなかった（東京新聞・中日新聞経済部編『人びとの戦後経済秘史』）。

恐慌が実際に到来した際は、銀行破綻はもちろん、極端なケースとして預金封鎖や資産没収のリスクもありうることを、財産を守るうえで頭に入れておきたい。

✦──金に脚光、不換紙幣の終焉か

金融危機への懸念が強まると、財産保全の手段として注目されやすいのは金だ。米シリコンバレー銀行の経営破綻などで欧米の金融システムへの不安が台頭した二〇二三年前半、金の国際相場は一時一トロイオンス二千ドルを超え、二〇二〇年八月に記録した史上最高値の更新を視野に入れた。これを受け金の国内小売価格も上昇し、一グラム九千八百円台と最高値を更新した。

金が市場で脚光を浴びる背景には、足元の銀行危機だけでなく、現代の通貨制度が抱える根深い問題がある。

「もちろん、現金は今もゴミです」

二〇二二年五月、世界経済フォーラム年次総会（**ダボス会議**）に参加した世界最大の**ヘッジファンド**、ブリッジウォーター・アソシエーツの創業者レイ・ダリオは、現地で米CNBCテレビのインタビューに対し、こう答えた。

ダリオが「今も」といったのは、彼は二〇二〇年一月のダボス

ダボス会議：スイス・ジュネーブに本拠を置く非営利財団の世界経済フォーラム。毎年一月に、スイス東部の保養地ダボスで開催される。世界経済フォーラムは一九七一年に発足し、各国の競争力を指数化し公表してグローバル化に対応した経営環境を推進している。ダボス会議では毎年、世界を代表する政治家や実業家が一堂に会し、世界経済や環境問題など幅広いテーマで討議される。

ヘッジファンド：さまざまな取引手法を駆使して市場が上がっても下がっても利益を追求することを目的としたファンドのこと。ヘッジ（hedge）は「避ける」という意味で、相場が下がったときの資産の目減りを避けるといったところから用いられている。一般的な投資信託（ファンド）と違い、機関投資家や富裕層から私募により資金を集めることが多い。

会議の際も、CNBCの取材に対し「現金はゴミ（cash is trash）」と発言しており、記者から今もその考えは変わらないかと尋ねられたからだ。ダリオは二〇二〇年のダボス会議の際、グローバルで分散されたポートフォリオを持つよう聴衆にアドバイスし、その一方で、現金に「飛びつく」ことを戒（いまし）めた。そして「現金はゴミです。現金を手放しなさい。現金にはまだ多くの資金がとどまっている」と述べた。

ダリオが「現金はゴミ」と切って捨てた最大の理由は、現金の価値である購買力（商品やサービスを購入することのできる能力）が失われることにある。二〇二二年のインタビューでも記者に対し「（現金の）購買力が失われる速さをご存じですか」と問いかけた。

ダリオは二〇二一年に出版した著書『変化する世界秩序に対処する原則――国々はなぜ興亡するか』で、通貨制度の歴史的な変遷を踏まえ、現金が価値を失う理由について説明している。

これまで数千年の間、通貨制度には三つの種類があった。第一は金貨や銀貨などの硬貨、第二は硬貨を裏付けとする**兌換紙幣**、第

兌換紙幣：金や銀などの正貨（本位貨幣）との引き換えが保証されている紙幣のこと。金本位制や銀本位制において、中央銀行が発行した紙幣と同額の金や銀を常時保管して、発行者の信用で同額の金貨や銀貨に交換することを約束した紙幣を指す。

三は特に裏付けのない不換紙幣である。

硬貨は売り手と買い手が互いに知らない間柄や敵同士でも、取引に使えるという利点がある。一方で、大量に持ち歩くのが不便といった弱点があるため、硬貨を安全な場所に置き、それを裏付けとして紙幣を発行するようになる。これが兌換紙幣であり、発行主体はのちに銀行と呼ばれる。

兌換紙幣は当初、銀行に保管された硬貨に見合う量だけ発行されるが、やがてそれを上回る量が発行されるようになる。それによって銀行は貸し出しを増やし、金利収入を多く稼げるからだ。しかし紙幣の発行を増やしすぎると、銀行は人々が硬貨の引き出しを求めて殺到する「取り付け騒ぎ」に対応できず、破綻する。これが中央銀行であれば、破綻以外にもう一つの選択肢がある。硬貨の裏付けを断ち切ることだ。不換紙幣の誕生である。

不換紙幣によって硬貨の裏付けが不要になるから、中央銀行は取り付け騒ぎにおびえることなく、通貨（現金と貸し出し）を好きなだけ生み出せる。その結果、通貨の価値は低下する。つまり、購買力が失われる。ダリオは「歴史が示すように、政府が私たちの財産を守ってくれると期待してはいけない」と指摘する。

ダリオは兌換紙幣から不換紙幣への移行が起こった最近の事例として、**ニクソン・ショック**を挙げる。一九七一年八月十五日、当時の**ニクソン米大統領**が突然発表した、金とドルの交換停止だ。当時この発表を聴いたダリオは、「米政府はデフォルト（債務不履行）を行い、それまで知られていたお金は存在しなくなった」と悟ったという。

ニクソン・ショックの後、一九七三年二月までに戦後の国際通貨体制である**ブレトンウッズ体制**はほぼ崩壊し、ドルは金の裏付けのない不換紙幣となった。一九六六年から一九七七年までの間だけで、世界の主要通貨は金に対して五〇～八〇％程度、価値を失った（金価格が上昇した）。最近も金の値上がりと裏腹に、世界の通貨は価値が低下している。

長期では現金の価値毀損はもっと著しい。スイスの資産運用会社マッターホルン・アセットマネジメントの創業者エゴン・フォン・グリュイエールが二〇二二年五月の記事で示したグラフによれば、一九〇〇年から二〇二〇年までの一世紀余りで、世界の主要通貨は金に対してその価値を九七～九九％失った。グラフには十八世紀フランスの哲学者ボルテールが不換紙幣について述べた、「紙幣は最後に本来の価値、ゼロに戻る」という言葉が掲げられて

ニクソン・ショック：一九七一年八月十五日、アメリカ合衆国のニクソン大統領が発表したドルと金の交換停止などの措置によってドルを基軸とした国際通貨制度が動揺。西側主要国だけでなく、アメリカ議会にも通告なしに電撃的に発表したため、その後の世界経済や国際通貨体制が混乱した。ドルとの交換比率が固定されていた円やマルクなど各国通貨が変動相場制に移行するきっかけとなった。

リチャード・ニクソン：一九一三年一月九日～一九九四年四月二十七日。アメリカ合衆国第三十七代大統領（在任一九六九年一月二十日～一九七四年八月九日）。外交政策面ではニクソン・ドクトリンを打ち出し、アメリカ大統領として初の訪中、訪ソを行った。ウォーターゲート事件により下院司法委員会の弾劾決議が可決され、一九七四年八月に辞任した。

ブレトンウッズ体制：一九四四年七月に連合国通貨金融会議において締結され、一九四五年に発効した「ブレトン・ウッズ協定」に基づいた国際通貨制度。米ドルを資本主義国の基軸通貨とし、ドルと金一オンス＝三十五ドルと定め、ドルと金との兌換を保証したうえで、米国以外の各国は自国通貨を米ドルに対し固定す

いる。ダリオでなくても、「現金はゴミ」と言いたくなるだろう。

現金が「ゴミ」だとすれば、財産を守るには何に投資すればいいのか。ダリオの持論によれば、選択肢の一つは金だ。彼は二〇一九年七月、ソーシャルメディアのリンクトインで「お金の価値が低下し、国内外で紛争が激しくなるときにうまくいく、金のようなもの」が有望だと、まるで今日のウクライナ紛争を予見したような文章を書いている。二〇二〇年のダボス会議でも「ポートフォリオに一定量の金を持つ必要があると思う」と述べた。

その後も、その意見は変わっていない。二〇二二年のダボス会議時のインタビューでは、金に直接言及はしなかったものの、暗号資産（仮想通貨）のビットコインを「デジタルゴールド」

主要通貨の金に対する価値（1900〜2020年）

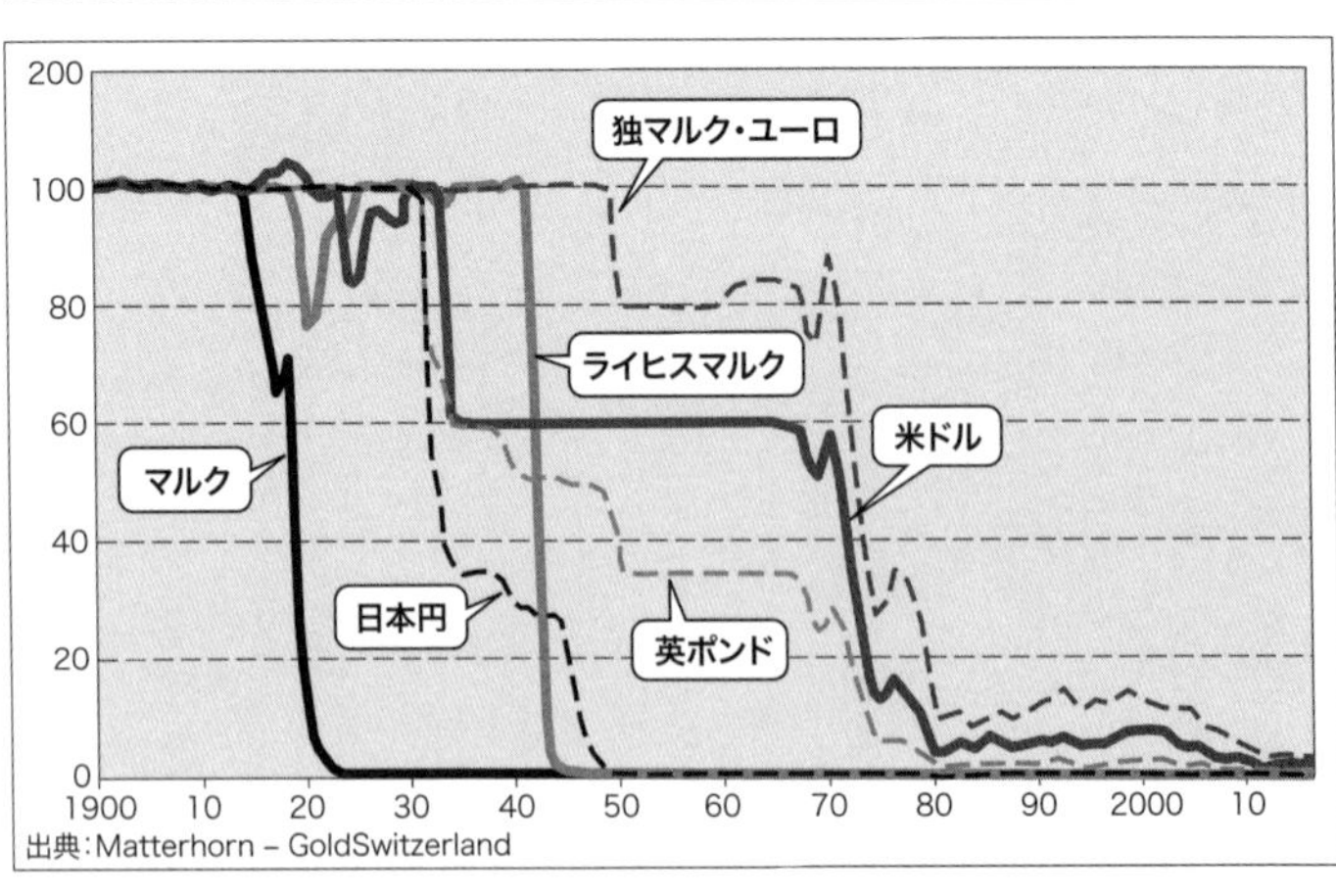

出典：Matterhorn – GoldSwitzerland

と呼んで高く評価し、金の代替品として分散投資の対象になりうるとの見方を示した。

一方、株式については「(現金よりも) もっとゴミ」と呼び、投資を避けるよう忠告した。最近では、割高な株式に比べれば、現金も「魅力的」だと述べている。

ダリオが著書で述べた考えによれば、通貨制度は硬貨から兌換紙幣、不換紙幣へと変化した後、不換紙幣がハイパーインフレに見舞われ、再び硬貨に戻るという。もしその時期が近いとすれば、金は投資対象としてだけではなく、復権が見込まれる通貨としても需要が高まる可能性がある。

ブレトンウッズ体制の崩壊から約半世紀。金価格の高騰は、不換紙幣の終焉の兆しなのかもしれない。

紙切れにすぎない不換紙幣から、商品の裏付けのある兌換紙幣への回帰の動きは、現実にある。ブラジル、ロシア、インド、中国、南アフリカの新興五カ国で結成するBRICSは、二〇二三年八月に南アフリカ・ダーバンで開くサミット (首脳会談) で、新

る「金為替本位制度 (金ドル本位制度)」が採用された。ブレトンウッズ体制は、一九七一年八月のニクソン・ショックにおける「金・ドル交換停止」によって事実上崩壊した。

BRICS：ブラジル、ロシア、インド、中国、南アフリカの五カ国の英語の頭文字を並べたもの。今後、著しい経済成長の発展が見込まれる新興国の代表国を表す造語として、二〇〇一年にゴールドマン・サックスによって名付けられた。

たな共通通貨の準備状況を説明する予定だ。ロシア下院のババコフ副議長によると、新通貨は金や他の商品群、希土類元素、土壌などにひも付いたものになる可能性が高いという。

もしＢＲＩＣＳ新通貨の利用が広がる一方で、不換紙幣であるドルへの需要が落ちれば、基軸通貨としてのドルの価値は急速に低下していく可能性がある。「最悪の場合、ドルが完全に崩壊する可能性もある」と、米経済評論家ピーター・シフの運営するブログは予測する。ドルから逃避した資金が、さらに金に流れ込むかもしれない。

金に元本の保証はなく、短期では価格が大きく上下するリスクがある。また、終戦直後の日本のように、政治経済が極度に混乱すると、政府による資産没収の標的になる恐れもある。米国の大恐慌時にも、ルーズベルト大統領が「金をため込むことが世界恐慌からの回復を妨げている」として強権を発動し、個人所有の金を没収した。

こうしたリスクはあるものの、経済危機の際に財産を守る手段として、金は有力な選択肢の一つとなりうるだろう。

納税者が一揆を起こす日

福祉国家の地獄絵図

ここまで、経済危機から個人の工夫で財産を守り、リスクを避けるヒントをいくつか見てきた。しかし、それだけでは限界がある。世界恐慌の歴史で見てきたように、経済危機を生み出すのは政府自身であり、経済危機が起こると、政府はそれに乗じて、私たちの財産をさらに奪おうとする。その攻撃をかわすだけでは財産を守りきれない。政府が私たちになるべく害を及ぼさないように、政府自身を変える必要がある。一言でいえば、政府が経済活動に盛んに介入する「大きな政府」から、政府の介入を排し、自由な市場経済を重んじる「小さな政府」への転換だ。

「小さな政府」への転換というと、すぐに「福祉の軽視」「弱者切り捨て」「人間に冷たい」といった非難を浴びる。それでは、福祉を重視するという今の「大きな政府」は本当に、弱者を守り、人間に温かい仕組みなのか。そんなことはない。むしろ弱者を苦しめ、社会を悲惨な状況に近づけている。その事実を改めて振り返っておこう。

英北ウェールズのデンビッグシャー州ボデルウィッダンに住むキース・ロイルズ（当時八十五歳）は末期癌を患っているが、二〇二二年九月の雨の日、自宅で芝刈りの最中に股関節を骨折してしまった。英無料紙メトロによると、ロイルズの家は地元の病院の真向かいにあるにもかかわらず、救急車を七時間も待たされた。股関節骨折の疑いがある人は救急隊員を待つ間、動かないようにいわれている。仕方なくロイルズは雨の中、中庭に横たわり、家族は彼が濡れないようにその場しのぎのシェルターを作るしかなかった。

娘のティナは当時の状況を「胸が張り裂けそう」と表現し、テレビ番組でこう語った。

「家族としては、（病院の）職員を責めているわけではないのですが、制度が壊れているのです。このような状況に置かれるのは、とても悔しいし、心が痛むでしょうから、この（医療）サービスに入った人たちが気の毒です。大挙して去っていくに違いありません」

英国は北欧諸国と並び、福祉政策を重視する「福祉国家」の一つのモデルとされてきた。英国の医療制度は大きく、無料の**ＮＨＳ（国民保健サービス）**と有料の民間医療施設の二つに分かれる。無料の医療サービスとはすばらしいと思うかもしれない。ところが、現実は異なる。

英在住の作家、ブレイディみかこの著書『ワイルドサイドをほっつき歩け』（二〇二〇年）によれば、ＮＨＳを利用する場合、まず地域の診療所に行って、ＧＰ（ジェネラル・プラクティショナー）という主治医に診てもらわなければならない。そこでGPが必要と判断すれば、外科や内科などの専門医に紹介書を送ってくれ、専門医から患者に予約日時の連絡が来る。

しかし実際には、スムーズには運ばない。著者の近所の診療所でGPに診てもらうアポを取るためには、以前は朝八時に電話をかけることになっていたが、電話が殺到するため廃止になり、朝八時に診療所に直接来なければならなくなった。寒い冬の朝も、診療所の玄関前は開業前から長蛇の列だ。しかもあくまで予約を入れるための列だから、受付で予約を入れたらいったん帰宅して予約時間にまた出直す。

数年経って仕組みが変わり、並ぶのは同じだが、まずGPに電話で症状を説明する予約を取ることになった。GPが実際に診る必要があると判断したときだけ、診察の予約を入れてもらえる。しかし、電話の時間指定はできない。だから「朝早くから診療所の前に並び、受付で医師から電話をもらう約束を取り付けると、その日は仕事を休んで一日ずっと電話に備えて待機していることに

NHS（国民保健サービス）：イギリスの国営医療サービス事業のこと。患者の医療ニーズに対して公平なサービスを提供することを目的に一九四八年に設立された。NHSにはイギリス国家予算の約二十五％が投じられている。

でもしないと、もはや診察予約を入れることすらままならない」。

夢の医療制度であるはずのNHSの現実がこれだから、多くの人は有料の民間病院を使うようになる。ところが貧しい人はそれが経済的に難しい。ブレイディの夫はひどい頭痛に悩まされていても、何カ月も治らず、専門医に診てもらうことすらできない。癌科のアポですら、九週間後だという。

政府が医療に介入し、サービスの対価を無料にすれば、需要量は急増し、サービス不足に陥る。これは経済の原理から導かれる当然の結果だ。

カナダは英国と同じく、国営医療を基本としている。その実態は、英国に劣らず悲惨だ。クリスティン・ゴーティエは陸軍退役軍人。現役時代、訓練中のけがで下半身付随となったが女子パラカヌー選手として頭角を現し、二〇一六年のリオデジャネイロ・パラリンピックでカナダ代表に選ばれた。二〇二二年十二月一日、カナダ下院の委員会で、政府職員から安楽死装置を与えると持ちかけられたと証言し、議員を驚かせた。

英紙インディペンデントによると、ゴーティエは五年前から、自宅に車椅子用リフトを設置しようと政府と争っていた。すると退役軍人省の職員から、「どうしてもというのであれば、MAID（医療幇助死）を提供することができる」と述べ、器具の用意を申し出る手紙が送られてきたという。カナダでは医療者が患者に対し自殺幇助を行うことを法的に認めている。福祉国家は一見温かいようだが、大盤振る舞いの末、財源が乏しくなってくれば、たちまち冷たい本性を現す。

国民皆保険を採用する日本も、福祉国家の冷たさと無縁ではない。数年前、旧優生保護法（一九四八～九六年）下で約二万五千人もの障害者らに対し不妊手術が強制された事実が明らかになり、衝撃を与えた。現在ようやく、不妊手術を強いられた人たちが各地で起こした裁判で、国に賠償を命じる判決が続いている。

戦後まもなく旧優生保護法の導入を先導したのは福祉政策に熱心な社会党員の議員であり、最後には超党派の議員によって法案が提出され、成立した。目的はその第一条でうたわれたとおり、「優生上の見地から不良な子孫の出生を防止するとともに、母性の生命健康を保護すること」だった。「優生」とは、遺伝的に優良な形質を保存しようとすることを指す。

政府が福祉国家を看板に掲げても、予算が無尽蔵でない以上、限度がある。経済力に乏しく福祉給付の対象となる「不良な子孫」を減らす方向に傾くのは、自明の理だ。ナチスドイツも採用した優生政策を「市場原理主義」に結びつけて論じる向きもあるが、「大きな政府」の権化といえる福祉国家は、「小さな政府」の市場原理主義とは正反対だから、的外れである。

福祉国家がもたらす非人間的な状況は、強制不妊手術だけではない。高齢者の延命医療の悲惨な実態もそうだ。点滴や呼吸を補助する人工呼吸器のチューブ、尿をとるバルーンなどの管、脈拍や血圧を調べるためのチューブ類を何本も体に付け、ほとんど意識のないまま長期間にわたってベッドに寝かされる。「スパゲティ症候群」と呼ばれる状態だ。

医療法人八事の森理事長の森亮太は「世のなかには、家族の都合で無理やり生かされている高齢者も少なくありません」と指摘する。日本では高額療養費制度があるため、医療費の上限額が決まっている。寝たきりの高齢者が長期間にわたって入院を続けていても、医療費の負担は月数万円で済む。食費やおむつ代などを加えても、毎月の費用は十万円を超えないことがほとんどだろう。これに対し、入院している高齢者が厚生年金に加入していた場合、月に十数万〜二十数万円の年金が受け取れる。

「つまり、高齢者に生きていてもらえれば、月数万円の医療費を上回る年金が受け取れる。だから、お金のために生き続けてほしいと考える家族が少なくありません」（幻冬舎ゴールドオンライン、二〇二〇年三月六日）

弱者を守り、人間に温かいはずの福祉国家のおぞましい現実はこれだ。戦後日本で福祉国家を推し進めたのは左派政党だけではない。長期政権を担ってきた自由民主党は、一九五五年の結党時に作成した綱領で「民生の安定と福祉国家の完成を期する」と、堂々と目標に掲げている。自民党の幹部や衆議院議員を務め、綱領の起草にも参加した経済学者の山本勝市は「私自身は、自由な市場経済が（略）福祉国家の完成と両立できないと確信していたから、自民党の綱領にそれらの文句を入れることに反対した」（『福祉国家亡国論』）と振り返る。

戦後の長期政権で福祉国家の構築にとりわけ熱心だったのは、官僚出身の**岸信介**（安倍晋三元首相の祖父）だ。首相時代の一九五八年には**国民健康保険法**が制定され、国民皆保険となった。翌年には国民年金法を成立させ、国民皆年金を実現した。

しかし山本勝市の危惧（きぐ）したとおり、福祉国家と自由な市場経済は相容（あいい）れないものだった。今日本人は、質の低い医療や福祉に不満を抱きながら、社会保険料や税の重い負担にあえいでいる。経済恐慌は、福祉国家の地獄絵図をさらに無惨なものにするだろう。

✣――日本の納税者は「半奴隷」

財務省は二〇二三年二月二十一日、国民所得に占める税と社会保障負担の比率を示す国民負担率が二〇二三年度は四六・八％になる見通しだと発表した。二〇二一年の四八・〇％から二年連続で縮小するものの、依然として五割近い水準だ。将来世代が負担

岸信介：一八九六年十一月十三日〜一九八七年八月七日。東京帝大法学部卒業後、農商務省に入省。一九三六年に満州へ渡り、満州経済の軍事化を指導。満州産業開発五カ年計画を推進。一九三九年に帰国、一九四一年に東条内閣の商工相。戦後、A級戦犯容疑で逮捕されたが不起訴。一九五七年から一九六〇年まで第五十六代・第五十七代内閣総理大臣を務める。日米安全保障条約改定に反対する安保闘争により辞職した。

国民健康保険法：国民の疾病，負傷，出産または死亡に関して必要な保険給付を行なう法律。一九三八年に制定され、現行法は一九五八年に国民皆保険制度として全部改正され、一九五九年一月に施行された。

する財政赤字を加えた「潜在的国民負担率」は五三・九％の見通しで、五割を優に超えている。ネット上では江戸時代の年貢の「五公五民」になぞらえて、「普通は一揆（が起きる）」と不満を表明するメッセージが飛び交った。

日本人は汗水垂らして稼いだうちのほぼ半分を、政府に召し上げられているわけだ。稼いだすべてを主人に取り上げられるのが完全な奴隷だとすれば、日本の納税者は平均すれば「半奴隷」といったところだ。

「奴隷」という言葉を使うと、「何を大げさな」と怒る人がいるかもしれない。そうだろうか。財産の五〇％程度を奪われるだけで奴隷と名乗るのは生意気だろうか。それでは何％なら名乗る資格を与えてもらえるのだろう。六〇％か。七〇％か。八〇％か。九〇％でもまだ一〇％の自由は残ってい

五公五民の国民負担率

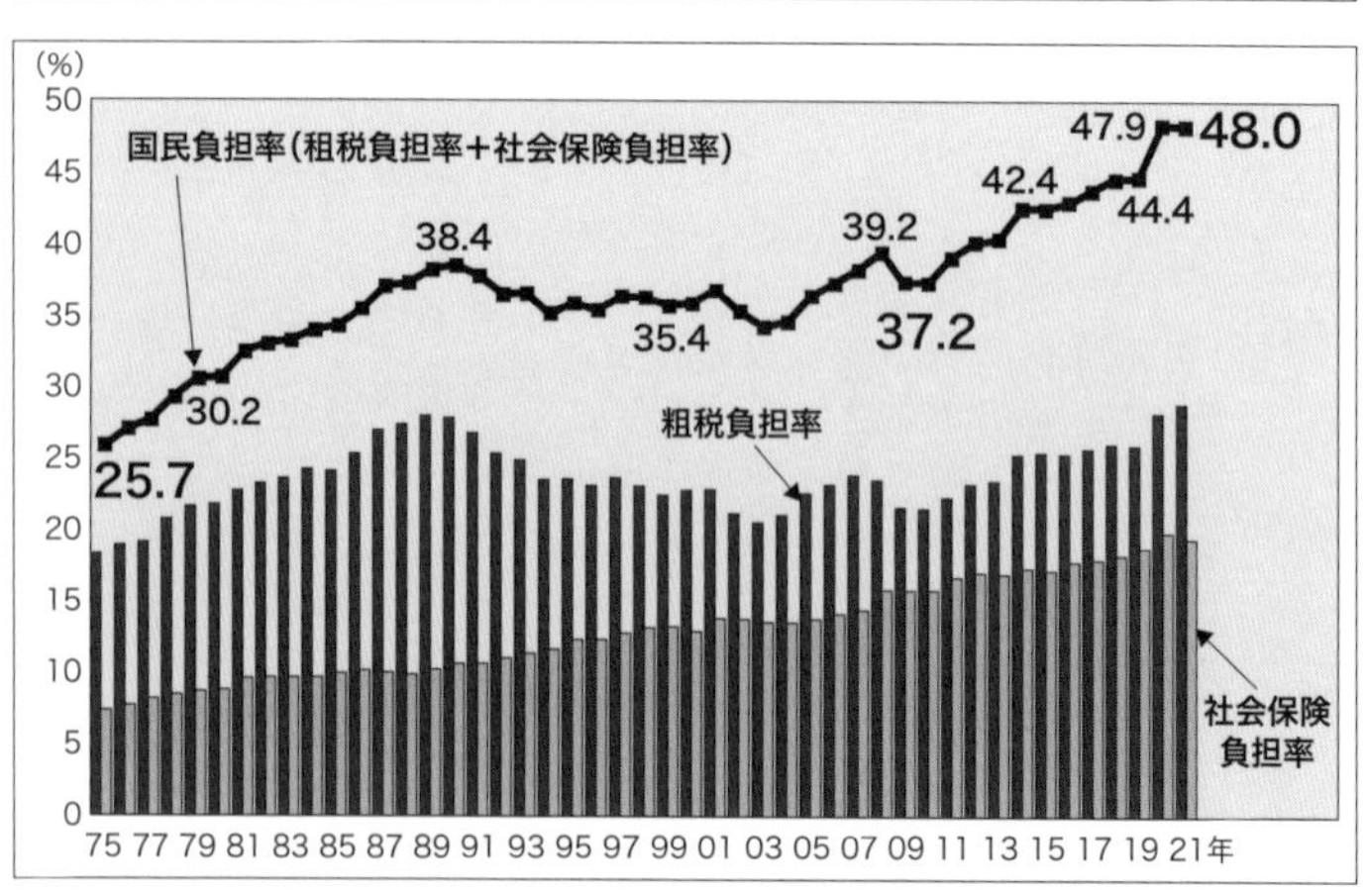

るから「大丈夫、まだ奴隷ではない」と励まされそうだ。あまりうれしくない。半奴隷のうちに、何か手を打ったほうがよさそうだ。

半奴隷の正しい自覚（?）を持って読むと、じつに味わい深い本がある。マルクス・シドニウス・ファルクス『奴隷のしつけ方』である。解説者を名乗る本当の著者ジェリー・トナー教授が、研究に基づき奴隷所有者の思考や行動を想像し、その内容を架空の人物、古代ローマの貴族マルクスに語らせるという凝ったつくりになっている。

マルクスはいう。態度が良く、熱心に働く奴隷が欲しいなら、教育が重要だ。多くの場合、すでに奴隷だった者より新たに連れてこられたばかりの奴隷を買うほうが教育しやすい。

「馬を見てもわかる。老いぼれ馬より子馬のほうがずっと素直ではないか」

なるほど、だから今の政府も従順な半奴隷を育てるために、義務まで課して子供に教育を受けさせるのだ。

マルクスは、こうもいう。子供を持つことが奴隷たちの得になるように配慮するといい。子供が生まれれば若い奴隷を確保できる。

「その世代は親の世代の奴隷が解放されたり命を落としたりして人数が減ったとき、それに代わって家を支えてくれる」

今の政府もあの手この手で少子化対策に必死である。そうしないと税金が取れなくなってしまうからだ。

マルクスはさらに助言する。奴隷の逃亡を防ぐには「顔に烙印を押すのが手っ取り早い。烙印があれば、人目につかずに逃げるのはほぼ不可能である」。今の日本ではさすがに顔に烙印は押せないものの、最近トラブル続きで世間を騒がせているが廃止の気配はないマイナンバーに将来、顔認証が組み合わさり、そこに預貯金口座がひも付けられたら、烙印以上の効果があるだろう。

最後にマルクスは、奴隷たちが声を潜めて密談することを許してはならないと警告する。「その目的は反乱かもしれない」からだ。だから今の政府もテロ対策などを名目に、ちゃんと共謀罪を用意している。昔も今も、奴隷管理の巧妙なノウハウに変わりはない。

しかしここに、半奴隷から抜け出すヒントがある。納税者の「反乱」である。反乱といっても、暴力に訴える必要はない。大きく二つの戦法がある。

一つは、正攻法である。民主主義の手続き、おもに選挙を通じて、税や社会保障負担の引き下げを目指すやり方だ。この方法がすんなりうまくいけば、文句なしといえる。しかし問題は、少なくともこれまではうまくいっていない点だ。うまくいっていれば、今ごろ私たちは半奴隷になっていない。

なぜ多くの国民が税負担に不満を抱えていても、それを選挙によってなかなか変えることができないのか。多くの人々は日々の仕事や家族の世話などに追われ、候補者について詳しく調べる時間がない。しかも、かりにそうした手間をかけて投票したとしても、その一票が選挙の結果に及ぼす影響力はきわめて小さい。選挙から得られるリターンと、時間や手間というコストを比べた結果、投票しないほうが得だと考える。

一方、政治活動を本職とする業界団体や労働組合などの圧力団体は、選挙の結果次第で自分たちに有利な政策が実現し、それによって補助金や助成金、競争相手への規制といったリターンを得られる可能性がある。だから金銭的・時間的なコストをかけてでも特定の候補を支援し、当選させようとする。こうして、特定の圧力団体をバックとする政治家が増え、納税者から吸い上げた税金がばら撒かれていく。ジャーナリスト、H・L・メンケンの「選挙とは盗品を前もって売り出す競り（せ）のようなもの」という言葉どおりの光景だ。

この構造が変わらない限り、国政レベルの選挙によって税負担を引き下げるのは、少なくとも現時点ではかなりハードルが高い。それより望みがあるのは、地方レベルだろう。

米国は全米五十州で州税の税目・税率が異なるため、米国民は自分にとってより有利な税制の州に引っ越す「足による投票」を行うケースが少なくない。各州は住民を引き止め、招き入れようと、真剣に税率や税金使途を検討する。

一方、日本の地方税の税率は、総務省が設定した全国一律の「**標準税率**」に従っている。地方自治体は標準税率よりも増税することはできるが、標準税率よりも下げようとすると借金を行う際に制限を受ける。そのため全国の九九・九％の地方自治体は、標準税率またはそれ以上の税率を課す有様となっているという。それでも日本の地方自治体が減税政策による競争を行うことは可能だと、政治アナリストの渡瀬裕哉は指摘する（みんかぶマガジン、二〇二三年四月十四日）。

具体的には、①超過税率（標準税率以上の増税）を止める、②地方自治体独自の税金を止める、③標準税率よりも税金を下げる——の三つの方法だ。

三番目の方法は、前述のように、借金を行う際に制限を受ける。このため名古屋市のように、減税分の税収を行政改革によって捻出するなどの努力が必要になる。減税とともに行政改革が進むなら一石二鳥だ。

地方レベルの草の根運動で自治体に減税政策を促し、市民の間に減税の良さに対する理解が深まっていけば、やがて国政レベルの動きにもつながっていくだろう。これが民主主義の手続きを丁

標準税率：地方公共団体が地方税を課税する際に、通常用いることとされる税率。総務大臣が地方交付税の額を定める際に基準財政収入額の算定の基礎として用いる。

寧に踏んだ、正攻法による納税者の反乱である。

納税者の反乱のもう一つの戦法は、奇襲作戦だ。本来の軍事用語では「相手の油断、不意をついて、思いがけない方法で襲うこと」を指すが、納税者の反乱の場合は、通常の民主主義の手続きによらない抵抗だと考えればいい。

最も極端なケースは、納税拒否だ。「そんなの犯罪じゃないか！」と怒られそうである。たしかにそうだ。今の日本社会では、いや昔からどの社会でも、納税拒否は犯罪として厳しく罰されるし、罰されてきた。刑務所に入るくらいなら、重い税金でもおとなしく払っておこうと思うだろう。それが「健全な市民」の普通の考えというものだ。

しかし世のなかには時々、普通でないことが起こる。その一つが経済恐慌だ。そのとき納税者はどうするか。そのヒントも大恐慌時代にある。

一九三〇年代の大恐慌は、米国民に未曾有の税負担をもたらした。不動産価値は急落し、失業率は急上昇したが、政府のコストは高止まりしたままだった。その結果、国民所得に占める税金の割合は、一九二一年の一一・六％から一九三二年には二一・一％へとほぼ倍増した。増税のほとんどは地方レベルで行われ、とくに資産税納税者の財源を圧迫した。地方税の滞納は着実に増え、一九三三年には二六・三％という記録的な数字になった。

このような状況に対して、米国民の多くは納税者連盟を結成した。すべての州と数百の郡で同盟が結成され、減税や政府支出の削減を訴えた。その努力の結果、一九三二年から一九三四年にかけて、七つの州で資産税全般に対する制限が定められた。地方レベルでも数十の同様の制限が定められた。

納税者連盟は通常、伝統的な法的・政治的戦略を支持したが、中にはより過激なものもあった。もっともよく知られているのは、シカゴの不動産納税者協会（ARET）である。一九三〇年から三三年にかけて、米国史上最大規模の「税一揆」を主導する。納税拒否運動だ。裁判沙汰にもなった。不動産所有者が税を払わなくなったため、シカゴ市が財政破綻に直面するほどだった。最盛期には三万人が会費を払って加入した。六十万ドルの予算を擁し、週一回のラジオ番組まで持っていた。

限界もあった。経済学者デビッド・ベイトによれば、大恐慌の米国で税に抵抗した人々の多くは、政治の素人だった。重税、温情主義に基づく統制政治、汚職官僚には真剣に抗議したが、政府を小さくする案を考える段になると、うまくいかなかった。体系立った哲学を欠き、政府権力の制限に関してルーズで、時に不明瞭な態度をとった。結局、税への反乱は崩壊する。

ベイトはそうした限界を認めながらも、税への反乱に参加した人々は「個人と温情主義的な政府の対立という問題を、時代を超えて、どの社会にも関係するものと考えていた」と評価する。

今、日本の納税者の多くはサラリーマンであり、納税拒否をしようにも、税金は源泉徴収によって天引きされてしまう。それでも草の根の政治活動を通じた正攻法の減税運動は可能だし、自営業の人々が税一揆に立ち上がったとき、それを支援し、連帯することもできる。政府やマスコミが「**クロヨン**」などという言葉で税の補足率の不公平感を煽(あお)り、サラリーマンと自営業者を分断しようとする企(たくら)みに騙されてはいけない。重要なのは税率そのものを下げ、課税対象を減らすことだ。

大恐慌時代の納税者の反乱は、今の日本を生きる私たちにメッセージを投げかける。それは一言でいえば、暴政に立ち向かう知恵と勇気だ。恐慌の再来は、社会を闇(やみ)に包むかもしれない。そのときこそ歴史の真の教訓を忘れず、政府のお節介な「不況対策」と増税にノーを突きつけ、自由な市場経済の復活を後押ししよう。夜明けはきっと遠くないはずだ。

クロヨン：サラリーマンが所得のうち課税対象として九割を把握されるのに対し、自営業は六割、農家は四割しか把握されないという意味。

あとがき

✣——次の危機は世界恐慌より悲惨に!?

第五章で名前を出した米経済評論家ピーター・シフが二〇二三年五月十二日、インターネットテレビ『ファースト』に出演し、米国は「大恐慌2・0」にまっしぐらに向かっていると警告した。

シフによれば、危機は国債危機と通貨危機の形でやってくる。

「二〇〇八年に起きた金融危機（リーマン・ショック）よりも、はるかに深刻だ。今回はサブプライムローン（信用力の低い個人向け住宅融資）だけが問題ではない。米国債が問題になる。インフレ率が高まると、誰も国債を持ちたがらなくなる。それはドル危機を引き起こす。この先、私たちは大きな災難に見舞われることになる」

シフは今回直面する危機と一九三〇年代の大恐慌を比べ、今回は「おそらくもっとひどいことになる」と注意を促(うなが)す。一九三〇年代には物価が下がったため、生活費が下がり、仕事を失っても多少の安心感を得ることができた。ところが今回は逆にインフレ（物価高）が起こっているため、仕事を失わなくても給料の価値が失われる。貯蓄の価値も失われる。仕事を失えばさらに苦しくなる。

「政府から小切手をもらっても、生活必需品を買うには十分ではないだろう」

それではインフレを止めるにはどうしたらいいか。シフによれば、政府の支出を減らせばいい。

「政府は支出を削減しなければならないのに、それができていない。むしろその逆をいっている。バイデン政権下で政府は支出を増やしており、インフレの火にガソリンを注いでいるようなものだ」

このシフの主張は、本書で紹介してきた「最善の経済対策は政府が経済への介入をやめること」というオーストリア学派経済学の考えにぴったり重なる。それもそのはず、『アメリカが暴発する！大恐慌か超インフレだ』（ビジネス社）などの著書が日本でも出版されているシフは、若いころからオーストリア学派経済学を学び、それを経済分析の仕事に役立てている実践家だからだ。

シフは二〇〇八年、オーストリア学派経済学の普及に努める米シンクタンク、ミーゼス研究所のインタビューに答えている。それによると、シフがオーストリア学派経済学の手ほどきを受けたのは、父親（アーウィン・シフ）からだという。アーウィンは「オーストリア（学派）経済学」という言葉は、まるで「中国物理学」のようにおかしいと述べ、こういったそうだ。

「オーストリア経済学とは、経済学のことだ。以上！」

なお、アーウィンは自由主義者（リバタリアン）で、納税拒否の活動家として有名だった。裁判での度重なる有罪判決にもめげず、連邦所得税の支払いを拒み続けた。

「オーストリア経済学とは、経済学のことだ」というアーウィンの言葉どおり、オーストリア学派経済学は、現在の主流であるケインズ派経済学が世間を席巻する前は、正統派の経済学として認知されていた。ケインズ派経済学に基づく野放図な財政・金融政策が日本を含む先進主要国で財政危機や記録的なインフレを招き、その限界が明らかになりつつある今こそ、オーストリア学派の叡智を見直すべきだろう。

✣—— オーストリア学派経済学の面白さ

さて私自身、二十年ほど前にオーストリア学派経済学を知り、その面白さに魅了された。ミーゼス研究所のウェブサイトでミーゼス、ロスバードをはじめとする経済学者やジャーナリストの論文やコラム、無料配布の本に読みふけり、さらにアマゾンで市販の関連書も購入して独学に励んだ。勤務先の新聞社で記者を卒業し、デスク（編集者）に上がるころのことだ。

そうして学んだオーストリア学派の知見のうち、もっとも驚いたことの一つは、一九三〇年代の世界恐慌は、学校で教わったような「市場の失敗」ではなく、「政府の失敗」だったという指摘だ。あまりに意外で大胆な主張に最初はとまどったが、やがて世界恐慌や経済危機に対してそれまで抱いていた、「どうもよくわからない」という漠然とした疑問が氷解していった。

残念ながら当時は、オーストリア学派に学んだ成果を仕事として記事に盛り込むことはできなかった。それどころか、オーストリア学派に惹かれる一方で、流行し始めていた「リフレ派」に共感し、そちらの主張に賛同するコラムを書いたり、リフレ派の論客に寄稿をお願いしたりしたものだ。リフレ派とオーストリア学派の主張がまったく相容れないことに気づいたのは、情けないがしばらくしてからのことである。

その後オーストリア学派に視点を定め、世界恐慌をテーマに本を書こうと決心した。研究成果をおさらいし、関連するエピソードで肉付けし、日本の昭和恐慌について自分なりに分析し、現代における意義を加えて、一冊にまとめたのが本書である。もとより独学のジャーナリストにすぎないが、類書がきわめて少ないのでそれなりの存在価値はあると思う。

じつはかなり前にいったん書き上げていたのだが、出版には至らなかった。今回、日の目を見ることができたのは本当にうれしい。記者時代の宿題をようやく終わらせることができた気分だ。今回出版にあたり、時宜にかなった内容となるよう、全面的に手を入れ、加筆した。とくに日本でも草の根で広がりつつある減税運動を念頭に、税に関する記述を手厚くした。本書の校正作業中に日本経済新聞が報じたニュースによれば、二〇二二年度の税収は七十一兆円台となり、三年連続で過去最高を更新したという。それでも政府はあれこれ理由をつけて、さらに増税を目論んでいるのだから、納税者はたまったものではない。

粘り強く出版元を探してくださったフリー編集者の野口英明さん、快く引き受けてくださった徳間書店の安田宣朗さんに、厚く御礼を申し上げます。

最後に本書を、今は亡き越後和典先生（滋賀大学名誉教授）に捧げたい。越後先生は日本における数少ないオーストリア学派研究者の一人である。『新オーストリア学派の思想と理論』（ミネルヴァ書房）などの著作を読んでファンとなり、滋賀県大津市のご自宅にたびたび押しかけた私を、快くもてなしてくださった。近くに広がる美しい棚田を思い出す。先生の感想を直接うかがえないことだけが残念である。

二〇二三年七月初旬　横浜にて　木村　貴

参考文献

全般にわたるもの

ジョンソン『アメリカ人の歴史』第三巻（別宮貞徳訳、共同通信社、二〇〇二年）
チャーナウ『モルガン家』上下巻（青木榮一訳、日経ビジネス人文庫、二〇〇五年）
ミルトン・フリードマン、アンナ・シュウォーツ『大収縮一九二九–一九三三』（久保恵美子訳、日経BPクラシックス、二〇〇九年）
マーフィー『学校で教えない大恐慌・ニューディール』（シェフナーほか訳、大学教育出版、二〇一五年）
Benjamin M. Anderson, *Economics and the Public Welfare: A Financial and Economic History of the United States, 1914-1946* (Liberty Press, 1979)
Burton W. Folsom, Jr., *New Deal or Raw Deal? How FDR's Legacy Has Damaged America* (Threshold Editions, 2008)
Jim Powell, *FDR's Folly: How Roosevelt and His New Deal Prolonged the Great Depression* (Crown Forum, 2003)

Murray N. Rothbard, *America's Great Depression* (Ludwig von Mises Institute, 2000)
＊ロスバード『アメリカの大恐慌』（岩倉竜也訳、きぬこ書店、二〇一六年）
Murray N. Rothbard, *A History of Money and Banking in the United States: The Colonial Era to World War II* (Ludwig von Mises Institute, 2002)

序　章

井上準之助『井上準之助論叢』第三巻（井上準之助論叢編纂会、一九三五年）
木村靖二ほか『詳説世界史 改訂版』（山川出版社、二〇二〇年）
笹山晴生ほか『詳説日本史 改訂版』（山川出版社、二〇二二年）
スコーセン『経済学改造講座』（原田和明・野田麻里子訳、日本経済新聞社、一九九一年）
トゥヴェーデ『信用恐慌の謎』（赤羽隆夫訳、ダイヤモンド社、一九九八年）

第一章

アレン『オンリー・イエスタデイ』（藤久ミネ訳、ちくま文庫、一九九三年）
アハメド『世界恐慌』上巻（吉田利子訳、筑摩選書、二〇一三年）
ウッズ『メルトダウン』（古村治彦訳、成甲書房、二〇〇九年）

ガルブレイス『大暴落 一九二九』（村井章子訳、日経BPクラシックス、二〇〇八年）

カント『永遠平和のために／啓蒙とは何か 他三編』（中山元訳、光文社古典新訳文庫、二〇〇六年）

グリフィン『マネーを生みだす怪物』（吉田利子訳、草思社、二〇〇五年）

バリー『グレート・インフルエンザ』（平澤正夫訳、共同通信社、二〇〇五年）

ブキャナン『不必要だった二つの大戦』（河内隆弥訳、国書刊行会、二〇一三年）

マルクス『賃労働と資本／賃金・価格・利潤』（森田成也訳、光文社古典新訳文庫、二〇一四年）

ミーゼス『貨幣及び流通手段の理論』（東米雄訳、日本経済評論社、一九八〇年）

ミーゼス『ヒューマン・アクション』（村田稔雄訳、春秋社、二〇〇八年）

リュエフ『ドル体制の崩壊』（長谷川公昭・村瀬満男訳、サイマル出版会、一九七三年）

John T. Flynn, *The Road Ahead: America's Creeping Revolution* (Devin-Adair, 1949)

Percy L. Greaves, Jr., *Understanding the Dollar Crisis* (Western Islands, 1973)

Gabriel Kolko, *The Triumph of Conservatism: A Reinterpretation of American History, 1900-1916* (Free Press, 1963)

John Paul Koning, "How the Fed Helped Pay for World War I" (Mises.org, November 12, 2009)

Vikram Mansharamani, *Boombustology: Spotting Financial Bubbles Before They Burst* (John

Wiley and Sons, 2011)

C. A. Phillips, T. F. McManus and R. W. Nelson, *Banking and the Business Cycle: A Study of the Great Depression in the United States* (Macmillan, 1937)

Jim Powell, *Wilson's War: How Woodrow Wilson's Great Blunder Led to Hitler, Lenin, Stalin, and World War II* (Crown Forum, 2005)

Lionel Robbins, *The Great Depression* (Books for Libraries Press, 1971)

Murray N. Rothbard, *What Has Government Done to Our Money?* (Ludwig von Mises Institute, 1990)

Murray N. Rothbard, "World War I as Fulfillment: Power and the Intellectuals" (Journal of Libertarian Studies, Winter 1989)

A. M. Sakolski, *The Great American Land Bubble: The Amazing Story of Land-Grabbing, Speculations, and Booms from Colonial Days to the Present Times* (Harper and Brothers, 1932)

第二章

キンドルバーガー『大不況下の世界』（石崎昭彦・木村一朗訳、岩波書店、二〇〇九年）

シュレーズ『アメリカ大恐慌』上巻（田村勝省訳、NTT出版、二〇〇八年）
ブルックス『アメリカ市場創世記』（山下恵美子訳、パンローリング、二〇一五年）
John T. Flynn, "Inside the RFC: An adventure in secrecy" (Harpers Magazine, January 1933)
Lionel Robbins, *The Great Depression* (Books for Libraries Press, 1971)
Richard K. Vedder and Lowell E. Gallaway, *Out of Work: Unemployment and Government in Twentieth-Century America* (New York University press, 1997)
Jude Wanniski, *The Way the World Works* (Regnery Publishing, 4th ed., 1998)

第三章

井上寿一『戦前日本の「グローバリズム」』（新潮選書、二〇一一年）
黒沼悦郎『アメリカ証券取引法』（弘文堂、二〇〇四年）
小林健一『TVA実験的地域政策の軌跡』（御茶の水書房、一九九四年）
高木仁『アメリカの金融制度』（東洋経済新報社、二〇〇六年）
林敏彦『大恐慌のアメリカ』（岩波新書、一九九八年）
松岡三郎「アメリカ憲法とワグナー法」（『法律論叢』三十一巻六号、一九五八年）
水町勇一郎『集団の再生』（有斐閣、二〇〇五年）

諸富徹『私たちはなぜ税金を納めるのか』（新潮選書、二〇一三年）
アーント『世界大不況の教訓』（小沢健二ほか訳、東洋経済新報社、一九七八年）
シヴェルブシュ『三つの新体制』（名古屋大学出版会、二〇一五年）
シュレーズ『アメリカ大恐慌』下巻（田村勝省訳、NTT出版、二〇〇八年）
シュンペーター『資本主義、社会主義、民主主義』第一巻（大野一訳、日経BPクラシックス、二〇一六年）
ハズリット『世界一シンプルな経済学』（村井章子訳、日経BPクラシックス、二〇一〇年）
ホール、ファーグソン『大恐慌』（宮川重義訳、多賀出版、二〇〇〇年）
ルクテンバーグ『ローズヴェルト』（陸井三郎訳、紀伊國屋書店、一九六八年）
John Attarian, *Roots of the Social Security Myth* (Ludwig von Mises Institute, 2001)
Thomas J. DiLorenzo, *How Capitalism Saved America* (Crown Forum, 2004)
Thomas J. DiLorenzo, "The New Deal Debunked (again)," (Mises.org, September 27, 2004)
Nicholas Economides, R. Glenn Hubbard, and Darius Palia, "Federal Deposit Insurance: Economic Efficiency or Politics?" (Regulation, 22(3), 15-17, 1999)
John T. Flynn, *The Roosevelt Myth* (Devin-Adair, 1948)
Jonah Goldberg, *Liberal Fascism: The Secret History of the Left, from Mussolini to the Politics of*

Meaning (Doubleday, 2008)

Robert Higgs, *Depression, War, and Cold War: Studies in Political Economy* (Oxford University Press, 2006)

Henry Hazlitt, "The Fallacies of the N.R.A." (The American Mercury, December, 1933)

Morgan Reynolds, *Power and Privilege: Labor Unions in America* (Universe Books, 1984)

Llewellyn H. Rockwell, Jr., "Don't Trust the Brain Trust" (Mises.org, October 7, 2008)

Murray N. Rothbard, *The Case Against the Fed* (Ludwig von Mises Institute, 2007)

Dean Russell, *The TVA Idea* (New York: The Foundation for Economic Education, 1949)

Thaddeus Russell, *A Renegade History of the United States* (Free Press, 2010)

Butler Shaffer, *In Restraint of Trade: The Business Campaign Against Competition, 1918-1938* (Bucknell University Press, 1997)

Alexander Tabarrok, "The Separation of Commercial and Investment Banking: The Morgans vs. the Rockefellers," The Quarterly journal of Austrian Economics vol. 1, no.1 (1998)

Thomas E. Woods, Jr., *33 Questions about American History You're Not Supposed to Ask* (Crown Publishers, 2007)

第四章

秋田博『凜の人 井上準之助』（講談社、一九九三年）
有沢広巳監修『昭和経済史』上巻（日経文庫、一九九四年）
石井寛治『日本の産業革命』（講談社学術文庫、二〇一二年）
板谷敏彦『日露戦争、資金調達の戦い』（新潮選書、二〇一二年）
猪俣津南雄『窮乏の農村』（岩波文庫、一九八二年）
大内力『ファシズムへの道』（中公文庫、一九七四年）
大野健一『途上国ニッポンの歩み』（有斐閣、二〇〇五年）
大矢野栄次『経済学で紐解く日本の歴史』上巻（同文館出版、二〇一三年）
今井清一『濱口雄幸伝』上巻（朔北社、二〇一三年）
大門正克『戦争と戦後を生きる』〈全集 日本の歴史〉（小学館、二〇〇九年）
加瀬和俊『戦前日本の失業対策』（日本経済評論社、一九九八年）
加瀬和俊『失業と救済の近代史』（吉川弘文館、二〇一一年）
加藤出『日銀、「出口」なし！』（朝日新書、二〇一四年）
川田稔『激動昭和と浜口雄幸』（吉川弘文館、二〇〇四年）
北岡伸一『政党から軍部へ』（中公文庫、二〇一三年）

清沢洌『現代日本論』（千倉書房、一九三五年）
鎮目雅人『世界恐慌と経済政策』（日本経済新聞出版社、二〇〇九年）
杉山伸也「金解禁論争」（岩波講座『「帝国」日本の学知』第二巻、岩波書店、二〇〇六年）
杉山伸也『日本経済史』（岩波書店、二〇一二年）
高井弘之『誤謬だらけの『坂の上の雲』』（合同出版、二〇一〇年）
高橋是清『経済論』（中公クラシックス、二〇一三年）
中村政則『『坂の上の雲』と司馬史観』（岩波書店、二〇〇九年）
夏目漱石『それから』（岩波文庫、一九八九年）
西川俊作『日本経済の成長史』（東洋経済新報社、一九八五年）
浜野潔ほか『日本経済史一六〇〇－二〇〇〇』（慶應義塾大学出版会、二〇〇九年）
坂野潤治・三谷太一郎『歴史をつくるもの』上巻（中央公論新社、二〇〇六年）
三上隆三『円の誕生』（講談社学術文庫、二〇一一年）
三和良一『経済政策史の方法』（東京大学出版会、二〇一二年）
山本義彦『近代日本資本主義史研究』（ミネルヴァ書房、二〇〇二年）
スメサースト『高橋是清』（鎮目雅人ほか訳、東洋経済新報社、二〇一〇年）

第五章

東京新聞・中日新聞経済部編『人びとの戦後経済秘史』（岩波書店、二〇一六年）
森亮太「『お前たちは鬼か！』と怒声が…年金目当ての延命に医師も唖然」（幻冬舎ゴールドオンライン、二〇二〇年九月四日）
山本勝市『福祉国家亡国論』（呉ＰＡＳＳ出版、二〇一九年）
渡瀬裕哉「手取り額を増やす方法…あなたが住んでいる自治体でも簡単にできる『３つの減税』地方独自の税金は〝止められる！〟」（みんかぶマガジン、二〇二三年四月十四日）
キング『錬金術の終わり』（遠藤真美訳、日本経済新聞出版、二〇一七年）
クルーガー「時給千四百円まで『最低賃金』を引き上げるべきだ！それでも雇用は悪化しない」（現代ビジネス、二〇一五年十一月七日）
ブレイディみかこ『ワイルドサイドをほっつき歩け』（筑摩書房、二〇二〇年）
マルクス・シドニウス・ファルクス『奴隷のしつけ方』（橘明美訳、ちくま文庫、二〇二〇年）
David T. Beito, *Taxpayers in Revolt: Tax Resistance During the Great Depression* (Ludwig von Mises Institute, 2011)
Ray Dalio, *Principles for Dealing with the Changing World Order: Why Nations Succeed or Fail* (Simon & Schuster, 2021)

Thomas C. Leonard, *Illiberal Reformers: Race, Eugenics, and American Economics in the Progressive Era* (Princeton University Press, 2016)

Michael Maharrey, BRICS Nations Developing "New Currency" as Quest for Global De-Dollarization Accelerates (SchiffGold, April 19, 2023)

"Tax revolt" (Ballotpedia)

【著者略歴】

木村 貴（きむら・たかし）

ジャーナリスト。1964年熊本生まれ。一橋大学法学部卒業。大手新聞社で経済記者や欧州の支局長として活躍。勤務のかたわら、欧米の自由主義的な経済学や政治思想を学ぶ。現在は記者職を離れ、経済を中心に個人で著作活動を行う。著書に『反資本主義が日本を滅ぼす』（コスミック出版）、『世界金融 本当の正体』（執筆協力、サイゾー）などがある。
ツイッター @libertypressjp
ブログ「リバタリアン通信」libertypressjp.blogspot.com

編集協力／出版プロデュース　野口英明
装丁　HOLON
本文デザイン　若松隆
図版　村松明夫
DTP　キャップス

ビジネスマンなら知っておきたい
教養としての近代経済史
狂気と陰謀の世界大恐慌

2023年 7 月31日　初版第1刷発行

著　者　木村　貴
発行者　小宮英行
発行所　株式会社 徳間書店
〒141−8202　東京都品川区上大崎3-1-1 目黒セントラルスクエア
電話　【編集】03-5403-4350　【販売】049-293-5521
振替　00140-0-44392

印刷・製本　図書印刷株式会社

ISBN978-4-19-865663-8